光明社科文库
GUANGMING DAILY PRESS:
A SOCIAL SCIENCE SERIES

·经济与管理书系·

开放型经济高质量发展问题研究

——基于江苏产业结构调整视角

林 俊 | 著

光明日报出版社

图书在版编目（CIP）数据

开放型经济高质量发展问题研究：基于江苏产业结构调整视角 / 林俊著. -- 北京：光明日报出版社，2021.6

ISBN 978 - 7 - 5194 - 5998 - 7

Ⅰ. ①开… Ⅱ. ①林… Ⅲ. ①中国经济—开放经济—研究 Ⅳ. ①F125

中国版本图书馆 CIP 数据核字（2021）第 077947 号

开放型经济高质量发展问题研究：基于江苏产业结构调整视角

KAIFANGXING JINGJI GAOZHILIANG FAZHAN WENTI YANJIU

——JIYU JIANGSU CHANYE JIEGOU TIAOZHENG SHIJIAO

著　者：林　俊

责任编辑：李壬杰　　　　　　　　　责任校对：许　丽
封面设计：中联华文　　　　　　　　责任印制：曹　净

出版发行：光明日报出版社
地　　址：北京市西城区永安路 106 号，100050
电　　话：010 - 63169890（咨询），63131930（邮购）
传　　真：010 - 63131930
网　　址：http://book.gmw.cn
E - mail：lirenjie@gmw.cn
法律顾问：北京德恒律师事务所龚柳方律师

印　　刷：三河市华东印刷有限公司
装　　订：三河市华东印刷有限公司
本书如有破损、缺页、装订错误，请与本社联系调换，电话：010 - 63131930

开　　本：170mm × 240mm
字　　数：237 千字　　　　　　　　印　　张：16
版　　次：2021 年 6 月第 1 版　　　　印　　次：2021 年 6 月第 1 次印刷
书　　号：ISBN 978 - 7 - 5194 - 5998 - 7
定　　价：95.00 元

前　言

经济全球化给我国的经济发展带来新的发展机遇，促使我国经济朝着国际化发展，并且需要在此基础上对自身产业进行转型升级，实现开放型经济的改革发展。近些年来，我国很多地区的开放型经济发展都十分迅速，比如江苏省，当前已经发展为仅次于广东省的贸易大省。江苏省之所以在近些年来能够迅速发展，其中一个重要原因就是江苏省本身几十年来所形成的开放型经济格局。该开放型经济格局为江苏省带来了巨大的发展，但是在当前经济全球化的发展形势下也遭遇了一系列的挑战。本书主要是从产业结构调整的视角出发，对江苏省开放型经济高质量发展问题进行深入的研究。

在经济全球化的趋势下，任何一个国家最终能够获得的利益或者得到的发展效果主要取决于该国家是否能够提升自身的国际竞争力，并以此为基础实现利益最大化。就目前来看，由于经济全球化的影响，我国经济发展已经全面进入国际市场的竞争之中，经受着国际竞争关系的考验。从产业发展的直接影响方面来看，能够率先进入国际市场参与竞争的必然是具有较强国际竞争力的产业。因此，在经济全球化的发展趋势下，国家必须要提升产业竞争力，这对于一个国家的发展来说具有十分重要的意义。对于江苏省来说，在进入21世纪初期，我国经济持续快速发展的同时，江苏省的产业结构也在不断调整和升级。因此，产业结构的调整和升级成为江苏省维持自身经济发展的重要举措之一。当前，在新的产业结构调整过程中，江苏省需要在全国经济发展的带领下，构建和开放型经济发展相适应的产业结构，在国际竞争不断加剧的基础上拓展自己的经济发展空间，制定相关的发展政策，加速推动产业结构的调整和升级，既要实现自身在全国经济发展持续处于领先地位的目标，也要在国际市场中帮助我国缩小和发达国家之间的差距。

在经济全球化的背景下，实行产业结构调整和升级是我国为应对这一发展趋势所做出的重要举措之一，江苏省也不例外。在我国实行改革开放的几十年以来，全国的产业结构已经逐渐实现了合理化，但是相较于世界发达国家来说，我国的产业结构还处于相对较低的层次，江苏省也是如此。主要表现在两个方面：一是当前江苏省的产业结构再加工没有较高的程度化；二是产业结构的高技术化水平还处于较低的水平。因此，对于江苏省来说，实现产业结构的高程度化是当前对产业结构进行调整和升级的首要目标。从全世界范围来看，在三大产业中，我国的第二产业在整个产业结构中占据着很大的比重，这说明我国当前的工业化水平已经达到了较高水准，但是，这样的结构比例同时也说明了我国要想实现经济发展现代化，还需要走很长的道路。值得一提的是，当前我国的第三产业虽然占据的比例不高，但是呈现出逐年上升的趋势，并且第二产业并没有呈现快速下滑的趋势。这说明，我国的工业化发展尚处于中期阶段。第二产业是三大产业之中最具有竞争力的产业。在我国，由于人口众多、人力资源丰富，长期以来产业结构一直是以劳动密集型为主。而这样的产业化结构不能够创造出具有高附加值的产品，因此导致资本的再生能力降低，从而使劳动者的消费能力降低，进而使生产能力不能和社会需求变化相适应。从整体上来看，江苏省当前的产业供给和需求出现了一定程度的脱节，已经不再适合推动江苏省经济快速发展，更不能够满足对外开放、参与到国际市场竞争中的需求。由此能够看出，产业结构对于一个国家经济发展的影响。当前江苏省产业结构方面存在的问题已经对江苏省的经济发展造成了严重阻碍。因此，江苏省针对当前的现状，紧紧抓住经济全球化的发展趋势，对产业结构进行调整和升级，实行高质量的对外发展是十分重要的。

目前，江苏省的综合经济实力在全国排名靠前，已经连续多年保持两位数以上的增长水平，和全国其他省份相比较，江苏省已经率先实现了小康水平，人们的生活水平得到了明显提升。早在 2010 年，江苏省的生产总值就已经超过了 4 万亿元，占到全国生产总值的十分之一以上，人均生产总值为 5 万余元，高出全国平均水平近 25000 元。同时，江苏省的第二产业和第三产业发展较为均衡，产业结构合理。江苏省经过多年开放型经济的发展和积累，对外贸易发展十分迅速，特别是在我国加入世贸组织之后，江苏省的对外贸易更是进入高速发展的新阶段。从 2000 年到 2010 年这十年期间，江苏省的净出口总额共增长了十倍以上，多年来一直处于全国第二。从这里能够看出，当前江苏省的开放型经济已经发展到了一个较高水平，不断引进外资来促进经济发展一直以来都是江苏省经济发展的重要措施之一，是江苏省开放型经济发展的重要组成部分。进入新时期以来，在全国经济增速放缓的形势下，江苏省的外商直接投资虽然增速有放缓，但是从整体上来看还是处于缓慢上升的状态。长期以来，江苏省的外商直接投资水平一直居于全国第二，仅次于广东省，对全国其他地区开放型经济的发展有着一定的辐射和引导作用。总的来说，江苏省的开放型经济发展在全国来说处于领先地位，也是我国开放型经济发展的重要支撑。如果江苏省开放型经济发展停滞不前，将会对全国经济的发展产生巨大影响。另外，江苏省开放型经济的发展过程对于全国其他地区来说是宝贵的发展经验，其他省份可以充分借鉴江苏省开放型经济的发展经验，找到适合自身开放型经济发展的道路，从而促进自身经济的发展，进而为全国经济的发展添砖加瓦。

本书共分为七章，第一章主要对产业结构理论框架进行分析，包括理论分析框架和理论分析框架的思路修正。第二章主要从国外和国内两个方面对江苏省产业结构调整的国内背景进行分析。第三章主要对中国的经济国际化和开放型经济的发展进行分析，主要包括国际分工理论演进与经济国际化、经济国际化背景下的中国开放型经济发展、中国区域经济国际化与开放型经济发展。第四章主要分析当前江苏省产业结构的现状和存在的现实困境。第五章对江苏省经济国际化发展进程及其开放型经济发展进行分析，包括江苏经济国际化进程与开放型经济，江苏开放型经济在全国的地位及其发展特色，江苏深入实施经济国际化战略及其主要举措，江苏开放型经济发展中存在的问题，江苏开放型经济所面临的总体形势、挑战与机遇等内容。第六章主要对江苏、浙江、广东的开放型经济发展模式进行比较，主要从浙江、广东对外开放经济的发展，江苏、广东、浙江主要经济指标对比，江苏、浙江、广东对外开放经济发展模式对比等方面进行分析。第七章主要是对当前推动江苏开放型经济高质量发展的建议进行分析，主要包括拓宽对外开放领域与范围，推进"一带一路"交汇点建设，培养打造开放竞争新功能、新优势，构筑法治化、国际化、便利化的营商环境，以及加大财税和金融支持力度等内容。

目　录
CONTENTS

第一章

产业结构理论框架修正

第一节　理论分析框架

一、产业结构理论的概念解析

（一）"产业"概念与"结构"概念

"产业"是一个比较复杂的概念，可以从历史范畴、社会范畴以及经济范畴等对其进行解释，而在经济学中，"产业"通常被作为经济单位进行研究，并且是介于宏观经济与微观经济之间的中观经济范畴。在具体应用中，"产业"有时会被用来指代国民经济中的一个重要组成部分，有时会被用来表示同类型企业的一个统称，比如旅游产业、文化产业等。在对"产业"进行研究时，需要明确研究范畴，然后才能根据对应的学科解释探知其确切含义。首先，"产业"从历史范畴分析是一种可以变化的分工现象，而发生变化的根源是社会生产力与社会分工的不断发展；其次，"产业"也能用来描述社会发展中的某一个阶段，并且随着社会生产力与社会分工的加深而向深层发展；最后，"产业"属于中观经济范畴，通常用来指代某一个社会分工结果，而从社会发展的复杂性来分析，"产业"一般不会孤立存在，而是会同时存在多个"产业"。不同"产业"之间的联系也是多种多样的，有的

"产业"之间是制约关系,有的则是促进关系,而在这些关系的整合下,所有的"产业"会形成一个有机系统,进而在社会发展中发生联动,比如当一个"产业"出现之后,会成为其他"产业"出现的前提保障,或者当一个"产业"的内部结构发生转变后,会引起其他"产业"的变化。"结构"是建立在整体与部分基础上的状态描述,当一个整体形成时,它各个组成部分的搭配方式与排列形态就会被称为这一整体的"结构"。

（二）产业结构理论的概念

产业结构理论是指在社会再生产过程中,对不同产业在某一区域内呈现的配置状态的研究,其中包括产业的发展水平、所占比重、不同产业之间的作用关系等。在对产业结构理论的概念进行解析时,主要是从两个方面来进行:第一,从狭义角度分析,产业结构指的是不同产业之间形成的某种联系,以及这种联系发生变化的趋势,而通过对"联系"与"趋势"的分析,能够发现经济发展中产业的替代规律以及替代原因,从而为后续的产业结构调整提供理论支持。狭义的产业结构理论中更加注重"质"的研究,并且"质"的水平会决定产业结构是否足够合理,以及是否能够从中获得相应的收益。第二,从广义角度分析,产业结构中的不同产业除了在通过"质"来做出调整外,还会在"量"上建立联系,从而形成产业关联理论。广义的产业结构理论包括三类,除了狭义产业结构理论与产业关联理论外,还包括随着产业结构研究的深入逐渐衍生出的产业布局理论。

二、产业结构理论的形成历程

（一）思想渊源

在17世纪时,英国的宏观经济学者威廉·配第在对多个国家的国民收入水平进行调查后,发现工业创造的收入要明显高于农业,而商业创造的收入又要高于工业,于是他对不同国家人均收入存在差异的原因进行了分析,认为人均收入差异与产业结构密切相关。而后,在18世纪重农学派魁奈的论著《经济表》和《经济表分析》中,也出现了关于产品生产与资本流通的理论,而这些理论是基于他对社会阶级结构的划分进行研究的。按照魁奈的划分，社会阶段可以分为农业产品创造阶级、土地所有者阶级以及不生产阶级，而农业产品是通过不同阶级之间形成或者约定俗成的机制进行流通的，比如土地所有者通过收取地租或者赋税的手段从农产品创造阶级中获取农产品，而不生产阶级会通过购买的方式使产品成为商品，进而使其在市场上流通，从而获得相应的收益。亚当·斯密在其著作《国富论》中对产业发展的顺序进行了论述，提出要遵循由农业到工业再到商业的发展顺序。综上所述，威廉·配第、魁奈与亚当·斯密的研究内容是产业结构理论形成的重要思想渊源。

（二）形成过程

产业结构理论形成于20世纪30到40年代，而推动此理论形成的学者主要有费夏、克拉克、赤松要、里昂惕夫、库兹涅茨等人。工业革命的到来推动了西方各国的工业发展，并且形成了可以与农业规模相提并论的工业格局，而后工业发展成为产业主导。第二次工业革命的到来进一步促进了工业发展，而此时也逐渐出现了服务业，并且获得了较快的发展。随着工业发展深入进行，逐渐遇到了发展瓶颈，而在工业出现衰退的情况下，服务业并没有受到影响，反而有着更加良好的发展态势。有学者通过数据研究，认为服务业是独立于工业与农业的新型产业，而后逐渐出现了对三大产业的划分方法，而这也成为构建产业结构理论的重要基础。日本学者赤松要在他的"雁行形态论"中提出几个观点：第一，他认为一个国家的发展不能孤立进行，而是要与国际市场形成紧密关系，并且根据国际市场需求来发展具体产业；第二，他对落后经济体的发展之路进行了规划，认为在工业发展中可以通过四个阶段获得良好的发展，即通过产业的逐步交替让某一产业逐渐拓展，进而在前方成功者的带领下获得成功。在"雁行形态论"中，四个阶段分别为进口、生产、开拓出口、出口增加，而在发挥作用时，这四个阶段是通过周期循环来达到经济发展的目的。克拉克是建立产业结构理论的第一人，他在《经济发展条件》一书中对产业的发展规律进行了总结，首先是农业的剩余劳动力向工业转移，而后又会从工业向服务业转移，而这种转移的背后所体现的就是产业结构变化的动力。库兹涅茨在《国民收入及其构成》中对产业结构与国民收入之间的联系进行了探索，在探索过程中，他对大量的历史经济数据进行了深入研究，进而得出以下结论：第一，产业结构和劳动力部门机构的比重将趋于下降；第二，政府消费在国民生产总值中的比重趋于上升，个人消费比重趋于下降。克拉克的理论中提到了"时间序列"的说法，意图在于代指经济发展过程；而库兹涅茨直接将"时间序列"转化为"经济增长"，目的在于将人均产品的增减与劳动力的参与数量进行统合，进而提出经济增长所具备的两个特征，即劳动力数量上升与人均产品的增加。库兹涅茨在划分产业结构时顺延了克拉克的划分理念，划分为农业部门、工业部门以及服务部门，并且为更好地分析产业结构引入了新概念，即"产业的相对国民收入"。在克拉克与库兹涅茨理论的促进下，产业结构理论逐渐在经济领域、社会领域等方面发挥作用，成为现代经济社会谋求良好发展的重要理论基础。

三、产业结构理论的理论体系分析

产业结构理论的理论体系中包括狭义产业结构理论、产业关联理论、产业布局理论。其中，狭义产业结构理论的相关理论有经济增长理论、经济发展理论、经济周期理论等；产业关联理论的相关理论有产业分类理论、生产理论、一般均衡理论等；产业布局理论的相关理论有农业区位论、工业区位论、贸易边界区位论等。以下对这些理论进行详细介绍。

（一）狭义产业结构理论相关理论

1. 经济增长理论

经济增长理论是一种研究经济增长规律与制约因素的理论。在研究过程中，研究者需要从均衡的角度对各种因素进行考察，然后以此为基础建立相应的经济模式，借助模型可以了解在经济动态增长的过程中，采用怎样的方式与达到怎样的条件能够达到预设目标。经济增长理论中会涉及"经济增长"的具体含义。从当前的研究成果来看，"经济增长"的表达方式一般有两种，一种为：经济增长是指某一经济体在长时间内实现产品和劳务的持续产出；另一种为：经济增长是以人均持续产出进行计量。当前最常用的经济增长计量方式是通过货币形式来描述国民生产总值的增加程度或者人均国民生产总值的增加程度。在计量过程中，西方国家一般是以变化后的价格来衡量，而大多数社会主义国家则是以社会总产值经过指数化后来衡量。影响经济增长的主要因素是取得的物质和能源，其中物质包括石油、煤炭、植物、天然气等，能源包括水能、太阳能、风能、热能等，并且取得物质和能源的手段也会是重要的影响因素，如开采技术、储存技术等。

2. 经济发展理论

经济发展理论与经济增长理论的关系极为密切，研究经济发展的过程中必然会涉及经济增长，但是"经济发展"与"经济增长"是不能完全等同的，"经济发展"所包含的范围会更加广阔，比如实现社会结构的现代化也是"经济发展"的研究范畴。在目前的世界格局下，经济发展理论的研究对象主要是发展中国家，因为发展中国家在经济发展方面存在着诸多问题，需要通过经济发展理论来找到解决问题的答案。关于经济发展理论的研究并不统一，而是存在多个学派的"相争"现象，具体包括结构主义学派、新古典主义学派、激进主义学派等。而在20世纪80年代后，现代经济发展理论逐渐被建立，而从其特征来看，现代经济发展理论更加贴合当前社会的发展特点，而且也呈现出明显的"学科交叉"特征。现代经济发展理论并不是固定不变的，也会在社会的发展与学科观点的更新中发生变化，而这也正是经济发展理论与时代同步的巨大推动力。

3. 经济周期理论

经济周期理论是指经济发展中出现的周期性上升和下降的情况，而通过对这些情况的了解可以掌握经济波动的规律，进而为做出行之有效的决策提供依据。经济周期理论在企业发展中有着重要作用，因为相对于国家发展来说，企业的发展态势能够更好地、更容易地被了解，比如企业的经营状况既会受到外部大环境的影响，又会受到内部经营状况的影响，而企业家在掌握企业的经济周期波动情况后，可以通过内部调整做出应对，进而规避即将到来的波动影响。经济周期理论具有以下几个特征：第一，经济的周期性波动是不可避免的；第二，经济的周期性波动并不是局部的、个体的，而是会影响总体的、全局的；第三，经济周期波动是由四个阶段组成，分别为繁荣期、衰退期、萧条期以及复苏期；第四，经济的波动周期在不同的经济对象中会有所差异。

（二）产业关联理论相关理论

1. 产业分类理论

产业分类理论是根据产业性质、特征、内涵等进行分类的方式。在传统的产业分类理论中，一般是将产业分为三类，其中农业是第一产业，工业是第二产业，服务业是第三产业。这种产业分类方式自被提出之后就得到了各国政府的采用，进而以此为基础建立起统一的指标体系与产业结构体系，但是随着时代的发展，这种分类方式逐渐有了局限性，因为当前出现的一些新型产业，很难通过原先的标准进行划分。在这样的形势下，提出新的产业分类理论已经迫在眉睫，而在最新的研究中出现了一种立体产业分类理论，这种产业分类理论具有以下特征：第一，新兴产业与传统产业之间的界限更加清晰，比如，在定义环境产业时，如果按照传统的分类方式，一般会将其归为第三产业中，而根据立体产业分类理论可以对环境产业进行立体分析，从技术、产业性质、产品特征等方面进行具体区分；第二，对产业交错现象进行更好的解析，避免了在产业分类中"一刀切"所造成的分类不恰当的问题，比如在环保产业中，也会有农业和工业的成分，那么在进行具体分析时就应该有更加清晰的标准作为分析依据。

2. 生产理论

在生产理论中主要探讨生产者行为以及相关影响因素，首先，生产者在进行市场行为时需要考虑生产要素的投入与产量之间的关系，如果投入大于产出则要中止市场行为。其次，处理好成本与收益的关系。生产的目的是获得更多利益，达到利润的最大化，而想要实现这一目标需要尽量降低成本，同时获得最大收益。需要注意的是，产量的最大并不等于利润的最高，而投入量的最少也不代表成本的最低。最后，生产者的市场行为也需要考虑到市场均衡的问题，因为在具体市场中，生产企业所处的市场地位会决定产品的价格与产量。

3. 一般均衡理论

一般均衡理论中的研究对象是整个经济环境，进而对其中的产品、产品价值、供求关系等进行统筹分析。在该理论中，一切经济现象都是有联系的，并且会以数量关系的形式表现出来。当一件商品的价格发生变动时，不仅是因为供求关系改变所致，而且还与其他商品的价格变化有关系。因此，在市场运行中，任何一项市场要素发生变化都会带来一连串的反应，但是市场具有一定的自我修复与自我调节的能力，能够通过相应要素的协同变化来维持市场的平衡状态。

（三）产业布局理论相关理论

1. 农业区位论

在市场条件下，农产品的市场收益会成为农业布局中的一个重要参考指标，如果收益过低，需要通过相应的布局来实现收益的增长，而在具体布局中，处于中心环节的是城市，因此提高收益的布局方式一般是调整与中心城市的距离。农业区位论最早是由德国的农业经济学家杜能提出的，他按照这一理论构建出了一个以城市为中心逐渐向外延展的、有多个同心圆构成的农业地带。随着时代的发展，农业区位论得到了进一步革新，其中融入了更多影响农业布局的因素，如政策、技术、文化等，进而成为产业布局中重要的理论基础。

2. 工业区位论

工业区位论是研究工业布局的重要理论。最早的工业区位论认为，影响工业布局的因素主要为资源提供与消费市场，如果某一地区出产工业生产所需要的资源，那么该工业企业就可以考虑在该地区建厂，并且能够在本地开辟消费市场，这样不仅能够更加方便地获取资源，而且也能最大程度地节省运费。在现代工业区位论中，一般需要对两个方面的联系进行考虑，一是考虑与自然环境的关系，二是考虑与社会经济环境的关系，尤其是在重工业的布局中，要充分考虑到其对周围环境的影响，并且对全面收益进行评价。

四、产业结构演变的一般规律

（一）工业化前期

一个国家或一个区域由于受诸多条件的限制，工业化一般都是从资金投入少、技术要求不很高的轻工业开始的。特别是纺织工业在工业结构中处于重心位置，因此，它是这一时期的主导产业，且劳动力在工业资源结构中居于最突出的位置。在这一时期是一种劳动力密集型工业结构。英国是世界上最早进入工业化的国家，它就是从纺织工业开始的。美国工业发展初期轻工业产值在工业总产值中的比重都高于重工业。第一产业的产值比重在三次产业中占主导地位，第三产业的地位微乎其微。但是，随着工业化的进展，重工业的比重将不断上升，工业结构的演进以轻工业为中心的工业结构向以重工业为中心的工业结构发展，这种现象称为工业结构的重工业化，世界各国经济发展的历程都表明了这一点。"霍夫曼定理"是指在工业化的进程中消费资料工业净产值与资本资料工业净产值之比是不断下降的。

（二）工业化中期

工业化中期，第二产业有了较大发展，其产值比重在经济发展中起主导作用。在工业化过程中，第一个特征是重工业化，随着工业结构重工业化的进展，原材料工业的地位将不断上升，而原材料部门的发展，需要大量资金投入。在这一阶段，是一种资金密集型工业结构。第二个特征是高加工度化，随着工业结构的高加工度化，加工组装业将逐步成为增长最快的产业，各种机械工业占据重心地位，而它需要先进技术的支持，才能得以实现。在这一阶段，在工业的生产要素结构中技术处于最突出的地位，是一种技术密集型工业结构。这就是无论是轻工业还是重工业，都会由以原材料工业为重心的结构向以加工、组装工业为重心的结构发展，即所谓的"高加工度化"。这意味着工业加工程度不断深化，加工组装工业的发展将大大超过原材料工业的发展速度。工业的增长对原材料的依赖程度到一定时期会出现相对下降的趋势，从而对能源、资源的依赖程度也将相对下降。

（三）工业化后期

在工业化高度发展后期，高加工度化和技术密集型产业的内涵发生了深刻的变化。一般的技术密集型产业往往指各种机械工业，但现今的技术密集型产业是建立在微电子学、激光、遗传工程等高新技术之上的产业部门，技术已成为工业发展中最为重要的要素。整个产业结构的高度化趋势越来越明显，第一产业的比重降到最低，第三产业产值比重在三次产业中占有支配地位，产业知识化成为主要特征。从主导产业的转换过程来看，产业结构演进遵循的路线：农业→轻纺工业→基础工业→重化工业→现代服务业→信息产业。

第二节 分析框架的思路修正

一、产业结构理论的国外研究

（一）马克思主义的结构理论

马克思主义结构理论中包括产业划分理论、产业结构均衡理论、生产资料生产优先增长理论、产业结构调整机制理论等，以下对这些理论进行详细介绍：第一，产业划分理论。按照马克思的观点，可以将社会总生产分为两个部分，分别是生产资料和消费资料，其中生产资料是指能够进入或者至少能够进入生产消费形式的商品，消费资料是指具有进入资本家阶级和工人阶级的个人消费形式的商品。第二，产业结构均衡理论。马克思认为市场正常发展、社会再生产正常进行的重要前提为各产业部门的均衡发展，而想要达到这样的水平，需要使生产资料的流动实现等同化，即存在关联的不同产业间所生产的产品要与最终消费的产品保持一致。第三，生产资料生产优先增长理论。马克思认为在经济发展中，生产资料的生产会最为优先，因此以制造生产资料为主的经济体会获得最快的发展速度，其次是消费资料的生产资料生产，最慢的是消费资料生产。第四，产业结构调整机制理论。马克思对经济发展与产业结构、产业发展情况之间的关系进行了研究，其中在产业结构方面发现了市场经济与计划经济两种发展模式。在马克思之前的经济研究中，很多学者都认为经济发展主要受到产品生产价格的影响，进而认为通过调整生产价格则可以进行产业结构的调整，但在马克思看来，这种调整方式具有极大的局限性，只有变动机制才能实现结构的调整。

（二）西方产业结构理论

从上文的产业概念中可以了解到"产业"的多种含义，其中一种含义为"同一属性的企业集合"，而对于"同一属性"的理解可以是产品种类的"同一"，也可以是生产工艺或者使用材料的"同一"。在研究产业结构时会涉及多种不同类型的产业，而研究的目的是找到最优的产业结构组成比例，进而为经济发展营造最为适宜的产业格局以及提供强有力的产业推动力。西方产业结构理论得到了世界各国的重视，并且在经济发展中进行了借鉴，而从内容上分析，具体包括三次产业划分理论、产业结构演变理论以及产业结构调整理论。

第一，三次产业划分理论。三次产业分类法的最早提出者是费希尔，而后这种分类观点得到了克拉克的继承，并且克拉克利用这一分类方法对产业结构作用于经济发展的规律进行了研究，提出了著名的"克拉克法则"。依据三次产业划分理论，第一产业主要是生产初级产品，第二产业是对初级产品进行加工，第三产业主要是提供各种服务，具体到真实的社会产业中，农林畜牧渔等产业是生产最初级的产品，归为第一产业；加工业、制造业、建筑业等工业部分归为第二产业；交通业、金融业、资源供应业等归为第三产业。

第二，产业结构演变理论。在克拉克之后，库兹涅茨从国民收入的角度对产业结构的发展进行了研究，并且指出生产方式能够在产业结构的发展中起到决定性作用。库兹涅茨为了进一步验证自己的观点，对50多个国家的发展数据进行了调查与统计分析，并得出以下结论：①农业的生产总值会随着时代发展逐渐降低其在国民生产总值中的比重，同时降低的还有农业劳动力数量；②工业的生产总值会随着社会发展而逐渐提升其所占比重，而工业劳动力数量所占比重却保持不变或者略有变化；③服务业的劳动力数量所占比重会随着社会发展显著上升，而生产总值比重却保持不变或略有变化。德国的经济学家霍夫曼通过对工业内部结构演变规律的研究提出了"霍夫曼定理"，而其中的消费资料工业净产值与资本资料工业净产值之比被称为"霍夫曼比例"。在霍夫曼看来，一个国家在工业化进程中的"霍夫曼比例"会处于不断下降的趋势。美国的钱纳里对人均收入与工业发展进程的关系进行了研究，并从中总结出一定的规律，而利用这一规律能够检验当前的工业结构是否合理。后来这一研究方法被运用在其他产业中，并且通过对比得出以下结论：①工业所占比重会逐渐上升，农业所占比重则日趋下降，而服务业同样保持上升，但上升速度较为缓慢；②农业的劳动力比重会逐渐下降，工业劳动力比重基本没有变动，而服务业的劳动力比重会显著上升，原因是大量的农业劳动力被服务业所吸纳。这些理论研究能够在产业结构调整中发挥作用，但并不是唯一作用，并且这些理论在不同的国家会获得差异性的结果，需要根据具体国情做出最终决策。

第三，产业结构调整理论。美国经济学家刘易斯在对发展中国家经济问题进行研究后提出了"二次结构转变理论"，认为发展中国家可以利用强大的农业优势来促进工业的发展，而农业劳动力向工业转移是建立在农业边际劳动生产率无限接近于零的基础上，并且当先期的劳动力被工业吸收后，还会随着农业边际劳动生产率的再次下降而出现新的剩余劳动力，而工业劳动率也在随着劳动力的吸收过程逐渐提升，直到工业与农业的劳动率达到一致时，标志着工业化进程的完成。这样一来，原先的农业与工业二元对立的结构会逐渐变为一元融合结构，工业和农业能够在同等发展水平下齐头并进。刘易斯"二元结构转变理论"的成立需要建立在一定的前提条件下，即由农业转移下来的劳动力需要被工业全部吸收，但是想要达到这样的条件却是不现实的，因为在这一过程中存在着很多外在影响因素，比如有些发展中国家的工业发展有限，很难达到吸收全部农业劳动力的要求，而且随着工业水平的提升，会对劳动力的技能水平提出更高的要求，而对于农业劳动力来说，想要在短时间内获得技能水平提升具有很大的难度，如果盲目吸纳也会影响工业的增产效率。在这样的情况下，农业转移出的劳动力就会出现"失业"情况，进而给社会发展带来不稳定因素。除此之外，城市的工业发展也并不是保持常态平稳，也会因为市场发展的问题而出现劳动力超量供应的情况。

美国经济学家罗斯托提出了"主导产业扩散效应理论"与"经济成长阶段理论"，而在这两个理论中，罗斯托将经济成长划分为六个阶段，划分依据是"技术"。①传统社会阶段：科学技术水平低，农业为生产的主业，而农业发展水平也十分低下；②起飞前提阶段：随着社会发展，以农业为主的社会体系已经不能满足人们生活水平日益提升的需求，建设工业社会已经迫在眉睫；③起飞阶段：工业革命的到来为产业转型升级提供了契机，让压制已久的社会剩余劳动力得到了释放；④成熟阶段：随着科学技术水平的提升，无论是农业生产水平还是工业生产水平都得到了显著提升，与此同时，出现了更多以新型技术为核心的新兴产业，进而使产业结构出现了巨大改变；⑤高额民众消费阶段：社会生产力与人们的消费水平达到较高水平，服务业成为与人们生活紧密相连的产业之一；⑥追求生活质量阶段：第五阶段中人们消费的产品与服务更多是与物质生活有关，而在这一阶段中，人们对精神生活有着追求，因此社会主导产业也逐渐向提升生活质量的方向发展，如发展文化产业、旅游产业等。这六个阶段反映出社会发展中主导产业的变化趋势，任何国家都需要经过这几个阶段来达到更高层次。

赫希曼注意到发展中国家与发达国家之间存在的差距，主要体现在资源匮乏、投资短缺以及发展不均衡等方面，而发展中国家想要获得良好的经济发展，最好的办法是将有限的资源与资本投入某一类行业中，进而使其得到充分发展并发挥重要的带动作用。从赫希曼的观点来看，发展中国家主要采用两种途径来实现经济增长，第一种是"短缺的发展"，首先利用社会资本向某一产业投资，通过提升该产业生产资本的方式来营造社会资本危机，进而迫使其他资本向社会资本转移，直到这种危机解除；第二种是"过剩的发展"，保留社会资本而忽视产业投资，进而使产业发展陷入困境中，然后再将社会资本进行产业投资。这两种方式的核心在于营造社会资本与产业投资之间的不平衡关系，然后再实现由不平衡到平衡的改变，进而通过这一过程的重复进行来达到发展经济的目的。在发达国家中，传统的产业类型逐渐退出历史舞台，而那些以新型技术为核心的新兴产业逐渐成为社会产业主体，进而形成新的产业格局。发展科学技术、运用科学技术是现代每一个国家的发展重点，但发达国家在这一方面的发展力度会更高，因为发达国家的关注重点不仅仅在于国内经济发展，而且对抢占国际市场有着更高的要求。从目前状况来看，高新技术产业在发达国家的比重日渐上升，而开发发展理论是它们遵循的主要理论之一，比如日本在这一理论的基础上开发出了适于本国的发展模式，从而使高科技产业得到了极大提升，其中包括精密数控机床、加工业、机器人制造业等。

"产品循环理论"是弗农提出的，主要的论述对象为工业发展模式。按照弗农的观点，工业发展中的产业结构并不是固定不变的，因为会受到国际市场的影响，如果想要实现工业发展，则需要与国际市场形成紧密联系，最重要的是积极参与到国际分工中，进而让本国的工业发展能够在整体调整下达到产业结构升级的目的，而这也将有利于产业结构国际一体化的实现。弗农将工业发展进程分为四个阶段，第一个阶段为新产品的研发，然后在国内形成规模化生产，直至国内市场达到饱和状态；第二阶段为增加产品出口，而想要获得良好的出口效果则需要大力开拓国际市场；第三阶段为随着国际市场开拓进程的深入，逐渐将该产品的生产环节转移到其他国家，主要是向劳动力价格低廉的地区转移，进而利用当地的劳动力与资源来实现产品生产；第四个阶段为在该产品的生产形成更大规模后，会逐渐出现市场饱和的情况，会让该产品的原生产地出现削减生产规模的现象，而解决这一问题仅靠限制生产是远远不够的，还需要开发出新产品来重新进行这一过程。

日本的筱原三代平提出了"两基准理论"，其中的"两基准"分别为收入弹性基准与生产率上升基准，而按照该理论的发展要求，社会资本的投入方向应该是收入弹性较大的产业以及生产率上升最快的产业。筱原三代平的这一理论是建立在以下条件的基础上：①处于良好的发展格局下，不仅要拥有扎实的产业基础，而且要求不能存在发展阻碍，如果出现阻碍，现行的市场机制能够迅速调动生产要素来进行处理；②处于良好的技术条件下，不存在因技术约束而影响经济发展的情况；③处于良好的资金条件下，能够有充足的资金来支持经济发展进程。另外，筱原三代平还提出了"动态比较费用论"，其中对经济发展进程中的动态变化进行了论述，比如当一件商品在市场中处于劣势时并不能说明该产品没有发展潜力，因为在动态发展中，这一产品可能由劣势转为优势，尤其是在得到外界有力的支持后，更有可能发生转变。在这样的理论下，任何国家在产业发展中都需要对现存产业进行严谨评价，尤其对于那些具有发展潜力的产业，不能因为发展状况的不理想而忽视，而是应该相信它们的发展前景，并采取一定的措施进行支持，使其能更快地成为主导产业。这一理论对发展中国家有着重要启示，能够让发展中国家通过"扶持幼小"的策略来谋求未来的腾飞。

二、国内学者对产业结构的理论研究

自中华人民共和国成立以来，有关产业结构理论的研究从未止步，而在不同的时期有着明显的特征。

第一，在 20 世纪 70 年代到 80 年代之间，由于我国当时实行的是计划经济体制，无论经济结构还是生产力都处于较低水平，而当时对于产业结构理论的研究更是凤毛麟角，即使有所研究也主要集中于农业与工业的联系上。马克思产业结构理论是我国研究产业结构的主要依据，而从当时的经济发展状况来看，很多学者依据马克思产业结构理论得出了"重工轻农"的结论，但是削弱工业发展更是会成为"逆举"。

第二，在 20 世纪 80 年代后期，随着改革开放政策的实施，有关产业结构理论的研究出现了极其活跃的情况，而主要研究基础是由国外传入的各种经济理论。1985 年，学者杨治将西方的产业结构理论引入国内，开启了研究产业结构理论的进程，进而对后来的产业建设产生了深刻影响。在这之前，我国的经济发展缺乏有力的理论指导，对经济发展与产业结构的关系更是没有基本认识，而在这些理论传入国内并得到大力研究后，经济发展逐渐有了"指路明灯"。在很多产业结构理论中，对国家政府的职能十分重视，对通过国家出台产业政策来促进经济发展与产业结构升级有着极高的期望，而这将

国家政府推向了"风口浪尖"。

在这样的局势下，我国产业结构理论的研究呈现出以下特征：①国内学者对经济发展过程极为重视，希望从中找到影响产业结构发展变化的主导因素，主要的研究观点有：从目前的经济发展态势来看，制造业是促进经济高速增长的主导因素，因此应以制造业为中心进行经济发展；良好的经济发展与产业结构的平衡有很大关系，但同时也需要注重产业结构的升级。②有学者对我国经济发展出现的波动进行了研究，认为出现周期波动是正常的，只不过在不同的产业中波动周期是有差异的，而在对经济波动的原因研究中认为投资波动是最重要的影响因素。③逐渐加大了对第三产业的研究力度。我国的服务业长期以来处于低水平发展状态，而有关学者对造成这种情况的原因进行分析时，认为劳动生产率的低下是主要原因，因为劳动生产率的低下会抑制剩余劳动力的数量，进而会影响服务业的运行与扩大。因此提升劳动生产率是发展服务业的前提，而在经济发展达到一定水平后，还需要对服务产业与其他产业的比例进行调节。④在对国外产业结构理论的研究中，很多理论都是以国外发达国家为研究对象提出的，因此需要将我国置于国际环境中进行比较研究。一些学者在对中国改革开放的发展道路进行研究后，认为中国的发展道路虽然比较特殊，但是从经济发展趋势来看，仍然会与工业进程的发展规律相一致。⑤在经济发展中，如何选择主导产业是发展中国家遇到的难题之一，因为根据筱原三代平的"两基准理论"，要将社会资本投入收入弹性较大的产业以及生产率上升最快的产业中，并且"第二次世界大战"后的日本之所以能够迅速崛起就与该理论有着密切关系，因此得到了国内学者的高度重视。而在最优产业的选择中，出现了多种不同的标准，有的标准是从当前我国经济发展所遇到的困境出发，认为应该将发展重点放在那些约束我国经济发展的瓶颈产业，有的标准则是以国际产业发展形势为参考，认为应该将汽车行业、建筑行业等作为重点产业来发展。综合来看，关于主导产业的研究有着多种观点，并且随着产业的深入发展有越来越多的行业被放入"主导行业"的考察中。6. 产业政策的研究也越来越深，这代表着人们对政府职能的重要程度有着更加深刻的认识。我国首次使用"产业政策"这一概念是在 1986 年, 从那时开始将"产业政策"作为重要内容来发挥指导作用。

第三, 20 世纪 90 年代初期, 我国的经济学领域对产业结构理论进行了更为广泛与深刻的研究, 并且结合实际情况解决了一些现实存在的发展问题。很多经济学者在研究产业结构理论时越来越多地倾向于通过资料统计来进行, 而我国自改革开放以来积累了很多相关资料, 这正为经济学者的研究提供了重要基础。1. 自改革开放后, 我国产业结构经过了多次调整, 很多学者也正是以此为基础研究产业结构的变化情况。而从当时的研究成果来看, 郭克莎等学者通过全面分析不仅了解到产出结构的变化情况, 而且也了解到投入结构的变化, 并且将所了解到的内容与经济发展进行了紧密联系。2. 在研究过程中, 很多学者将中外研究方法进行了对比, 并更加注重对本国国情的研究, 这样有利于数据研究中的有效转换, 进而获得更加准确的结果。有学者通过研究发现, 认为当时中国工业比重不足的观点是不恰当的, 而造成这种情况的原因就是很多学者在研究时没有进行数据的有效转换。3. 产业结构与经济周期的关系得到进一步研究, 学者们据此提出了"产业结构失衡度", 用于对两者的关系进行衡量, 而通过具体研究, 发现产业结构的失衡会使经济周期缩短, 并且会造成经济发展速度放缓。4. 随着改革开放的深入, 我国经济取得了极大的发展, 但不可忽视的是产业结构中仍旧存在较多的问题, 并且当经济发展遇到瓶颈时, 这些问题进一步凸显出来。部分学者在研究时开始从消费者的角度来考虑, 并且通过研究发现造成产业结构出现问题的原因与产品供给的不足有很大关系, 因此如何增加供给量、弥补供给缺口是当时的研究重点。有的学者仍旧认为我国工业发展存在比重不足的情况, 而想要改变这样的局面, 需要重视基础设施的建设, 并通过构建良好的产业格局来拉动工业增长。5. 服务业作为未来的主导产业, 需要给予足够的发展空间, 而从我国服务业的发展现状来看, 仍旧处于较低的发展水平。随着国际市场的变化, 我国的人力资源优势逐渐丧失, 但是主要表现在外商投资力度的减弱, 国内依旧有着大量的闲置劳动力, 如果这些劳动力充实到服务业中, 也能够实现人力资源的有效转移, 但是我国服务业发展程度限制了它的吸纳程度。还有的学者认为我国服务业发展缓慢与认知程度的不足有很大关系，直到现在仍然有很多人认为服务业是"非生产"产业，另外，我国服务业价格体系的不合理也被认为是影响服务业发展的重要因素。

第四，在进入 21 世纪后，随着国际交流与全球一体化程度的上升，国外产业结构理论与我国经济学者的距离进一步拉近，而此时的产业结构理论已经得到了进一步革新，这说明世界各国也在研究产业结构的调整方式，尤其是在 2008 年的全球金融危机之后，产业结构的优化调整与转型升级已经成为世界经济中的研究热点，而作为发展中国家的我国更是需要对此进行深入研究，从而找到经济发展的全新道路。比如，学者王晓娟认为产业结构的优化升级是当前我国经济持续发展的重要动力，但是想要完成优化升级首先需要解决当前产业结构中存在的问题，主要包括自主创新能力不足、资源消耗度不合理、服务业发展程度落后等。自主创新能力不足主要体现在技术创新的缺乏，很多企业只是处于国际制造业价值链的低端，不仅没有核心技术，而且也面临着人力资源优势逐渐丧失的情况，因此进行技术创新是迫在眉睫的；资源消耗度不合理主要与两个因素有关，一是工业技术水平的不足，二是资源配置不合理，尤其是在工业发展中逐渐出现资源匮乏的情况。在这样的局面下，我国产业结构升级会更加困难。学者刘伟、李绍荣等认为我国服务业所创造的产值占到了国民生产总值的很大比重，而随着国际形势的改变，我国服务业扩展过快所造成的弊端也显现出来，而要改变这样的局面需要将重点放在第一产业与第二产业生产效率的提升上。学者刘志彪在对我国当前面临的困境进行调研后，认为发展主导产业是解决困境的最好方式，而主导产业的选择应该以高新技术产业为主。当前的产业结构问题逐渐由全局调控转为区域调整，产业选择也从平衡发展转为主导选择，之前的一些产业结构理论虽然能够在方向上进行指明，但是由于产业类型的多样化，已经不能完全按照传统的产业概念进行产业结构调整。

在世界各国对产业结构调整的研究中，"产业融合理论"被提出来并逐渐成为最重要的理论之一。这一理论的提出与新型技术发展有很大关系，尤其是信息技术的发展程度已经对世界经济发展带来了极大影响。在对"产业融合理论"的研究中，国内学者主要集中于信息技术对经济发展的影响上，而这也反映出信息技术自诞生之后所带来的影响力得到了迅速提升。学者周振华将研究的重点放在产业融合过程中所要面临的问题上，并且提出在信息技术时代，产业融合的阻碍会由传统的物质瓶颈向信息瓶颈转化，而具体到信息瓶颈方面，主要是由于不同产业之间信息发展程度的差异所形成的，因此在产业融合中，信息的不对称势必会影响不同产业之间的合作。学者胡汉辉对产业融合的条件进行了总结，主要包括四个方面，第一是技术方面能够融合，这包括多种多样的科学技术以及最新的信息技术；第二是业务方面能够融合，不同业务之间如果能够找到共通之处，则可以进行融合，而在信息技术的促进下，为出现更多的共通之处提供了条件，比如物流产业与零售产业的融合就是借助了电商这一平台，而电商平台的出现是信息技术发展到一定阶段后的产物；第三是市场方面能够融合，不同产业有着各自的市场平台，而在融合之后可以有效降低市场垄断的出现；第四是产业体制环境的融合。在产业融合中，同属于信息技术的不同产业在融合后能够进一步提升信息产业生产效率，从而为信息技术的进一步发展奠定基础，同时，传统行业也会因为信息技术的不断发展而获得更大的提升，并且提升的主要方向会愈加显现出技术化、效率化等特征，而这也让传统行业的融合更加容易。学者厉无畏认识到了经济发展正向着全球一体化、信息化、市场化的方向发展，而在这样的局势下，产业之间的融合趋势会更加强烈，比如在国际范围内已经出现了一些产业集群基地，其中所包含的产业是多种多样的，有学者进行了大胆的预测，认为这种类型的产业集群基地会成为未来主要的产业模式。近些年来，我国在产业结构调整与升级这条道路上进行了积极的探索，并且取得了一定的成绩，但是从目前情况看，产业集群基地尚没有形成。可以说推进产业集群基地建设是我国当前重要的发展目标，如果能够快速实现这一目标，能够大幅提升我国的国际竞争力，而且产业集群基地的形成也有利于产业的创新，比如可以加快生态产业的出现，从而为可持续发展战略的贯彻提供支持。

在"产业聚集理论"的研究中，学者文玫将研究重点放在我国工业区域的集中程度上，并且在参考一些调查数据后，发现我国的制造业主要集中于江苏、浙江等沿海省份，而之所以能够形成产业聚集，主要和这些地区的便捷的运输条件有关，如果运输费用能够进一步下调，则能够进一步推进产业聚集的程度。学者李永刚对产业聚集中的影响因素进行了分析，发现产业原始结构、外部技术条件、技术升级情景等因素所造成的影响最为明显，进而在此基础上总结出了产业集群技术战略形成的深层机理。学者吴德进认为产业集群并不是稳定存在的，而是会随着不同产业某一方面的变化而出现新的特征，但从目前的产业集群状况能够对未来的效率边界进行前瞻性探查，从而为产业的决策提供充足依据。

工业革命的到来开启了工业化进程，在经历了第一次工业革命与第二次工业革命的洗礼之后，社会的工业化水平得到了显著提升，而随着信息技术等高科技的成熟，新型工业化成为众多学者的研究对象。学者金碚在对新型工业化的研究中，发现这一趋势并不是出现在某个国家，而是会在全球蔓延，任何国家都会享受到新型工业化所带来的优势。在进入21世纪后，中国的工业化水平上升到了一个新的高度，但同时也面临着一个新的问题，即如何通过工业结构的调整与升级来实现新型工业化，如果这个问题得不到良好的解决，则会影响到中国在国际市场上的生存与发展。学者蔡昉认为中国在加入世贸组织之后，原先的劳动力优势会受到一定的影响，而想要使这一优势持续存在下去，则需要在产业选择、技术选择以及分工选择上进行科学合理的规划，而这样的方式除了达到延续劳动力优势的目的外，还能够逐渐推进产业结构的升级进程，进而让中国的产业竞争力得到进一步加强。学者王德文在对当前中国国内的产业结构进行深入研究后，发现在这样的产业结构下，中国的劳动力优势很难展现出来，主要原因在于工业化水平呈现出粗放型特征，因此在产业结构的调整中，应该将发展劳动密集型产业放在更加重要的位置，并且要加快国有产业的产权改革，从而为提升产业的竞争力奠定坚实的基础。学者郭克莎注意到随着国际市场在需求方面的变化以及加入世贸组织的影响，中国的工业化发展迎来了新的发展时机，但同时由于受到国内就业压力等因素的影响，必须加快产业结构升级的进程，并且要积极发展生态科技产业，从而为贯彻"可持续发展战略"提供支撑。另外，在产业升级中还要注重新兴主导产业的发展，比如电子及通信产业、电气机械及器材产业、交通运输产业等都应该进入发展规划中。学者刘伟认为在产业结构调整和升级中，必须改变传统的体制观念，除了发展国有经济外，还需要使其他所有制经济获得更大的发展空间，而这样的举措是经济体制转型下的必然之举。在产业结构的国际化研究中，学者王斌从国际市场的角度对中国产业结构在调整中应采取的战略进行了分析，认为中国必须在国际分工中寻找新的定位，从而获得更加良好的发展机遇。学者刘伟等研究认为，改革开放以来我国制度变迁的一个重要特征，在于国有制比重下降而非国有制比重上升。其体现在经济增长上，即非国有经济已成为经济增长的主力，包括在GDP中所占比重和在年增长率中所做贡献；其体现在增长的均衡性上，即非国有经济受市场约束更强，因而对行政性干预所导致的高涨和紧缩具有相当大的淡化作用；其反映到要素效率，即非国有制比重的提高提升了全社会劳动和资本的效率，尤其是提高资本效率。学者刘小玄认为，国有企业对于效率具有明显的副作用，私营企业、股份企业和三资企业则都表现为积极的对于效率的正相关推动作用，其中，私营企业推动产业效率的作用最强，三资和股份合作企业其次，再次则是股份企业和集体企业。

20世纪80年代初期以来，西方产业结构理论经过近二十多年的引进、吸收，已广泛地被我国经济学界所接受和使用，产生了一些有较高价值的学术研究成果。但那种具有规范分析框架、针对我国情况、能容纳主要事实、合乎逻辑、经得起较长时间检验的产业结构理论研究还较少见。产业结构的研究需要进行大量实证分析，我国在这方面的研究也比较少。

第二章

江苏产业结构调整的国内外背景

第一节　江苏产业升级的国内背景

随着全球化发展的加速，我国的经济发展以更加开放的经济发展模式和世界发展相融合。就目前来看，我国很多地区和产业在这样的环境下需要面对经济全球化所带来的机遇和挑战，积极应对，才能够实现快速和可持续发展，这是我国经济发展的必经之路，江苏省也是如此。

一、经济全球化对江苏省产业结构调整以及升级转型的影响

在经济发展全球化的趋势下，任何一个国家最终能够获得的利益或者得到发展的效果主要取决于该国家是否能够提升自身的国际竞争力，并以此为基础来实现利益最大化。就目前来看，由于经济全球化的影响，我国经济发展已经全面进入国际市场的竞争之中，其中主要包括国际分工以及国际经济发展体系，经受着国际竞争关系的考验。从产业发展的直接影响方面来看，率先进入国际市场之中参与竞争的，必然是具有较强国际竞争力的产业。因此，在经济发展全球化的发展趋势下，国家必须要提升产业竞争力，这对于一个国家的发展来说具有十分重要的意义。对于江苏省来说，在进入 21 世纪初期，在我国经济持续快速扩张的同时，江苏省的产业结构调整也在进行

不断的调整和升级。因此，产业结构的调整和升级成为江苏省维持自身经济发展的重要举措之一。当前，在新的产业结构调整过程之中，江苏省需要在全国经济发展的带领下，构建出和开放型经济发展相适应的产业结构，在国际竞争及不断加剧的基础上拓展自己的经济发展空间，制定出相关的发展政策，加速推动产业结构的调整和升级，既要实现自身在全国经济发展中持续处于领先地位，还需要在国际市场中帮助我国缩小和发达国家经济发展之间的差距。

在经济全球化发展的背景下，实行产业结构调整和升级是我国为应对这一发展趋势所做出的重要举措之一，江苏省也不例外。在我国实行改革开放的几十年以来，全国产业结构已经逐渐实现合理化，但是相较于世界上其他发达国家来说，我国的产业结构还处于一个相对较低的层次，江苏省的也是如此，主要表现在两个方面：一是当前江苏省的产业结构再加工没有较高的程度化；二是产业结构的高技术化还处于较低的水平。因此，对于江苏省来说，实现产业结构的高程度化是当前对产业结构进行调整和升级的首要目标。从全世界范围来看，在三大产业中，我国的第二产业占据着很大的比重，这说明当前我国的工业化水平已经达到了一个较高水准，但是这样的结构比例同时也说明了我国要想实现经济发展现代化，还需要走很长的道路。但值得一提的是，当前我国的第三产业虽然占据的比例不高，但是呈现出逐年上升的趋势，并且第二产业并没有呈现出快速下滑的发展趋势。这说明，我国的工业化发展尚处于中期阶段。第二产业是三大产业之中最具有竞争力的产业。在我国，由于人口众多、人力资源丰富，长期以来的产业结构一直是以劳动密集型为主。而这样的产业化结构不能够创造出具有高附加值的产品，因此资本的再生能力降低，从而使劳动者的消费能力降低，进而使生产能力与社会的需求变化不能相适应。从整体来看，江苏省当前的产业供给和需求出现了一定程度的脱节，已经不再适合推动江苏省经济快速发展，更不能够满足对外开放、参与到国际市场竞争之中的需求。由此能够看出，产业结构对于一个国家经济发展的影响，当前江苏省产业结构方面存在的问题已经对江苏省的经济发展造成了严重阻碍。因此，江苏省针对当前的现状，紧紧抓住经济全球化的发展趋势，对产业结构进行调整和升级，实行高质量的对外发展是十分有必要的。

二、经济全球化对江苏省工业结构所产生的影响

在经济全球化的发展趋势下，江苏省对工业结构进行调整和升级是实现经济持续发展和增长的关键所在，也是促进全国经济发展的重要举措之一。但是，由于全国经济在技术方面的劣势、自然资源的不足以及经济体制中存在的各种缺陷，江苏省的工业结构还不够完善，存在着不少问题，其主要表现在：第一，重复建设过多，并且这些重复建设大部分都是一些低水平的建设，导致地区之间产业同质化现象严重，工业产品和市场中的需求严重脱节；第二，在主导产业中，出现了较为严重的断档，整体延续性不足；第三，产业整体素质较低，产品更新速度十分缓慢，技术开放方面没有足够的能力，整体工艺已经陈旧落后，相关设备已经老化，产业结构的升级不能够根据市场变化而实现及时变化；第四，当前江苏省没有较高程度的生产集中，企业没有高程度的组织化，整体结构相对较为分散，没有足够的规模效益；第五，当前大部分企业的经营机制较为落后，过度重视生产，却对开发方面不够重视，因此对于市场的变化不能快速的反应。造成这种情况的主要原因在于，在 20 世纪 90 年代，由于买方市场的形成和市场约束力的增强，产业结构上的矛盾变得更加突出和尖锐，企业之间开始出现各种恶性竞争，亏损增加，很多企业处于停工或者半停工状态。这些问题虽得到一定的改善，但是并没有完全根除，因此，对于江苏省来说，对产业结构进行调整有着必要性和紧迫性。

经济全球化的发展趋势意味着经济运行规则需要一致。实际上，世界贸易组织正在以十分有效的方式推动经济运行规则一致的进程。自我国加入世界贸易组织以来，关税开始大幅度下调，一些关于关税的措施逐渐减少和取消，整个市场的准入门槛不断降低，这些都为我国进一步引入国外资金、技术以及人才资源提供了更多的方便和机会。对于江苏省来说，江苏省应该紧紧抓住这样的机会，采用各种措施和颁布更多的优惠政策来吸引更多的国外

跨国公司来江苏省进行投资，调整产业结构，加速自身工业化的发展进程。另外，江苏省还需要更加积极地参与到国际分工之中，充分发挥自身优势和潜力。相对来说，江苏省的加工制造业在开放型经济中的优势在于：首先是拥有更加低廉的成本以及丰富的劳动力，并且有着强大的加工制造的能力，同时，整个市场前景广阔，政治环境相对更加稳定。因此，随着当前产业结构的变化，江苏省需要抓住这一机会，进行产业结构的变动，这样能够不断加速自身经济的发展。其次，当前由于经济全球化的影响，国际制造业已经转移到我国，我国成为世界制造业大国，因此江苏省需要抓住这样的机会，将相关行业进行兼并或者重组，提升制造业的整体水平，在此基础上逐渐形成具有特色的且具有一定影响力的基地。值得一提的是，在我国加入世界贸易组织之后，因为市场的开放程度进一步提升，此时我国国内必将面临更加强大的竞争压力。因此，在这样的压力下，江苏省需要以更加开放、更加长远的目光去推动产业结构的优化和升级，实现产业结构调整，提升自身工业在国际竞争中的核心竞争力。

三、经济全球化对江苏省服务产业的影响

相对于其他行业来说，服务业是全球化程度最高的一个行业。从我国的发展情况来看，从 20 世纪 90 年代开始，我国服务行业中总投资的 60%以上都是跨国投资。在以往，我国经济的主要发展重点为制造业，江苏省也是如此。在加入世界贸易组织之后，服务业才开始以加入世界贸易组织时的承诺进行大力发展，因此对于江苏省来说，在近些年来，由于对服务行业的大力发展，服务业也成为江苏省经济发展以及引入外来投资的新的热点行业。就目前来看，江苏省各种服务行业的整体水平和发达国家，甚至和国内一些发达省份相比，还有着不小的差距，因此，加快服务行业的发展是促进江苏省开放型经济高质量发展以及提升江苏省综合竞争力的重要措施之一。在服务领域中，从企业层面来看，江苏省企业和发达国家企业相比，无论是产品设计方面，还是技术开发、管理制度以及服务水平等方面都存在着较大差距，相较于制造业的差距来说，服务行业的差距更加明显。同时，和制造业相

比，服务行业在跨国经济的流动中，有着更加明显的带动作用和示范作用，这是因为，服务行业所有的活动都需要以消费者本身接收到的服务作为基础进行实现，几乎不能够进行技术加密。因此，无论是总公司还是子公司，其本身的技术水平基本一致，不能够像其他一些行业一样，将有着最高技术水平的部分留在总公司，仅仅将一些技术水平较低的内容移交到海外子公司中。由此可以看出，强化服务业能够提升江苏省的经济水平，并促进其整体经济快速发展。

四、经济全球化对江苏省农业的影响

在经济全球化的过程中，江苏省需要对自身农业产业结构进行调整，将农业中的科技含量进行提升，积极发展生态农业，这是当前农业发展的基本方向。在我国加入世界贸易组织之后，国际上的农产品对我国的农业产生了极大的影响：首先，国际农业贸易使得我国的农产品出口量不断提升，不仅提升了农业产品本身的价值，还使得农产品的加工实现增值，扩展了农村就业机会，提高了农村地区农产品标准化生产以及质量安全，同时还对农村居民收入的提高有着十分重要的作用。其次，农产品的进口，特别是大宗农产品的进口不仅使得国内供给平衡、农业对生态环境的破坏等方面得到一定程度的缓解，还使得国内农产品价格不断上涨的趋势得到了抑制，同时也使得国内农产品的发展空间被压缩，增加国内一些地区，尤其是一些贫困地区产业结构调整的难度，江苏省也面临着这样的问题，对江苏省农村就业以及农民增收等方面造成了很多不利的影响。比如，当前由于经济全球化，农产品的大量进口使得农业中有了更多的过剩劳动力，使江苏省的农业问题更加严重。如何解决这些问题，最为关键的一环就是要保持农业本身的持续发展，不断增加农民收入，进一步缩小城市和农村之间的差距。同时，还需要大力发展第二产业和第三产业，使更多的乡镇企业能够进行科技创新以及技术进步，实现农村经济的可持续发展。

五、经济全球化对江苏省产业结构调整以及优化方向的影响

在经济全球化的背景下，我国需要对产业结构进行必要的调整，但是在

调整的过程中需要立足于一个较高的起点。对于江苏省来说也是如此，需要以本身的实际情况为基础，充分发挥出自身优势，比如比较优势、后发优势等，贯彻科学技术优先发展战略，不断提升自身的科学技术适应能力、创新能力，加快推动高新技术的产业化发展进程，大力改造传统产业，提升整个产业的整体素质，提升自身产业在国际上的核心竞争力。就目前的实际情况来看，在经济全球化的影响下，江苏省产业结构调整和升级可以从以下几个方向来进行。

首先，在经济全球化的大环境下，江苏省产业结构的调整和升级需要立足于全球资源配置，在此过程中实现产业结构的调整和优化。从全球资源配置来看，任何产业结构的调整和升级都需要将本身的竞争优势和比较优势充分体现出来。其中，比较优势主要包括自身的不同产业或者产品之间的关系，而竞争优势则主要包括不同地区同一种产业之间的关系。任何地区产业的比较优势都需要通过竞争优势才能够体现出来，比如一些具有比较优势的产业，如果没有竞争力，其所具备的比较优势是无法体现出来的，更加无法实现。我国加入世界贸易组织之后，参与到了国际竞争之中，但是这样的竞争所带来的是优势还是压力，其根本取决于产业本身在国际上的竞争力，如果竞争力较小，则会承受更大的竞争压力，但是如果有着较强竞争力，就会为自身带来更多的利益，促使自身实现可持续发展。在经济全球化的环境中，是否能够保证自身资源的安全性，其本身并不是该资源是否是自身所拥有，而是由生产效率的高低和竞争力高低来决定的，因此在产业结构的调整和升级中需要以全球资源为基础，以世界市场为导向，这样才能够提升自身产业经济的运行效率和国际竞争力。

其次，产业结构的调整和升级不仅需要建立在国际竞争的基础之上。还需要建立在国际合作的基础之上。在经济全球化的环境下，产业之间除了竞争关系以外主要包括另外几种关系，即联合关系、协调关系、互惠互助关系以及合作关系等。即使是一些跨国公司，其在产业竞争之中也希望在进行全球化资源配置中和其他企业进行合作。尤其是我国作为发展中国家，虽然近些年来发展十分迅速，但是在整体竞争力方面，大部分产业还是处于弱势地位，因此需要有更加广阔的空间和更多的机会完善自身，逐渐适应环境，同时还需要积极学习全球化的经营，经历逐步壮大自身的过程，但是在这一过程之中则需要充分、正确地处理好竞争和合作之间的关系，这对于任何产业来说都是具有重要意义的。

再次，江苏需要在经济全球化的基础上培育出自身具有全球化经营实力的企业群体，这是实现产业结构调整和升级的基本前提之一。江苏省需要始终坚持以市场为指导方向，以企业为发展主体，以技术为主要支撑点，将产业之中的重点进行突出，做到进退自如，最大限度提升江苏省工业的整体素质以及国际竞争力。具体为：以专业化分工合作为基础，以经济规模原则为指导，依靠市场机制中的优胜劣汰以及国家宏观层面的调控，形成产业的集中，使企业之间能够形成充分的良性竞争，大企业为主导、中小企业相互协调的良好发展环境；实现产业的集中、企业之间的联合以及技术之间的共享和互助，就能够有效降低产品的生产成本。同时，在不同的企业之间，相互联系对于创新来说也有着重要意义，比如，能够促使不同企业形成优化群体，提升每一个企业在国际中的竞争力。

又次，江苏省需要重视全球竞争和国际协调。在整个产业结构调整和升级过程中，一方面需要以国际上的分工为基础来进行，依照其中的分工原则和产业优化标准来优化产业结构，使本身的产业发展能够和国际先进水平实现一致，最终形成较为完善的分工和合作的产业发展体系。另一方面，在产业结构的调整和升级过程之中还需要坚持有所为和有所不为的原则，充分发挥自身优势，不断补足自身的短处，明确自身的发展方向以及重点发展的部分，并以此为基础来制定出适合国际市场发展的产业发展目标和能够占领国际市场制高点的运行机制。

最后，江苏省政府需要对市场机制的不完善进行必要的引导和推动。当前，我国的社会主义市场经济体制已经处于发展阶段，但是在市场机制方面还依然存在着不少缺陷，整个市场经济发展并不完全成熟，并且还不能够准确反映我国市场中的供求关系和正确引导产业结构进行调整。对于江苏省来说，由于本身受各方面原因的影响，其中存在的主要问题是要使企业成为真正的企业，使市场成为真正意义上的市场。但是，对于实现企业的企业化和市场化，其中起主导作用的就是政府。所以，政府在其中的意义是重大的，能够通过政策影响，促使企业进行转制以及市场发育。就目前来看，应该如何通过政府对产业结构进行调整和升级已经成一个研究热点。在过去十几年时间里，有很多国家和地区都在研究这个问题，并且贯彻产业政策，提升了自身的产业竞争力。

总而言之，经济全球化是科学技术的发展和生产力的不断提升所形成的结果，而经济全球化使得全世界的生产要素实现了更加有效的配置和更加自由的流动，这样必将会使全球产业结构进行调整。事实上，经济全球化的本质就是以发达国家为经济发展的主导，以各种跨国公司为主体和载体，并且大量发展中国家参与其中的一种全球范围内的大型产业结构调整。因此，在经济全球化的发展浪潮之中，发达国家由于其本身在科学技术以及经济等方面具有更多的优势，因此在全球产业结构调整和升级中有着较为明显的优势，而发展中国家则处于劣势地位，面临更大的压力和挑战。对于江苏省来说，由于我国本身是一个发展中国家，因此，江苏省在经济全球化中处于劣势地位，但是这并不意味着江苏省在经济全球化中完全处于被动的状态，而是机遇和挑战并存，优势和劣势混合，因此江苏省需要充分融入经济全球化发展之中，从被动之中挣脱出来，掌握主动权，紧紧抓住机遇，积极迎接挑战。

六、新形势下江苏省产业结构调整和升级的新特征

在新形势之下，我国提出了很多关于产业结构调整和升级的相关措施，并且进行了实施，这些新的产业结构调整显现出很多新特征。

第一，在新形势下，整个社会背景发生了较大的变化。在以往的产业结构调整过程中，主要是以计划经济或者是初期市场经济为主导来提出一些调整策略并实施，这样的方式有着十分浓厚的计划经济色彩。但是现在的产业结构调整主要是以社会主义市场经济体制为基础所提出并实施的，强调的是市场机制在其中的重要作用。同时，以往的产业结构调整是在开放环境还有

限的情况下进行的，但是现在的产业结构调整主要是在经济全球化的、更加开放的环境之中进行的。另外，以往的产业结构调整是在卖方市场以及经济较为匮乏的情况下进行的，而现在则是在买方市场以及经济充盈且有过剩经济的情况下进行的。所以，江苏省当前的产业结构调整和升级无论是在经济体制、经济运行机制、经济开放程度还是整个经济格局等方面都发生了巨大变化，现在的情况已经和以往存在着巨大的差异。

第二，产业结构调整的目标发生了巨大的变化。任何地区的产业结构调整和转型升级的最终目标都是提升本地区的经济效益以及本地区在市场中的竞争能力和综合素质，最终实现可持续发展，因此产业结构的调整和转型升级最为根本的起点就是要满足人们不断变化的社会需求和想要获得的综合利益。在当前经济全球化的形势下，我国经济发展的目标已经成为建设特色社会主义，全面实现小康社会，而对于江苏省来说则是要实现全面建设小康社会、提升经济效益、富民强省以及基本的现代化目标。因此，在当前这一阶段，江苏省产业结构调整和转型升级的目标就是全面建设小康社会，满足当前人们对物质和精神两个方面的需求。这一目标和以往的目标相比较，不仅是一种继承，更是一个全新的、具有创新性的目标，是江苏省实现产业结构创新升级的最基本的依据之一。

第三，在调整方式和调整策略方面进行了更新。具体来说，当前在产业结构调整的环境、基础以及目标等方面发生了变化，使得其中的方式、方法以及手段或者是策略也发生了相应的变化，同时也必须要在调整方式和策略方面发生相应的变化，这样才能够适应整个产业结构调整的变化。在这一阶段，对于江苏省来说，在产业结构转型升级过程之中必须要将政府对市场的宏观调控和市场机制本身的作用有效结合起来。同时，政府也需要在产业结构转型升级过程之中充分结合实际情况，出台各种政策进行引导，在宏观层面进行指导，充分发挥市场机制对资源配置的重要作用，保障整个产业结构转型升级工作能够稳定进行和健康发展。

第四，产业结构转型升级调整范围的变化，由原来在局部地区的调整转变为全方位的调整。在以往的产业结构调整中，政府往往会在一些产业内部或者局部进行调整，而当前的调整则是进行全方位的调整，不仅仅会在产业内部进行调整，而且会将三大产业全部包含其中进行全面调整。

第五，在调整主体方面逐渐实现多元化。在以往的产业结构转型升级之中，往往只是会对其中单一的主体进行调整，并且主要是由政府主导进行调整，其他主体在其中所发挥的作用不大。但是在当前这一时期，由于中国社会主义经济体制正在逐渐完善，因此对于江苏省的产业结构转型升级来说，仅仅依靠政府作为调整的主体已经完全不能够满足当前的需求，不能够适应形势的变化。因此，江苏省产业结构转型升级需要结合形势的变化，打破以往传统的调整方式以及思维方式，将调整主体进行拓展，从政府拓展到具体的企业、社会中的中介机构、组织等，这样能够促使江苏省形成多样化和多元化的主体格局。

第二节　江苏产业转型升级的国外背景

一、全球经济发展呈现出了全球化、信息化以及国际化的发展趋势

从 20 世纪 80 年代开始，全球经济发展速度加快，世界各国的经济也开始迅速发展，并且呈现出信息化以及国际化的发展趋势。在当前这一阶段，这一发展趋势更加强劲，在未来，这种发展趋势必将是全世界经济发展的主流趋势。当前，国际化、信息化以及全球化的发展趋势已经席卷所有地区和国家，没有任何一个国家和地区能够置身事外，任何国家和地区如果不能够适应这样的发展趋势，就会被时代、历史所抛弃，江苏省也是如此。其中，国际化主要体现在两个以及两个以上的国家和地区之间所进行的货币、服务、产品、工业、原料、资源以及人才之间的交换。在这一过程中，各个国家和地区的行政机构有着十分重要的作用。在全球经济发展国际化的范围内，各个国家的企业、公司等之间的竞争，是当前各个国家和地区获得更好国际贸易利益的重要手段之一。而全球化则主要体现在各个国家、地区和社

会直接的联系方面，其中包括纵向联系和横向联系，并且这些联系的相互交错形成了全世界的经济体系。事实上，全球化是一种发展过程，并且在这一发展过程之中，无论是哪一地区发生的事件或者该地区做出了哪些决定以及进行了一些活动，都会对距离遥远的其他地区产生影响，甚至会对某一地区产生重大意义。信息化，最重要的标志就是当前全世界的信息革命已经发展到了新的阶段，并且信息产业已经发展成为全世界的主导产业。就目前来看，信息化本身已经对全世界人类的生活产生了巨大影响，对人类生活的过程产生了各种促进作用，同时信息化也使得整个社会从原来的工业社会逐渐发展成信息社会。另外，由于信息化的影响，当前信息革命正在将整个资本经济转变为知识经济，比如，当前信息技术的发展带动了科学技术的创新发展，而科学技术的创新发展则使得工业时代的产业结构发生变化。事实上，信息产业的快速发展使得相关产业也得到了发展的新机遇，实现了快速发展，因此，信息技术在整个产业结构转型升级中有着极其重要的驱动作用：一是，当前信息产业已经成为各个发达国家的主导产业之一，成为发展中国家的新兴产业。就目前来看，世界各个国家都在大力促进信息产业的发展，比如美国就在以高于自身经济增长的速度来培植信息产业的发展。二是，信息产业在当前各种产业之中是作为一种感应度、关联度以及带动度都很强的产业，它的存在带动了很多信息产业的出现和发展，比如半导体产业、微电子产业，不仅使得生命科学、生物工程等技术产业得到了快速发展，还促使新能源产业、新材料产业以及航空航天产业等产业的快速发展。三是，信息产业的发展和进步使得其能够对传统产业进行改造，使传统产业发生脱胎换骨的变化，促使新产业和旧产业之间的融合。就目前来看，新产业和旧产业之间的界限越来越模糊，并且信息产业对传统产业的改造使得传统产业的效率越来越高。对于江苏省来说，需要充分认识到信息革命所带来的重大影响，需要对自身的产业结构进行更加深入的研究，并要以此为基础促进自身产业结构转型升级的顺利进行。

二、经济全球化对中国产业结构转型升级的影响

在经济全球化的形势下，无论是贸易、生产、投资还是金融等方面都是

在全世界范围内进行展开，并且经济资源的分配以及重组也是在全世界进行展开。当前，经济全球化使得全世界的资本、服务、产品以及劳动力逐渐从原来国家限制或者地区限制中解脱出来，开始在世界范围内进行流通，并且逐渐具备了国际性。当前，随着全球经济的快速发展以及技术的不断进步，经济全球化的趋势将以不可阻挡的发展趋势向前推进。从理论层面来看，经济全球化发展能够使全世界的资源实现最优化的分配，因此能够提升全球的福利水平。但是，从实际层面来看，经济全球化发展对于任何一个地区或者是国家来说，并不仅仅只会带来各种好处，而是利益和弊端并存。因此，经济全球化不仅是发展的机遇，同时也是一种巨大的挑战。从经济全球化本身来说，其主要是从生产国际化、贸易全球化以及金融一体化三个方面展开。这三者之间有着紧密的逻辑关系，比如，贸易全球化使得贸易本身能够满足国际结算和国际收支平衡的要求，促使金融实现一体化，同时由于贸易全球化使得贸易实现了扩大，从而促使世界市场逐渐形成，而其中的生产要素、资本会在世界范围内进行分配，此时所产生的分配结果就是生产的国际化，而生产的国际化又会促进贸易全球化和金融一体化的发展。

根据相关统计，在 2004 年，全世界的贸易进出口总额达到了 185 836.4 亿美元，其中世界贸易的进口总额达到了 94 583 亿美元，出口总额达到了 91 253.4 亿美元。在 2004 年，我国的出口总额为 5 933 亿美元，进口总额为 5 612 亿美元，两者都排在全世界第三位。截至 2018 年，我国的进出口贸易总额达到了 30 万亿美元，其中进口贸易总额为 140 874 亿美元，出口贸易总额为 164 177 亿美元，两者都排在世界第一。但是从整体来看，我国对外依存度还比较高，在这样的情况下，国内产业的发展必然会受到国际贸易的影响，比如进出口过程之中的竞争性会对贸易平衡产生影响，因此，对于我国来说，积极适应这样的变化是当前促进自身经济快速发展的唯一选择。就目前来看，贸易全球化对于产业的发展主要存在三个方面的影响因素：一是资源供给方面，主要包括人才资源、资本资源、设备资源、技术资源以及原材料资源供应方面的全球化；二是市场需求方面，主要指的是在全球范围内的明晰和确定；三是效应方面，比如家电、汽车等产品的示范效应会对进口国的产业发展方向产生极大的影响。

在生产国际化下的产业发展是和相关投资相伴的。生产国际化指的就是跨国生产，而跨国生产指的是一个国家的跨国公司在其本身所在国家之外的国家或者地区投资办厂，并且生产出来的产品会在生产产品的国家或者地区进行销售。一般来说，跨国公司在全世界范围内对资源的优化配置会促使技术或者产业进行转移，从而带动整个生产向全球化发展，最终成为全世界产业结构转型升级的主要力量。在通常情况下，跨国公司会通过研发或者并购的方式来拓展其本身在全世界的经营范围和空间，其中并购方面主要涵盖了服务产业、制造产业，并且当前服务产业处于上升的趋势，而制造产业则是在逐渐下降。而研发方面主要涵盖了生物、信息、高新技术以及高新材料等产业。无论是研发还是并购，当前各个跨国公司的经营活动主要是集中在各个发达国家，而那些新兴的工业国家，比如东亚地区的中国、越南、印度等国家则是次选的目标地区。从目前来看，生产国际化对于我国产业的发展主要存在三个方面的影响因素：一是由于外来资本的进入，会使我国的资本供给得到增加，此时就会使我国的技术、资本、劳动力等方面的要素构成产生变化，这样必将会促使我国的产业结构转型升级；二是生产国际化会使跨国公司在我国直接投资办厂，这样就会带来一些国外的先进技术、先进的管理经验，此时就会使产业之中的竞争环境和状态发生变化，从而促进产业技术方面的进步和产业生产效率的提升；三是会改变生产要素的价格以及流动方式，尤其是对于人力资源方面的价格和流动方式影响最大，这样就能够有效促进我国实现资源方面的最优化配置。

在金融一体化下的产业发展是和贸易全球化以及生产国际化相适应的，同时也是贸易全球化和生产国际化的内在要求，其主要体现在具有世界性质的金融市场的形成以及金融资本方面的自由化。但需要注意的是，金融一体化本身是一把双刃剑，对于产业的发展以及转型升级来说不仅存在着有利的影响，同时也存在着不少弊端。对于我国来说，在产业发展和转型升级方面的有利影响主要体现在两个方面：一是金融一体化会增加我国的资本供给，有效解决我国在生产、流通以及建设方面存在的资金不足问题，促使产业发展的空间得到拓展；二是外部金融机构的国际竞争会促使我国的金融企业不断提升自身的生产效率和服务质量，同时还有利于我国进行资源的合理分配，最终促进产业的快速发展。而不利影响主要指的是，金融一体化会使资金在全世界范围内进行流通，其流通范围更加广泛，速度更快，但是这样的流通就会使一些投机行为增多，最终导致资本流动危机，甚至会引发世界范围内的金融危机。而金融危机一旦发生就会对我国的产业产生极大的损害，甚至会使得我国的产业结构突然失去平衡，需要重新进行产业结构的构建和完善。

总而言之，经济全球化对于任何一个国家或者地区的产业结构调整或者是转型升级来说都是影响巨大的，并且经济全球化的核心内容就是世界范围内的产业结构调整或者是转型升级。因此，经济全球化的本质就是产业的全球化，而产业的全球化则指的是产业在世界范围内所进行的扩张或者是活动，是产业结构在全世界范围内所进行的升级或者演变。因此，在当前，全世界各个地区和国家所进行的产业结构的大调整、转型升级以及大的变动都是由于经济全球化所造成的。

三、产业结构的调整是经济全球化发展的必经之路

从整个产业结构调整的历史发展来看，传统的产业结构调整共经历了三个时期。在 20 世纪 50 年代，美国进行了纺织产业、钢铁产业等产业的转移，主要向日本以及德国等国家进行转移。在转移之后，美国开始集中各种力量发展通信、半导体、计算机等技术型产业，此次是第一轮的产业结构调整。在 20 世纪 60 年代到 70 年代之间，日本、德国等国家经济发展迅速，开始将一些劳动密集型产业向一些发展中国家转移，中国就是其中之一，而日本、德国等国家开始集中力量发展精细化工、集成电路以及机械等附加值较高的技术密集型产业，这是第二轮产业结构调整。在 20 世纪 80 年代左右，亚洲地区的一些新兴工业化国家开始将自身的产业向以技术为基础和主导的高新技术体系转变，在这一过程之中，一些发展较快的国家逐渐开始建立起较为健全的工业体系。进入 90 年代后，经济全球化的发展使得世界产业结构出

现大规模、大范围的变动。其中，经济全球化对全世界产业结构产生影响的最为明显的特点就是推动新兴产业的发展，促进新经济的形成。在经济全球化的影响下，一些新的技术不断出现，给整个社会带来了巨大影响，尤其是以互联网为代表的数字信息产业的产生和发展就是其中十分突出的例子。一方面，信息产业在产生之后迅速发展并崛起；另一方面，信息技术的迅速发展，促使其他相关产业迅速发展。实际上，经济全球化的发展必然会使产业结构进行调整和转型升级，这是因为经济全球化使得产业结构的调整有了更加便利的条件，不同的产业在经济之中的地位发生了变化，同时资源配置的限制也逐渐减弱。同时，由于经济全球化的发展使得产业结构的调整有了更加广阔的市场，加速了市场结构的变动，并且在全世界范围内，各个国家的产业结构调整基本一致。因此，在经济全球化形势下，逐渐以发达国家为主导，以跨国公司为载体，各个发展中国家共同参与其中，引发了世界性的产业结构调整和升级。

四、全球产业结构调整基本形式

在经济全球化的影响下，世界范围内的产业结构调整存在两种基本形式：一种是在各个发达国家之间，以各个跨国公司为基础和载体进行互相投资或者企业并购，在更加广阔的经济规模上进行资源配置、开拓新的市场以及发展新的技术，以此来实现各个发达国家中的产业转型升级，使自身经济结构实现从第三产业的转移。另外一种是直接通过各种并购或者投资的方式，将自身劳动密集型的产业转移到发展中国家或者是将一些高新技术产业之中的劳动密集型生产环节转移到发展中国家，以便能够通过发展中国家丰富的劳动力资源和自然资源进行国际性的生产活动。在这一过程之中，由于发达国家相关产业的转移，为发展中国家产业结构的升级带来了机会。另外，在此过程之中，还会出现产业转移各部分分离的情况，具体来说就是，最初的母公司掌握其中的核心技术，而在其他国家则是进行其他方面的生产。因此，在全球产业结构调整升级的过程之中，发达国家实现了产业结构的升级，从原来的工业经济转向了知识经济。

五、目前全世界产业结构调整升级的总体趋势

就目前来看，世界产业结构发展的总体趋势主要是从第二产业向第三产业进行转移，无论是发达国家还是发展中国家，其第一产业和第二产业所占的比重逐渐下降，而第三产业的作用和地位逐渐上升。在此调整过程中，其重点内容为不断加速以信息为关键的高新技术的发展，再以高新技术为基础对传统产业进行优化升级，最终实现产业结构的更高级化。在经过改造之后，传统产业将会获得更加广阔的发展空间。总的来说，当前全世界产业结构的调整和升级是为了迎接知识经济时代到来的一种具有长远眼光的战略性选择。其主要体现在以下几个方面。

首先，在未来，产业结构整体高级化以及高新技术的产业化发展是全世界产业结构调整的主要发展方向之一。在经济全球化的影响下，知识密集型或者技术密集型的产业将会迅速发展，而劳动密集型的产业在经济中所占的比例将会不断下降，并且个性化生产或者是柔性生产将会取代现在的标准化生产或者是批量化生产，而生物工程技术、纳米技术以及信息技术将会成为未来影响整个产业结构升级以及科学技术进步的关键技术。而产业结构的高级化则是指高新技术对于传统工业、农业等有更大的贡献率，能够促使两者以更小的成本、更少的资源创造出更加丰富、价值更高的产品，比如，石油化工、钢铁等产业在将来会被生物工程、信息工程等新兴产业所取代。

其次，在经过高新技术的改造之后，传统产业将会赢得一些新的发展空间。高新技术主要包括信息技术、生物工程技术、纳米技术等，这些技术对于传统产业的改造必将会使其中一部分产业逐渐走向衰落或者是消失，但是也会有一些新的产业迅速发展起来，比如当前由于信息技术在社会经济中的广泛应用使得原来的制造业以及农业等产业得到新的发展机遇，焕发出新的生命力。从美国来看，在 20 世纪 90 年代初期，美国就开始通过高新技术对传统产业进行改造，实现了传统产业的全面升级，整体的劳动生产效率明显得到了提升，根据相关统计，在 20 世纪 80 年代，当时美国的制造业年生产率的增长速度为 3.4%，到了 90 年代后，年增长速度提升到了 4.7%。无数

的事实证明，通过高新技术对传统工业进行改造，能够使已经原本失去优势的传统产业重新焕发生机，比如，传统产业中的纺织业、建筑业以及服装业等逐渐从原来的劳动密集型产业转变成技术密集型产业。总的来说，高新技术对传统产业的改造能够使这些传统产业趋向于知识化和信息化。

最后，在经济之中，第三产业的比重逐渐增加，产业结构逐渐软化，是全世界产业结构调整和升级之后的最终目标。在未来的发展中，无论是金融、信息还是咨询等服务在整个经济之中的比重将会增加，并且在其中所起到的作用会更加明显，越来越重要。

总而言之，经济全球化发展会使各个国家之间的壁垒越来越少，最终在经济上形成一种相互影响的局面。事实上，经济全球化的本质就是在全球范围内进行产业结构的调整，是现在世界经济发展的一个明显特征，是所有国家和地区进行经济发展的宏观背景。

第三章

中国经济国际化与开放型经济的发展

第一节　国际分工理论演进与经济国际化

一、国际分工理论

国际分工指的是不同国家之间在广义层面上所产生的对产业的分工以及对产品生产过程的分工，是打破各个国家经济之间存在壁垒的社会分工，是一种国民和生产之间的分工。国际分工从劳动分工发展而来，最开始形成于18世纪中期，是当前国际贸易产生的基础。一般来说，国际分工的发展会受到一个国家经济条件和自然条件的影响，而国际分工理论则是在国际分工基础上发展而来的理论，一般来说可以分为国际分工理论和新国际分工理论。从国际分工理论的历史演进来看，其经历了产业间分工理论、产业内分工理论、产品内分工理论的演进。对于我国来说，国际分工理论是我国实行开放型经济发展战略的重要理论支撑。在党的十九大报告之中，强调了要加大力度，全面提升我国的开放型经济水平，其目标明确指向要提升我国在国际分工中的地位。因此，对国际分工理论及其演进进行深入研究和分析，对于提升我国开放型经济发展来说有着十分重要的意义。

（一）传统国际分工理论

1. 绝对优势理论分析

在 15 世纪到 17 世纪这一段时期内，欧洲地区盛行重商主义经济思想，当时欧洲地区都认为金银财宝和相关货币是自身财富的象征，因此，在当时的欧洲，政府实行了多卖少买和奖出限入的经济政策。直至发展到 18 世纪 60 年代，欧洲地区才经过第一次产业革命创新了社会发展模式和经济发展模式，极大地提升了生产效率。当时的英国、北美等地区的生产规模和生产力大幅提升，但是同时也出现了各种问题，产能过剩就是其中最为突出的问题。当时，各个国家都急于寻找到能够吸取过剩产能的渠道或者途径。因此，在当时的形势下，一些新的生产方式以及新的经济发展形式，促使很多学者站到了一个新的角度来研究和分析财富以及财富分配增长问题。

1776 年，英国经济学家亚当·斯密在其所著的《国民财富的性质和原因的研究》一书中，对当时盛行的重商主义经济思想进行了抨击和反驳。在该书中，亚当·斯密以地域分工理论为基础，提出了自由市场经济的国际分工理论，即绝对优势理论。在该理论中指出：无论是先天性质的优势还是在后天所形成的条件优势都是国际分工以及各个国家之间进行国际贸易的基础所在，如果所有的国家都以其绝对的优势为基础去安排生产，就会使各国的资本资源、劳动力资源等得到最优化的配置以及利用，在此基础上再进行国际贸易，最终不仅会提升各个国家的生产效率，并且还会增加各个国家的财富。在该理论之中，有四个前提假设：一是该理论的价值以及价格完全是由所投入的劳动量来决定的；二是在该理论之中假定了世界只存在两个国家，即在交易之中只有两个交易对象，只生产两种商品；三是没有各种其他因素的影响，比如关税、成本等，是一个自由的贸易环境；四是各种劳动力在两个国家之间不进行流动。除了上述这些条件之外，要想对绝对优势理论进行实践，任何一个国家还需要在某一种商品上有着绝对优势才能够进行国际贸易。因此，从这一角度来看，绝对优势理论仅仅只是将国际分工或者国际贸易中的一种情形进行了解释，对于其中的普遍规律并没有清晰的阐述。

2. 相对优势理论

对于亚当·斯密的绝对优势理论来说，在现实之中，两个国家之间恰好都拥有不同绝对优势的情况几乎是不存在的，因此在现实情况之中，亚当·斯密的理论面临着各方面的挑战。在 1815 年，英国政府为了能够更好地对贵族利益进行维护，出台了限制谷物自由贸易的相关法律，即《谷物法》。在该法律颁布之后，英国的粮价大幅上涨，同时地皮的租金也在不断上升，极大地损害了当时英国资产阶级的利益。这是因为，随着粮食价格的提高，工人的工资被迫提高，使得整个生产的成本增加，利润不断减少，最终使英国的工业产品逐渐失去竞争力。同时，消费成本的上涨，使得消费者逐渐减少了对工业产品的消费，并且由于该法律的存在，使得很多国家不断提高关税对英国进行报复。在这样的形势下，在英国颁布《谷物法》两年之后，李嘉图在其所著的《政治经济学及赋税原理》一书中提出了比较优势理论。该理论认为，不仅仅是具有绝对优势的国家才能够进行国际分工或者进行国际贸易，而是在某一种商品的生产具有相对优势就能够进行国际分工或者国际贸易，从而提升自身的国民财富。具体来说，该理论认为，每一个国家只要集中生产那些具有相对优势的产品，进口自身没有优势的产品，这样就能够使资源实现最优化配置、提高生产效率以及增加财富值。根据该理论，李嘉图认为，对于英国来说，其本身在纺织品上的优势相较于谷物来说更大，因此英国应该集中力量去发展纺织业，以此为基础来换取粮食，增加粮食的进口量，最终提升国家的生产力。事实上，李嘉图的比较优势理论是在亚当·斯密绝对优势理论的基础上形成的，并且将亚当·斯密的理论进行了一般化。从这一角度来看，该理论的出现和发展奠定了现代国际贸易理论的基础。但是，在该理论中，交换比价还是不能够明确，并且由于该理论的基础和前提还是绝对优势理论，因此依然存在着很大的局限性。

3. 相互需求理论

亚当·斯密和李嘉图的理论都没有从根本上解决两个国家之间在利益分配方面的问题，即在国际贸易之中的产品交换比例的问题。在这样的形势下，英国经济学家穆勒在 1848 年所著的《政治经济学原理》一书中提出了相互需求原理，对国家贸易中的利益分配问题进行了解释，成为李嘉图比较优势理论的一个重要补充和支撑。

该理论认为，在贸易之中，供求关系决定着商品的价值，在国际贸易的商品交换之中，商品的价格是由两个国家之间的供求关系和规律决定的。比如，一个国家进口商品的价值是由其本身所获得的成本决定的，即贸易条件，而贸易条件优势取决于两个国家对对方产品的需求程度。具体来说，如果国家 a 对国家 b 的需求程度越大，贸易条件就会对国家 b 有利，而国家 b 的商品价格就会越高，此时国家 b 在和国家 a 的贸易之中就会获得更大的利益。反之，国家 b 获得的利益就会越少。因此，一般来说，如果国际的价格在两个国家价格之间，会随着两个国家对对方的需求变化而产生变化。穆勒指出，两个国家的消费者的具体需求以及情况的不断变化决定了两个国家之间商品的交换价值，从而决定了两个国家在国际贸易之中的利益分配状况。但是，由于两个国家消费者之间的需求只能够在一定的范围内，但是在该范围之外，由于影响因素的多样性使得该理论并不适用于所有的情况。

事实上，相互需求理论主要是从一个新的角度，即需求角度来对交换价格进行考察。这一角度是前面所有学者都没有提到过的，并且该理论对于比较优势理论进行了很好的补充，有着十分重要的价值。但是，该理论对于劳动价值理论进行了抛弃，因此对于国际贸易的比价说明还是不够准确。

4. 资源禀赋理论

20 世纪初期，赫克歇尔在其所著的《对外贸易对于收益分配的影响》一书中提出了自然禀赋的相关思想，在其学生贝蒂·俄林的补充完善之下，在其 1933 年所著的《区际贸易和国际贸易》一书中，对比较优势理论进行了更加深入的阐述。

资源禀赋理论认为，在贸易之中价格之间的差异就是导致国际分工以及国际贸易的一个直接原因。在实际生产之中，在其中所投入的生产要素有很多种，主要包括土地、劳动力、资本等要素。在各个国家生产同一种产品，并且生产技术水平相同的情况下，两个国家产品的价格差别源于其生产成本之间的差别，而其中生产成本的差别主要源于在实际生产之中所投入的要素价格差别，而要素价格差别则受生产要素丰富程度的影响。因此，在不同国家之中产生国际分工以及国际贸易的本质原因就是生产要素之间存在的差异。所以，各个国家应该趋向于集中生产和出口相对便宜或者生产要素相对丰富的密集型产品，而去进口那些相对来说较为稀缺或者昂贵的密集型商品。另外，该理论还认为，产品之间的贸易会随着国际贸易的发展趋向于消除国际差别，从而使产品的价格趋向于平衡。

该理论相较于比较优势理论来说，是对比较优势理论进行了继承和发展。从该理论的角度来看，国际贸易以及分工发生的原因就是各个国家所拥有的要素禀赋存在差异。1949 年，美国经学家萨缪尔森在其所著的《再论国际要素价格的均等》一书之中对该理论进行进一步的发展和补充，萨缪尔森认为在国际分工或者国际贸易之中，要素价格均等化不仅仅是一种发展趋势，并且在一系列特定的条件下，实现自由贸易就会使要素价格实现基本上的均等，这是未来的一种必然。1951 年，美国经济学家里昂惕夫对要素禀赋理论进行了实际的检验。因为美国是当时世界上资本最为丰富的国家，因此按照要素禀赋理论来说，美国应该生产和出口资本密集型的产品，并且大量进口劳动密集型的产品。但是在经过检验之后，得出的结果和资源禀赋理论的理论分析完全相反，这就是历史上著名的"里昂惕夫之谜"。

5. 生命周期理论

在里昂惕夫做出检验之后，其结果引起了西方学术界的高度关注，很多学者都对该悖论所产生的原因进行了分析，因此在这之后出现了很多具有一定价值的成果。20 世纪六七十年代，因为能源和环境方面的问题，对于生命周期的研究引起了社会各界的关注。而后在 60 年代中期，美国的弗农在其《产品生命周期中的国际贸易和国际投资》一文中首次提出了"产品生命周期"这一概念，并且对这一概念进行了阐释，而这一概念的出现和发展极大地推动了国际分工以及国际贸易的发展。

该理论认为，任何产品都是存在市场寿命的，具体来说就是一个新产品进入市场之后到被市场淘汰这一过程。在产品生命周期理论中一般会将产品的生命周期分为五个阶段：第一个阶段为新生期，是产品相关技术创新的关键时期，在那些有着较高技术创新能力的国家就能够进行新产品的研发并且快速投入市场之中，在这一过程之中，消费者对于该产品的了解较少，并且没有过多的生产者，因此生产成本较高。第二个阶段为成长期，在该时期，需求量以及销售量不断上升，而生产成本则大幅度下降，并且其他国家此时也会对该新产品有了需求，因此会刺激国内向国外进行出口。第三阶段是成熟期，在该时期内，市场已经趋向于饱和，产品向标准化发展，并且由于生产竞争激烈，使得很多企业会在产品的各个方面进行更大的投入，比如产品的尺寸、色彩等，此时成本有所增加。第四个阶段为销售量下降期，在这一阶段，廉价的劳动力开始发挥出其作用。这是因为一些拥有大量廉价劳动力的国家会对该产品进行模仿和生产，此时该产品的最初研发国家的销售数量下降。第五个阶段为衰亡期，在这一阶段，对该产品进行模仿的国家开始利用降低价格保持长时间的生产，并且会进行大量的出口，导致该产品的最初研发国家由于利润的降低停止生产该产品，而转向直接对海外进行投资。

产品周期理论相较于以往的国际分工理论来说，其本身打破了以往理论建设多种假设的状态，突破了以往各种理论一直局限在劳动力、资本以及土地这几种生产要素上，而是将技术这一生产要素加入其中，对里昂惕夫之谜进行了解释。但需要注意的是，该理论虽然相较于以往的理论有着不小的进步，但是依然存在着很多局限性，比如其所分析的要素还不够完善，产品之中的知识含量、品牌效应等。

（二）新国际分工理论

新国际分工理论和传统国际分工理论的区别主要在于，前者主要是基于不完全竞争的市场结构，而后者则是基于完全竞争的市场结构。

1. 产业内分工理论

20 世纪 60 年代以来，国际分工向纵深发展，很多国家开始出现产业内部的贸易现象，即同时进口和出口相同的产品或者是相似的产品。在经过很多相关学者的研究之后，相关的产业内部贸易理论应运而生。

20 世纪 70 年代，劳埃德和格鲁贝尔共同对产业内贸易理论进行了相关研究，并对以往的传统模型进行了一定程度的解释，但是从整体上来看，这一解释并不全面。在后来的研究之中，有学者认为在产业内贸易理论体系之中除了需要加入交易成本等要素之外，还需要对经济规模、产品规模等因素进行分析。在后来的发展过程中，逐渐出现了不同的理论。比如，在 1983 年，克鲁格曼和博兰德尔两位学者提出了相互倾销理论对产业内贸易的同质产品现象进行解释。该理论认为，在贸易之中，只要各个企业采取倾销的销售策略，就会产生产业内的贸易，在此时，无论是成本之间的差异还是消费者的具体需求都已经不是其中的关键影响因素。并且由于在此时处于优势地位的企业一般为垄断性企业，因此，其可以对不同的市场进行定价或者制定出销售策略。该理论的出现对同质产品产业内的贸易现象进行了较好的解释。

（1）相互倾销理论

20 世纪 80 年代初期，博兰德尔以及克鲁格曼提出了相互倾销理论来对同质产品内部的产业贸易现象进行解释。该理论主要是利用了双寡头垄断模型研究了存在于不同国家的两个寡头垄断企业的同质产品产业内贸易情况，指出在垄断以及市场分割的情况下，只需要企业采用倾销的销售策略能够发生产业内交易，此时要素禀赋、成本差异以及消费者的需求都不再重要。但是，由于处于垄断地位的企业需要根据企业总利润最大化目标在不同的市场之中实行不同的定价以及销售策略，企业在获得垄断地位利润的同时往往也会向其他地区进行产品倾销。这一理论的出现，在企业垄断地位以及市场存在分割的条件下充分解释了同质产品产业内的贸易现象，成为产业内贸易解释的一个原因。

（2）新张伯伦模型

迪克西特、克鲁格曼以及斯蒂格里茨对产业内贸易引入了张伯伦的垄断竞争模型，提出了新产业内贸易模型。该新模型将技术进步、垄断竞争、规模经济、产品水平差异以及多元化消费倾向进行了整理分析，并加入张伯伦模型的开放型经济中，对该模型进行了拓展。三位学者通过模型的构建得出以下结论：即使是资源禀赋基本相同的国家，也会因为技术方面以及消费者需求方面存在的差异而导致其内部每一种产业之中出现水平存在差异化的产品，并且会由于经济规模的影响，在国家和国家之间形成产业贸易，而产业内部也会形成产业内贸易，而各个国家中的消费则是因为产业内多元化的差异而使产品财富增加，从而促使国民总财富增加。

（3）布兰德—克鲁曼模型

克鲁曼和布兰德在 20 世纪 80 年代初期第一次将寡头垄断市场结构加入产业贸易之中进行研究，最终形成了布兰德—克鲁曼模型。该模型主要基于两个国家的寡头垄断市场结构，运用静态博弈的方法，以产品的特点和消费者的消费特点为基础对两个国家的产业内贸易进行了解释。该模型理论指出，在不完全的竞争之中，两国寡头垄断的厂商或者企业为了实现自身利润的最大化，往往会在市场之中实行差别价格，不断增加自身产量，并会以低于自己国家销售价格的价格销售给另外一个国家，在能够实现自身总体利润目标的基础上，此时市场之中的利润就会被双寡头垄断厂家进行分割。这一模型在处于均衡状态的时候，其中的每一个厂家都会因为将自身的产出平均在国内进行销售和出口，其中有着十分严格的对称性。所以，这一模型得出的结论是，在不完全的市场竞争结构之中，即使产品的技术、质量等各个方面没有明显的差异，但是其中处于垄断地位的厂商国家之间依然会出现产业内贸易。

（4）新 H－O 模型

1981 年，弗维尔通过 H－O 要素禀赋模型对存在垂直差异产品的产业内贸易进行了极为深入的研究和分析。该模型的基础为两个国家资源禀赋之间的先天差异，在两个国家生产的产品之中，因为资源禀赋存在差异，致使两个国家所生产的同类型产品会有要素禀赋方面的差异特点，这种特点在同一种产品之中会反映出不同的性能、质量以及耐用、实用程度等，从整体上来看主要是产品质量方面会存在差异。因此，两个国家在不同层次消费群体的基础上，出现了垂直产品的产业内贸易现象。

于是，弗维尔以及凯克斯基就在 H－O 模型的基础上进行了拓展，形成了新的 H－O 模型。在该模型之中，假定同一种产品因为要素之间的密集程度不同而存在不同的质量，那么，即使在完全竞争以及发展规模不景气的条件下，存在垂直型差异的产品在产业内依然会发生产业内贸易行为。并且由于劳动和资本之间的比率能够代表一个国家的整体技术水平，如果劳动和资本的比率高就代表着该国家的技术水平较高，同时也代表着该国家所生产的产品质量较高，同时该国家的平均工资比较高，人民生活水平也比较高。如果比率较低，就代表着该国家的技术水平较低，所生产的产品质量也会相应地比较低，人们的生活水平较低。但要注意的是，两个国家会因为居民之间的收入差异而导致消费者对产品质量的需求存在差异，导致消费者对于同一产品的消费需求将会永远存在，因此，垂直型差异产品的产业内贸易就会产生。但是如果高质量产品出口国资本和劳动比率不断升高，就意味着原来消费的其他国家低质量产品的低收入消费群体会因为自身的收入提升而转向消费本国家同类型的高质量产品，在此时，两个国家之间的垂直型产业内贸易将会下降。如果是低质量产品出口国的资本和劳动比率不断升高就意味着原来消费本国低质量产品的低收入群体会因为自身收入的提升而转向消费其他国家的高质量产品，此时垂直型产业内贸易就会上升。

（5）S−S模型

S−S模型是由萨顿和莎克特在1984年提出的，其主要是以各个国家对于研发指出的差异对产品质量的影响差异为基础，对规模经济以及寡头垄断经济条件下的垂直型产品差异进行了考察的产业内贸易重要模型之一。S−S模型认为，因为各个国家对于研发指出的差异会影响到产品的质量，而研发成本本身就属于支付成本，即固定成本。因此，产品的成本不会因为产品本身质量的提升而得到大幅度的提升。在这一模型之中，假设两个国家的生产厂商生产同一种垂直型差异产品，因为国际贸易之间的竞争，生产高质量产品和生产低质量产品的厂家各剩下一家，此时，另外的生产同一种产品的生产厂商必将会退出市场竞争，而生存下来的厂商则必须要因为市场的不断扩大出现的规模经济促使他们降低生产成本，降低销售价格，并且如果两个生产厂商正好分别属于这两个国家，此时必然会产生垂直型差异产品的产业内贸易。此时，其中一个国家会出口同一种高质量产品，另外一个国家会出口低质量的产品，以此来满足两个国家的消费多元化。但是如果剩下的两个生产厂商属于同一个国家，就不会产生产业内贸易。

2. 产品内分工理论

20世纪90年代以来，随着国际分工理论以及专业化的不断发展，越来越多的企业将自身内部纵向方面的生产过程分离出去，转变为依靠外部供应商来供应市场所需的产品以及服务，这种将产品生产过程中不同的生产环节分布到不同国家、不同地区所形成的国际分工新形式，在理论界被称为产品内分工。事实上，产品内分工早在20世纪90年代末期已经诞生和开始发展，但是直至今日该理论仍然比较分散，没有形成体系。其中所包含的理论主要有：首先，在90年代末期，万那可、巴拉萨、格罗斯曼以及迪克西特在前人研究的基础上构建出产品内分工的初始模型。在该模型之中，将生产过程之中的各个区段进行了拓展，转变为多阶段的生产理论模型，同时，通过这一模型对政策的变化、要素结构的变动产生影响。随后，芬斯切在该模型的基础上进一步使用了生产非一体化的概念对现代国际贸易以及全球生产国际分工特点进行了解释，分析了国际分工产品贸易从20世纪70年代以来迅速发展的原因以及全球化国际分工形势对技术工人就业等方面所产生的影响。之后，克鲁格曼从价值链的角度出发，对产品内分工进行了描述，主要针对南方国家和北方国家在产品内分工体系的经济冲击效应进行了分析，得出了以下结论：首先，克鲁格曼认为任何产品的分割生产都是一个双赢的过程，南方国家在价值链地位的提高以及经济实力的提升不会对北方国家的经济利益等方面产生影响。昂特以传统国际分工理论为基础对世界上转包以及外包等产品的分工现象进行了十分深入的研究。最终的研究结果表明：产品内分工外包模式在劳动力充盈以及劳动力稀缺的国家之间发生的时候就能够提升两个国家的工资水平、就业率以及国际竞争力。蒂尔多夫在李嘉图模型和H-O模型的基础上，利用传统的国际分工理论对产品内分工进行了分析，在全球产品内分工体系下通过设计外包方面的模型得出了国际分工要素非均等化的重要结论。

3. 竞争优势理论

在国际分工理论的发展过程之中，为了能够充分克服静态传统分工理论的缺陷,著名教授迈克尔·波特在1980年出版了《竞争战略》(*Competitive Strategy*),在1985年和1990年分别出版了《竞争优势》(*Competitive Advantage*)以及《国家竞争优势》(*The Competitive Advantage of Nations*)等著作,他通过动态的眼光对国家的资源禀赋以及比较优势进行了深入分析,最终提出了著名的竞争优势理论。

迈克尔·波特认为,任何一个国家仅仅依靠资源禀赋方面的优势并不能够为国家创造出源源不断的财富。事实上,一个国家的财富如果要想实现持续不断的上涨只能够依靠这一国家产业方面的创新以及转型升级,而产业方面的创新以及转型升级则主要源于企业技术方面的不断提升和创新。一些国家之所以长期保持自身的繁荣和昌盛,一些企业之所以能够在国际竞争中生存下来并且得到一定的发展,其根源就在于这些国家或者企业能够创新。对于创新来说,一个国家的竞争环境越好,其创新能力就会越强。另外,迈克尔·波特还认为,一个国家获得竞争的力量主要源于一个完善的系统,即竞争优势理论,这样的系统也被称为"钻石系统"。竞争优势理论认为,一个国家或者地区具有一定的竞争优势主要是由该国家或者地区的生产要素、需求情况、企业策略、辅助产业、机遇、竞争者以及政府等共同决定的,这些因素之间的相互组合和作用使得它们构成了产业的竞争优势,因此该理论也被称为"钻石模型"。在该模型之中,六个要素组成了动态发展以及相互影响的体系,对于任何一个国家指导自身产业发展来说意义都十分重大。

竞争优势理论是国际分工理论的新内容和新发展,其试图综合国际竞争优势来源方面的所有观点,对国际分工理论之中一些无法解释的方面进行了解释。就目前来看,该理论能够对世界上大部分国家的竞争优势进行分析,有助于最终得出的结果和实际情况相符合。但是随着经济的不断发展和变化,很多学者认为该理论还是存在着一定的局限性,并不能够完全说明当前世界各个国家的竞争优势以及这些国家的国际分工结构。

二、经济国际化

（一）经济国际化的内涵

"经济国际化"这一概念是一个历史范畴，是社会生产力发展导致的经济活动以及社会分工跨国化。因此，经济国际化的本质就是经济关系的国际化，和全世界处于主导位置的生产方式有着十分密切的联系。

1. 经济国际化的进程

从整个历史来看，经济国际化作为一种发展进程已经存在了几百年，主要经历了以下四个发展阶段：

第一个阶段是从16世纪开始到18世纪结束。15世纪末16世纪初，由于地理大发现的推动，原来处于相互隔离的区域市场逐渐进行连接，形成了世界市场。正如马克思所说：世界市场和世界贸易在16世纪揭示了资本主义发展的近代历史。在世界市场形成之后，逐渐出现了生产和消费都存在世界性的、经济国际化的发展趋势，逐渐形成了世界市场以及世界性的经济体系，此时经济活动有着明显的世界性和能够对世界资源进行配置的意义，真正开始了经济国际化的进程。

第二个阶段是从19世纪70年代开始，到20世纪初期结束。在该阶段，世界第二次工业革命开始，资本主义的生产方式逐渐被确立下来，由此导致了世界市场的生产力大幅增长，资本输出大规模进行，将更多的国家和地区拉入国际市场这一张巨网之中。但是在此时，由于资本主义生产方式本身是一种通过产品掠夺剩余价值的生产方式，因此，此时的价值必须要以现金的方式体现出来，商品也必须要销售，如果不能够实现这一目标，其中的积累就会出现停滞甚至是倒退，危机就会到来。在资本积累的过程之中，其内在的冲动和从外部获得更大利润的可能性就会驱使其建立起世界范围的资源配置体系和国际分工体系，在此基础上又会形成统一的国际市场，而国际市场又推动了这一时期经济国际化的迅速发展。同时，因为在该阶段经济处于发展的不平衡状态中，导致新兴资本主义国家和老牌资本主义国家对世界殖民地市场进行了分割，从而形成这一阶段殖民地国家经济的国际化。

第三个阶段是从第二次世界大战结束时期开始到 20 世纪 80 年代结束。在该阶段，殖民体系逐渐被瓦解，各个民族国家出现，国际分工体系的拓展以及科学技术的突破使得整个世界迎来了二十余年的黄金发展时期，在此期间逐渐形成了以美国为主导的国际分工格局和国际经济发展秩序。同时也是在这一时期，IMF（国际货币基金组织）、GATT（关税和贸易总协定）以及世界银行三大国际组织相继成立，此后在相当长的一段时间内，这三大国际组织有效地保障了国际投资、国际贸易等方面的稳定发展和进步。另外，在此期间，除美国以外，其他各个国家的货币都实现了和美元挂钩，美元和黄金也实现了挂钩，并在这些基础上逐渐形成了固定汇率制。在 1973 年前后，世界主要的资本主义国家开始实行浮动汇率制，这一制度的实行保障了国际汇率的稳定以及各个国家货币方面的有效调整，在打破贸易壁垒方面又前进了一大步，对世界经济的国际化起到极大的推进作用，形成了以生产经营国际化、资本流动全球化等为特点的经济国际化发展的新趋势。

第四个阶段是美苏冷战结束之后的经济国际化新发展时期。1991 年，苏联解体，美苏冷战结束，在此后十年里，世界格局发生了巨大变化，整个世界经济发展进入多极化发展和全球化发展的时代，更多的国家开始将自身的注意力放在发展经济以及提升自身综合国力上，此时全球经济国际化发展的程度进一步加深，同时，经济国际化的内涵也在不断地丰富和深化。

2. 经济国际化的含义

尽管经济国际化的发展历程很长，但是到目前为止还没有一个统一的解释。马克思和恩格斯认为，世界市场的开拓，使得所有国家的生产以及消费都变成了世界性的。其中，工业所加工的已经不再是本地区的原材料，而是来自更加遥远的地方。此时的产品已经不再仅仅供本地区消费者进行消费，还会同时销售到世界各个地区。以往旧的、国内的产品被来自其他国家或者地区的产品所代替。过去的自给自足以及封闭的状态被各个民族之间的相互往来以及各个方面相互影响和作用所取代，即"生产者忙于全世界各地""世界各地落户，到处创业和发展"等。

直至今日，由于科学技术的发展以及生产力的提高，国际分工逐渐深化，经济国际化的发展已经进入成熟阶段，其具体表现在以下方面。

首先，贸易的国际化。20 世纪 90 年代以来，国际贸易总量的增长和速度的增长都超过了世界经济的增长，此时各个跨国公司成了国际贸易的主要载体，并且其内部的贸易占到了世界贸易总额的三分之一。同时，世界贸易的自由化程度得到了进一步提升，并且服务贸易在国际贸易之中所占的比重不断上升，技术贸易的比重也在快速增长。

其次，生产的国际化。随着世界经济的发展，国际分工向更加纵深的方面和更广阔的方面发展，此时出现了一些国际性的产品和一些有着高技术含量、高附加值的分工模式。另外，此时世界贸易中所包括的国家类型也更加多样化。

再次，金融的国际化。经济国际化使得金融直接投资大幅度上涨，投资总额不断膨胀，整个过程中各个跨国公司是跨国投资的主要力量。同时，国际之间的直接投资出现了平向流动和逆向流动，国际金融市场和金融衍生工具成为世界资本运行的重要方式之一。另外，资本证券化、债券交易以及跨国股票成为国际资本流动之中的主流方式。

又次，企业经营的国际化。跨国公司的发展战略已经转变为国际化经营，并且跨国经营已经从原来的生产阶段转变成为国民经济联系。同时，跨国公司以及跨国经营成为全球经济发展中最为活跃、最具生命力的角色以及最重要的主流发展趋势。另外，企业的国际化经营发展促使世界范围内出现了企业并购、兼并的高潮。

最后，经济规制的国际化。国际经济协调的作用不断加强，呈现出了多层次和多样化发展的特点。同时，国际经济协调的范围变得更加广泛，覆盖了货币、金融、投资、贸易、科技、生态环保以及宏观政策等领域。此时的经济国际化也需要严格按照游戏规则来进行，即需要按照国际经贸协议、国际经济组织规定和国际惯例来进行有规则的发展和互动。

基于上述内容，本书在这里认为可以将经济国际化概括为以下内容：经济国际化指的是一个国家或者地区的经济和世界经济进行融合，并且朝着经济无国界变化的过程。经济国际化是一个国家或者地区经济发展到较高阶段的表现，超越了国家或者地区界限的限制向外延伸的，参与国际分工合作、经济循环，最终紧密联系成为一个有机整体的过程。经济国际化的水平取决于一个国家整体经济的发展水平，并且会受到国际经济环境的影响和限制，总的来说是一个国家国内经济和国际经济之间相互影响之后的结果。需要注意的是，经济国际化的进程和该国家的经济发展水平存在差异，但是在通常情况下，两者是保持一致的。

（二）经济国际化的发展环境

在当前世界经济全球化、技术革命以及知识经济时代中，任何一个国家的经济国际化都会面临新的发展环境。

1. 经济全球化是世界经济发展的必然趋势

在社会生产力不断提升和科学技术不断突破的形势下，经济全球化发展十分迅猛，成为当今世界发展的重要特征，并且对世界经济发展产生了十分深刻的影响。当前，经济全球化正处于不断深化的过程之中，呈现出以下一些现象。

首先，国际贸易的自由化程度在深度和广度方面正在不断扩展。由于GATT和WTO两大世界组织的不断努力，贸易自由化已经覆盖了全世界大部分地区，而贸易内容也已经从传统的商品贸易扩大到了服务贸易领域，并且国际贸易在数量上也有了突飞猛进的增长。从贸易格局方面来看，在发达国家占据主导的同时，发展中国家在整个世界贸易之中所起到的作用愈加明显。大部分发展中国家从20世纪80年代以来，相继在国内进行了经济改革，实施了更加开放的投资政策以及对外贸易政策，加速了全球贸易自由化的程度，而贸易在自由化方面的深化又促进了全球贸易的发展和进步。

其次，国际直接投资和资本流动达到了空前的规模。20世纪80年代以来，世界范围内出现了大规模的资本流动，促使国际直接投资的增长远远超过了国际贸易和国民生产总值的上涨。当前，FDI已经成为国际要素流动之中的重要组成部分，成为各个国家之间强化经济联系以及发展国际分工的重要渠道，并且成为经济活动以及运行的重要表现之一。从FDI的流量方面来看，1980年，国际中的直接投资流出量达到了537亿美元，直到2000年，该数值增加到了 1.4 万亿美元，四年之后为 6120 亿美元。在这一方面，直接投资总额的不断增长说明了各个国家在经济上的相互依存程度正在不断加深。

再次，生产和消费的全球化。随着各个国家对外投资规模的不断扩大，技术、信息方面的快速传递，跨国公司的运作以及生产全球化的不断加深，跨国公司对于世界经济的发展有着越来越大的影响力，特别是在制造业和服务业方面，跨国公司成为直接投资发展的主要推动力之一，对经济全球化发展有着举足轻重的作用。事实上，在生产和销售不断全球化的同时，还伴随着消费的全球化，具体来说就是随着生产产品的规模以及生产方法的趋同，全世界范围内消费者的偏好出现了趋同化的发展趋势，大多数发展中国家的对外经济发展以及信息技术的使用促使这一趋势发展的不断强化。

最后，金融全球化的进程明显加速。金融机构以及金融交易逐渐超越了国界以及货币之间的差异，因此全球金融市场连接成为整体的速度明显加快，各个国家以及地区的金融中心、金融市场形成了一个有机整体。资本在全国范围内大规模联通和流动，制度之间的障碍、货币之间的障碍以及政策之间的障碍越来越小，世界金融市场成为全球性的市场，国际之间的金融市场交易额达到了 500 万亿美元以上，平均每年通过国际金融市场实现的融资基本保持在 1 万亿美元以上。同时，金融方面的创新使得投资方式不断得到扩展，从而使得国际资本流动规模得到了进一步扩大，特别是金融服务贸易协定的达成，对消除国家层面金融服务的障碍有着很大的促进作用。

经济全球化对于所有国家的经济发展来说都有着积极的促进作用，这是因为在经济全球化下，商品、资本、技术以及劳务等生产要素之间的障碍在不断被削弱，这大大促进了世界各个国家之间经济的融合和发展，同时，资源在全世界范围内得到了优化配置，产业结构的转型和升级也极大地促进了国际贸易的不断发展。而劳动生产力水平的提升以及生产效率的提升，从总体上促进了世界经济的不断发展和增长。经济全球化在促使全球经济发展的同时，也带来了一系列的问题，其中最为突出的问题就是在利益分配方面存在不公，这不但没有将贫富差距有效缩小，甚至还拉大了贫富差距。并且，经济全球化使得发展中国家更加容易受到外部经济波动和金融危机的影响。

2. 全球科学技术加剧，知识经济发展十分迅速

20 世纪 80 年代以来，在科技革命的不断推动下，以科技发展为基础，以经济为中心的综合国力竞争更加激烈。正因为如此，20 世纪 90 年代以来，世界上各个国家尤其是其中的大国在竞争方面越加激烈，试图在新时期的国际竞争之中占据有利位置。在这样的形势下，各个国家不断加大在科研方面的投入，加速了科技成果转化效率，加强了对科学技术人才的争夺。在这样的发展背景下，近些年来，信息技术得到了进一步发展，数字地球已经产生，并且进入高速发展阶段。

在科技进步如此快速的时代，对于信息技术的运用以及发展十分突出，目前信息技术已经将人类社会带入了经济信息化的时代，尤其是在当前，由于互联网的发展，使得全球经济的发展进入互联网时代。根据相关数据，在 1990 年，全世界互联网站点只有 30 万个，但是在 4 年之后，互联网在全世界范围内实现了大规模的商业化，其站点达到了 300 万个以上，翻了十倍左右。在 1996 年，全世界的上网人数还不足 4000 万人，但是到了 2000 年，全世界的上网人数突破了 3 个亿，三年之后突破了 7 个亿。总的来说，互联网的发展极大地推动了金融、贸易、技术以及生产的全球化，促使数字地球的形成和发展。信息技术革命，不仅仅是信息技术产业的出现，更重要的是信息技术在不断对传统产业进行改造，甚至对于经济领域来说，信息技术的发展不仅仅是带来某一方面的变革和突破，而是全方位的突破和变革，比如新型的市场结构、新型的分配渠道、新型的信息系统、新型的管理方式等，并且还大力推动了经济发展模式的升级。

鉴于当前信息技术对于美国等发达国家越来越重要，在 1996 年，世界经济合作发展组织在其发布的《以知识经济为基础的经济》之中，第一次提出了知识经济的概念，并且指出知识经济就是建立在知识以及信息的使用和分配上的经济。现在的世界，信息技术已经不仅仅存在于发达国家，对发达国家有所帮助，而且在很多发展中国家也得到了充分利用。对于我国来说，信息技术，尤其是互联网技术在我国的发展和利用已经居于世界前列。因此，

当前世界各国的政府一致认为，在高新技术和互联网技术发展之中如果能够占据有利位置，本国经济将在新世纪得到顺利和快速的发展。根据相关统计，经济合作组织中的主要成员国的国内生产总值主要是以知识经济为基础，特别是对于知识的利用，已经成为这些国家经济不断增长的关键所在。总的来说，知识经济的发展是卷入了社会发展、经济发展的又一次重大跳跃。知识是无形资产，是可以进行反复使用以及复制的再生资源。另外，知识还可以不断推动科技的发展和进步，而科技又能够促进新产品的开发，这样就能够保障经济的可持续发展。可见，知识经济是农业经济和工业经济的一场巨大革命，是世界发展的潮流和趋势，是时代发展的必然，是国民经济发展的动力来源。

3. 产业结构大调整

进入 21 世纪之后，在信息技术革命的不断推动下，世界产业结构逐渐呈现出了明显的高科技化，世界各个工业国家在信息技术领域的竞争越来越激烈，这样就使得一批新兴产业出现并且迅速发展，逐渐在各个国家国民经济发展之中发挥出了重要作用，成为当前经济的新增长点。目前，在世界产业和结构高科技化的发展趋势下，产业结构主要是以知识为基础，以各个产业之间的相互联系为核心来构建各个产业之间的关系和关联，是产业结构调整、转型以及升级的主要时代特点。因此，其作为一个国家经济发展的有力杠杆，产业结构在当前又有着鲜明的战略特点。目前，在世界产业结构高科技化的发展形势下，各个国家的产业结构调整主要呈现出了两种调整取向。

首先，从发达国家的角度来看，当前发达国家在自身的产业结构调整过程之中主要表现出了高科技化、可持续发展以及特色化的发展趋势。其中，产业结构的高科技化主要是以知识为基础来构建各个产业之间的关系和关联，是产业结构变动和发展的时代特点，发达国家利用自身在技术方面的优势，通过产业结构的调整将自身经济发展推进到知识经济层面。

其次，从发展中国家的角度来看，发展中国家的产业结构在调整过程之中主要体现出了潮流性、趋势性、发展性以及开放性。发展主要是利用自身在资源方面的优势，在产业结构调整升级过程中完全实现工业化，进入到工业成熟阶段，从而实现知识化。

事实上，对于发达国家来说，其内部的产业结构调整主要是为了利用其在资源禀赋方面的优势，以此为基础不断维持他们在全球市场竞争之中的优势地位。因此，发达国家在产业结构调整中主要发展知识密集型、资本密集型以及技术密集型产业，同时，发达国家在此过程之中必然会将自身内部已经失去竞争优势的产业逐渐转移出去。而发展中国家除了需要根据自身经济发展的实际情况来对产业结构进行调整以外，还需要使自身的产业结构逐渐向着技术密集型、知识密集型以及资本密集型的方向发展，避免一直被限制在被工业大国支配的地位之中。另外，发展中国家也需要以发达国家的产业结构调整为基础来调整自身，促进本国能够顺利承接发达国家的产业转移，从而实现自身产业结构调整的加速。

（三）经济国际化相关概念的辨析

1. 经济国际化和经济一体化的关系

"一体化"是国际经济之中的一个重要概念，是由西方学者提出的。一体化指的是将不同的部分融合为一体。在第二次世界大战之后，随着国际经济之间相互依赖的不断增强以及地区经济一体化的实践，西方学者对于经济一体化提出了很多看法，比如德国经济学家若普克指出，一体化是一种发展局势，在这样的局势下，各个国家经济之间的贸易往来像在一个国家内部一样的自由。再比如荷兰经济学家丁伯根指出了经济一体化是相关国家之间贸易往来的自由化。上述两位经济学家都将经济一体化看作国家和国家之间实现自由化贸易的一种发展层次或者境界。而另外的一些经济学家则是将经济一体化扩展到了新的范围。比如美国学者巴拉萨认为经济一体化是商品的一种，是资本以及劳动力所进行的人为限制方面的完全消除。而林德特、津德尔伯格二人在上述理论的基础上进行了进一步研究，并指出经济一体化指的是生产要素的流动、国家之间的贸易，主要是通过共同的商品市场、要素市场以及两者之间的结合，最终达到生产要素的均等。而学者平德则是从不同的角度来看待经济一体化，他认为经济一体化就是一种形成联盟的过程。从历史层面来看，经济一体化的发展是具有阶段性的：在第一阶段是国内地区内的经济一体化，第二阶段是区域经济一体化，第三阶段是全球经济一体化。对于当前世界大部分国家来说，第一阶段的经济一体化已经实现，正处于第二阶段向第三阶段发展的阶段之中，主要表现在区域经济一体化。但需要注意的是，经济一体化发展无论是处于哪一个阶段都需要通过激烈的竞争来实现。这是因为，经济一体化就是在合作和竞争的过程之中实现的。

2. 经济全球化和经济国际化之间的关系

自 20 世纪 80 年代，经济全球化这一概念被提出来之后就引起了国际社会的极大关注，在很短的时间内，无数学者就对经济全球化进行了深入的研究。但是对于经济全球化这一概念的研究，至今也没有形成统一的认识。事实上，在很多国际性会议和活动上，很多学者都对经济全球化进行了一定的阐释和描述，比如在 1997 年的贸发会上就对经济全球化的定义进行了描绘，此次会议的报告指出，全球化的概念指的是资源和产品逐渐加强流通活动，同时也指的是不断扩张的国际经济活动。同年，国际货币基金组织指出，经济全球化就是各个国家之间经济依赖性增强，是贸易活动形式的增加。在经济全球化的影响下，经济决策的影响力越来越大。在这样的情况下，国内很多学者也开始对经济全球化进行了深入的研究，并给出了自己的定义。一些国内学者认为，经济全球化指的就是全世界范围内各个地区以及各个国家经济融合的一个整体，是一个保障生产要素得到合理分配的过程；还有一些学者认为，经济全球化就是全世界市场经济同质化进行的过程。

从上述内容可以看出，当前对于经济全球化的定义依然没有达成共识，存在着各种差异，但是这些并不会影响我们对经济全球化本质的理解。因此，本书认为，经济全球化的本质就是全世界经济的全球市场化。经济全球化要求建立起完善的、统一的以及信息化的市场体系，以保障产品、资源、资金、技术等能够进行自由流动和最优化分配。同时，经济全球化还要求健全全球经济的市场运行机制，使处于其中的国家经济活动受到全球市场的限制，以保障全球经济有序和稳定地进行。另外，经济全球化还要求制定出能够保障全球市场正常运行的国际规则或者管理体系，建立中间国际机构，以此来调节各个国家在经济交流中的矛盾和冲突。总的来说，经济全球化有着十分丰富的内涵，包括众多内容，比如自由贸易、国际投资、跨国公司、技术、信息科研、销售、生产等方面的全球化。从经济全球化和经济国际化的内涵可以看出，经济全球化和经济国际化两者之间的关系十分密切，并且经济国际化是经济全球化发展的基础之一。这是因为，经济全球化本身主要是在一定的经济体系规律和国际价值规律的推动和引导下产生的结果，是经济国际化进入更高发展阶段之后的产物，是经济国际化一种更加高级的体现形式。从另外的角度来看，任何一个国家参与经济全球化的程度主要取决于其经济国际化的整体水平，因此经济国际化和经济全球化之间存在着密切的互动和影响关系。如果世界上所有国家的经济国际化水平都得到提升，世界经济全球化水平必然也会提升，而当全世界的经济全球化水平较高的时候，也会促使其中各个国家经济国际化水平得到提升。无论是经济全球化还是经济国际化，它们的核心都是市场化，而市场化能够促使所有国家和地区的经济发展和世界经济发展逐渐融合，促使跨国生产要素在全球范围内流动，促使各个国家和地区的经济发展有更强的相互依赖性，最终形成一个相互影响、相互依存的统一格局。

但是，经济全球化和经济国际化两者并不是同一个概念，两者之间有着一定的区别，主要表现在以下几个方面：首先，两者在研究角度和出发点方面存在差别。经济全球化的出发点是全世界所有的国家以及地区，研究的是全球性的问题。而经济国际化的出发点则是一个国家或者地区，研究的是该国家或者该地区和世界经济发展融合的问题。其次，两者产生的时间不同。经济国际化并不是近些年来出现的一种新现象，而是早在16世纪、17世纪就已经出现。而关于经济全球化，国内外学者有着较为统一的观点，即在20世纪80年代，经济全球化的雏形形成，进入90年代之后，随着国际政治、经济等方面的变革，经济全球化表现出了快速发展的态势。再次，两者都是生产力提升之后的结果。经济国际化本身不仅是产业革命的结果，还是世界市场形成的动力来源。而经济全球化则是科学技术发展的结果，并且必须要具备一定的条件才会形成：一是全世界大市场的形成；二是跨国公司的出现。最后，从两者的表现形式来看，经济国际化主要表现为产品资本以及借贷资本在不同国家之间的流动，对外的直接投资不是主导。而经济全球化则是以对外直接投资为主，并且其内部的金融、贸易等处于相结合的状态，并向全世界进行扩张。

三、开放型经济的概述

（一）开放型经济的概念

从目前来看，国外对于开放型经济的发展有着较为明确的定义，认为开放型经济主要指的是金融自由化和贸易自由化，并且指出了完全的开放型经济指的是交换、分配、消费、生产的国际化经济。当前，随着世界经济的不断发展和融合，学术界对于开放型经济的概念又进行了更加深入的研究，指出了开放型经济指的是金融体系、信息技术、服务市场、跨国公司等方面的自由化和国际化。

从国内学者的研究来看，国内学者从国外学者的不同角度对开放型经济进行了研究，并给出了界定，但是由于受到我国各方面因素的影响，并没有形成统一的观点，但是其本质大同小异。这些观点可以总结为四种类型，分别是从经济体制、经济发展阶段、生产要素和表现形式的角度出发。

第一种类型是以生产要素的流动作为出发点，从目前来看主要存在的观点有：学者郑吉昌认为开放型经济是商品、劳动力、技术以及资本能够在国际市场之中自由流动，以市场规律为主的一种经济模式。学者张友文认为，开放型经济应该是一种从经济全球化出发的，说明利益分配规律的经济模式。学者张子曦认为，开放型经济是一种开放性很高的经济系统，有着进出口平衡、生产要素双向流动、一体化内外衔接的特点。

第二种类型是以经济制度作为出发点，主要存在的观点有：学者曾志兰认为开放型经济是一种开放程度很高的经济体系或者是一种运行机制和法律制度，在经济发展中遵循市场经济规律进行的活动。开放型经济本身具有经济制度的性质，在发达国家之中主要实行的就是开放型经济。学者刘鑫智认为，开放型经济是一种区别于封闭型经济的经济模式，是一种开放程度高的经济系统。

　　第三种类型是以经济发展阶段作为出发点，主要存在的观点有：叶鹰认为开放型经济的发展必然会经历资金积累到投资再到发展的过程，学者张友文指出，中国的开放型经济发展经历了规模扩张、结构优化、要素优化三个阶段。目前，沿海地区的开放型经济发展需要从结构优化向要素优化转变，为开放型经济的发展提供动力来源。学者裴长虹认为，中国开放型经济的发展可以分为四个阶段：第一个阶段是从 1978 年开始到 1986 年结束，主要实行的是放开发展、搞活经济的发展计划；第二个阶段是从 1987 年开始到 1993 年结束，主要的发展内容为培育对外贸易企业，发展成为市场主体；第三阶段是从 1994 年开始到 2006 年结束，该阶段主要实现了贸易自由化并建立了和国际市场接轨的体制；第四个阶段是从 2007 年开始至今，在该阶段主要的任务为对开放型经济体制进行完善和创新。

　　第四种类型是以开放型经济的表现形式为出发点，主要存在的观点有：学者李欣广认为，开放型经济就是一种积极参与国际分工的国民经济。学者黄谷认为，开放型经济是国际贸易、国际金融和封闭经济的综合物，在发展过程之中，由于经济的不断开放，经济和外界的联系不断加强。任何一个国家在对自身经济发展进行决策的时候，都需要充分考虑到其他国家所做出的对应决策。学者杨圣名认为，开放型经济指的就是通过技术引进、外资等方式，大力发展自己面向国际市场的经济，加速自身现代化建设。

　　总的来说，开放型经济可以大致分为四个部分，即经济基础、开放程度、开放结构和开放效益。

　　首先来看经济基础。开放型经济的形成和后续的发展需要以自身经济发展作为支持，其中自身的经济发展主要包括了劳动力的分配、产业结构的优化、产业结构的创新和经济总量扩大等。这些方面的内容都是开放型经济能够实现快速发展的重要基础要素，同时也是开放型经济最终的发展目标，具体来说就是自身经济发展在支撑开放型经济发展的同时，也会在开放型经济发展过程中得到提升以及巩固，从而形成良性循环，进而发挥出对开放型经济发展更好的支撑作用。其次来看开放程度。一个国家的开放程度在一定程度上表现了该国家开放型经济的发展水平，通常情况下可以使用经济的相对量和绝对量进行表示，其中主要包括了贸易规模和投资规模。再次来看开放结构。在开放结构之中主要包括了投资结构、商品结构等。对于我国的开放型经济发展来说，在开放结构方面需要将引进来和走出去进行有机结合，实现各个生产要素的双向流动，利用域外资源积极参与国际分工，促进自身产业结构的优化升级。最后来看开放效益。开放型经济的开放效益不仅仅体现在经济效益方面，更重要的是体现在社会效益、创新效益、环境效益方面。开放型经济能够以自身的基础和条件优化资源配置，以此为基础促进自身的经济发展，提升国内总体收入，缓解就业压力，提升自主创新，形成良好的社会环境。

（二）开放型经济的可持续发展内涵

开放型经济的可持续发展是一个新的概念。对于我国来说，由于自身开放型经济的发展过程之中出现了各种问题，我国将可持续发展理论应用到了开放型经济之中。学者张友文认为，开放型经济的可持续发展本质，从狭义层面来看指的是发展的一种可能性，具体来说就是开放型经济的发展是能够实现可持续发展。学者田博平从政策环境及体制环境的角度对开放型经济的可持续发展继续分析，认为开放型经济的可持续发展内涵主要包含三个方面：一是开放型经济自身的可持续性；二是目标以及功能的可持续性；三是发展环境的可持续性。

第二节 经济国际化背景下的中国开放型经济发展

20 世纪 70 年代末期，我国在十一届三中全会上明确了实行改革开放的发展战略，而后在 80 年代，我国沿海地区实行了全面对外开放政策，到 90 年代，实行了全方位开放，截至目前，我国正在进行着更高层次的开放发展。总的来说，我国开放型经济的发展已经有四十余年，取得了十分辉煌的成绩，在经济国际化的背景下，我国的开放型经济发展至今一共经历了五个发展阶段。

一、探索阶段

（一）探索阶段的主要内容

我国是从 20 世纪 70 年代末期开始进行对外开放，从以往的封闭式经济发展逐渐转向开放型经济发展。从 1978 年到 1991 年这一段时期可以看作我国开放型经济发展的探索时期。在这一阶段，我国的开放型经济是在一些特殊政策的引导之下进行的。在这一阶段，我国开放型经济发展的主要内容如下：在 1978 年 12 月的十一届三中全会中，党和政府决定对现行经济体制进行改革，并确定要实行对外开放，拉开了我国对外开放的发展序幕。1979 年 7 月，我国成立了进出口管理委员会，并且批准在深圳市和珠海市试行出口特区。1980 年，在人大常委会第十五次会议上确定了在深圳市、珠海市、厦门市等城市建设经济特区，并且颁布了一系列的优惠政策，具体为：经济特区拥有更高的自主管理权限、审批权限，其中的企业可以以市场经济为基础来自行安排自身的生产、价格制定、人才招聘。同时，在特区内实行优惠税收，比如出口产品减免增值税、进口原材料减免关税等。1984 年，中央政府决定在经济特区成功的基础上开放上海、天津、青岛、宁波、广州等十四个城市，同时也颁布了一系列的优惠政策，放开了这些城市经济活动的自主权。1987 年，我国政府决定开始实行出口承包经营责任制，并且在党的十三大报告之中明确指出要坚决和有步骤地对外贸体制进行改革。1990 年，我国决定对上海浦东地区实行一些优惠政策，加快了上海浦东区的发展，改革开放程度得到进一步的拓展。在一年之后，国务院发布了《关于批准国家高新技术产业开发区和有关政策的通知》，批准了 21 个国家级高新技术产业开发区，包括大连市高新技术产业园区、深圳科技工业园、海南国际科技工业园、武汉东湖新技术开发区等。同年，国务院又批准开放了 4 个口岸，分别是丹东、满洲里、绥芬河和珲春。

（二）探索阶段发展的基本特征

1. 以特殊政策来引导开放经济的发展

20 世纪 70 年代末期，我国国内资源短缺严重，整体经济和技术都十分落后，并且由于长期的闭关锁国和计划经济带来的影响，我国没有建设开放型经济的基础条件。在这样的形势下，党和国家针对这一情况实行了一系列重大决策，通过各种手段实现了由封闭型经济向开放型经济的发展。在这一时期内，在各个开放城市和地区内，国家都给予了一系列的优惠政策。比如，在当时的中国，一般性地区的外商投资企业的企业所得税应缴比率为30%，但是在这些经济特区、经济开发区以及沿海经济开发区的应缴比率仅仅只有这一数值的一半。另外，对于那些生产性质的外商投资企业，只要该企业能够在中国经营超过十年以上，除了会享受以上优惠以外，还能够享受税率减免的优惠。在这一阶段的发展过程中，正是因为这些特殊的优惠政策，才促使我国的开放型经济能够在摸索之中保持稳定的发展。

2. 以各种经济特区为试验

1979 年，深圳市、珠海市等被批准试办出口特区，而后在 1980 年改为经济特区，随后在 1988 年批准在海南岛建立经济特区。众多经济特区的建设和发展拉开了我国开放型经济全面发展的序幕。值得一提的是，在经济国际化的背景下，我国建设经济特区不仅能够在这些特定区域内引进国外的先进技术和管理经验，还能够进行相关的政策试验，并且这些经济特区都处于沿海地带，即使出现一些问题，也不会对整个国家全局造成太大的影响，但是如果能够试验成功，这些经济特区将会成为全国开放型经济发展的重要突破口，会产生十分深远的影响。之所以选择这些地区作为经济特区，是因为这些地区的地理位置处于沿海地区，不仅更加靠近国外，并且有着更加良好的自然资源，尤其是有利于和其他国家进行各种贸易活动。这些地区地理位置的优势使得它们成为我国开放型经济发展探索时期的试验区，担负着引进先进技术、管理经验、投资等重要的任务。

3. 采取了渐进式的开放模式

这一时期是我国开放型经济发展的初步阶段，因此我国所采取的开放模式是以各个沿海城市为"点"，逐步推进的模式，最终取得了巨大的成功。1979 年，我国正式开始了在沿海地区对外开放的发展进程。首先，我国批准了将深圳市、珠海市以及汕头市作为第一批对外开放的窗口和试验基地。在特殊政策的引导和推动下，外资进入的数量在短时间内大幅上升，并且在引进了很多先进技术之后使得自身的技术有了十分明显的进步，在引进外来人才之后，自身也逐渐积累了一些先进的管理经验，最终促进了经济特区的经济发展，经济特区试验取得了巨大的成功。随后，在经济特区成功的基础上，我国中央政府决定进一步开放沿海城市，包括天津、广州、烟台以及青岛等14个城市，此时我国整个沿海地区的经济开放地带基本形成。在后来的发展过程中，中央再次决定开放上海浦东地区，并且出台了一些优惠政策，促进了上海浦东地区的发展，自此开启了以沿海地区为基础向全国进行辐射的局面。

4. 以改革来促进开放型经济的发展

在探索时期，由于我国长期以来的计划经济和封建时期所带来的影响，开放型经济的发展受到了多方面因素的影响和制约，比如在制度方面，正是因为这些因素的影响和限制，我国的制度效率低下，并且已经形成了一定程度的恶性循环，而要想彻底打破这样的恶性循环，就必须要进行制度方面的彻底改革。因此在1978年，我国开启了经济体制改革，并以此为基础来促进开放型经济的发展。在这一时期，我国进行了十分深刻的外贸体制改革、管理体制改革以及科学技术发展体制改革，同时，由于对长期封闭所带来的各种影响因素进行改革创新，促进了我国的开放型经济向纵深发展。在这一时期，深化改革是其中最重要的发展原动力，对外开放是主要的外部条件，以改革创新来促进对外开放，而随着开放的不断深入又要求进行改革，两者相互影响、相互促进，最终形成了良性循环，打破了制度方面的恶性循环。

5. 以吸引外部投资和出口创汇为目标

在我国开放型经济发展的探索时期，由于正处于发展的初级阶段，建设所需要的资金严重匮乏，因此当时资金成为制约我国开放型经济发展的主要因素。所以，在探索时期，我国开放型经济发展的主要目标是不断加快外部投资的进入和进行出口创汇。1979年，我国制定了《中华人民共和国中外合资经营企业法》，给予了外商投资企业很好的待遇及税收方面的巨大优惠，因此吸引了更多的外商在我国进行投资、建立企业，这样不仅弥补了我国在建设资金方面的不足，还大大促进了我国开放型经济的发展和进步。在这一时期，我国出台的相关政策总体是鼓励出口创汇。

（三）探索阶段取得的成绩

在整个探索时期，我国的生产总值得到了大幅度的提升。根据相关统计，1978 年，我国的国内生产总值为 3645 亿元，到了 1991 年，国内生产总值增加到了 21782 亿元，这近五倍的增长说明了我国开放型经济发展所取得的成就。除了国内生产总值外，我国的第二产业由最初的 1745 亿元增长到 9120 亿元，第三产业由最初的 872 亿元增长到 7337 亿元。并且，由于国家大力支持出口创汇，我国在 1991 年出现了 87 亿美元的贸易顺差，由此改变了我国长期以来出口逆差的情况。这些都表明了在探索时期，我国的开放型经济发展取得了不小的成绩，改革成效初显。同时，从相关统计数据来看，在我国实行改革开放之后，对外合作有了大幅的提升。

二、形成阶段

（一）形成阶段的主要内容

在经过探索阶段十几年的摸索之后，我国的经济社会发生了巨大的变化。无数事实证明，在我国开始进行开放型经济之后，大大促进了我国经济的发展，推动了我国经济体制的改革创新，同时还大大提升了我国在国际上的地位。在此基础上，从 1992 年开始，我国开始进行更大范围的开放和改革，并且为了能够恢复自身的缔约国地位，我国对外贸体制进行更加深入的改革，不断加快社会主义市场经济体制的建设。在很短的时间内，我国就建立起了较为完善的外贸相关法律法规，促使我国的开放型经济发展逐渐走向法制化、标准化以及规范化的发展道路。到 2001 年，经过十年的发展，我国基本完成了涉外经济的相关法律法规以及各种制度。

1992 年，在沿海经济特区取得成功的基础上，我国进一步开放了云南、黑龙江、新疆、内蒙古等省、自治区内的多个城市、乡镇，其中包括了黑龙江省的黑河市、绥芬河市，吉林省的珲春市，内蒙古自治区的满洲里市、二连浩特市，新疆的博乐市、塔城市，广西壮族自治区的东兴镇、凭祥市，云南省的河口市等，初步形成了沿边城市、乡镇开放发展的雏形。而后在 8 月，我国进一步开放了重庆市、乌海市、岳阳市、九江市、芜湖市五个沿江城市，随后又开放了宜昌、黄石等城市，逐渐形成了沿江城市开放的雏形。总的来说，在这一阶段我国的开放型经济发展主要是逐渐向内地城市进行推进。而后在 10 月，在十四大报告中，江泽民同志提出了加快外贸体制的改革，尽快建立起能够适应社会主义市场经济和国际贸易规范的外贸体制。1994年，我国正式出台并且实施了《中华人民共和国对外贸易法》，这标志着我国的对外贸易进入法制化的发展道路，《中华人民共和国对外贸易法》也保障了我国对外贸易能够进行稳定有序的发展。2001 年，为了能够适应对外开放及经济体制的改革需求，我国决定取消一些产品的特定管理措施，其中包括了约 20 种产品，并且降低了关税的总水平，确定为 15.3%。在同年 12 月，我国正式加入了世贸组织，成为其第 143 位成员国。

（二）形成阶段发展的基本特征

1. 特殊政策转型为全面制度建设

虽然在探索阶段，在特殊政策的引导和推动下，我国的开放型经济发展取得了很大的成功，但是政策本身毕竟是一种存在于体制之外的力量，其本身有着较大的局限性。因此，在形成阶段，为了能够更加深入地进行改革，提升自身开放型经济的整体水平，我国开始了由特殊政策向制度建设的全面转型和升级，这不仅顺应了我国的开放型经济发展的时代要求，还使得我国的开放型经济逐渐走向了制度化和规范化的发展道路。在该阶段，我国于 1992 年提出了应该尽快建立新的外贸体制，随后在 1994 年，我国颁布了对外贸易的相关法律，使得我国的开放型经济有法可依。从整体上来看，我国开始由原来的特殊政策引导和推动转向了制度建设。在此期间，我国加入了世贸组织，同时还修订了《专利法》《知识产权保护法》《著作权法》等法律法规。截至 2001 年年底，我国基本完成了涉外经济的相关法律，为我国开放型经济的进一步发展打下了良好的基础。

2. 以构建外贸新体制为主要发展内容

该阶段是我国对外贸体制进行改革的重要阶段，从 1986 年开始，我国的贸易体制改革就已经将国际规则作为自身的改革方向。随后在 1992 年，在十四大报告中，江泽民同志提出了要加快对外贸易的全面改革：首先要建立起完善的汇率制度；其次要对退税政策进行调整以及完善，实行新的税务制度；再次，建立起进出口的风险基金和发展基金，完善进出口相关的各种信贷政策；最后，进一步降低进出口的关税水平，并且对其中一部分实行了减免关税的政策。

3. 利用外部投资实现高速发展

在这一阶段，随着我国对外开放的整体格局逐渐形成，整体的对外环境相较于探索时期已经得到了极大的改善，并且对所吸收的外资进行了更加深入的运用。在 1995 年中期，我国国务院颁布了相关文件对外商投资以及外商投资产业进行了指导。而后在 1998 年，国务院出台了关于提升外资水平的相关文件。根据相关数据统计，在 1992 年到 2001 年这十年期间，我国的实际外资利用由原来的 192 亿美元增长到 2001 年的 497 亿美元，并且在十年期间所累积的实际外资利用总额达到了 4889 亿美元，年增长率达到了 20%。在 1992 年期间，外商的直接投资占到的比重为 7.51%，在 1994 年上升到了 17.08%，在随后的几年，年均增长率一直处于 10% 以上。在这一时期，我国吸收的外商投资主要来源为亚洲地区的国家，比如日本、马来西亚、泰国等。同时，在这一时期，第二产业以及第三产业吸收的外商投资最多。

4. 基本开放格局形成

第十四届中央委员会提出了要大力发展开放型经济，实现国内经济和国际经济的相互影响和共同发展。随后在十五大报告中又进一步强调了国家要以更加积极的姿态进入世界之中，形成全方位、多层次的开放格局。在经过近十年的发展之后，我国和日本、欧盟、美国及很多其他发达国家都开放了经贸往来，并且处于不断加强的过程之中，此时我国基本的开放格局已经形成。除此之外，我国的经济特区已经从原来的沿海城市扩展到了沿边城市、沿江城市及部分的内陆城市，形成了从沿海到内地，从东部至西部的开放性格局。在"九五"期间，我国为了进一步发展开放型经济，解除了一部分限制，比如在银行、旅游、保险等领域对外商进行了开放，最终形成了大范围的开放格局。

（三）取得的阶段性成绩

在这十年期间，我国的生产总值由原来的 26937 亿元增长到了 108 068 亿元，总增长达到了 80 000 亿元。在这其中，第二产业产值从 1992 年的 10 285 亿元增长到了 49 512 亿元，第三产业则是由 9 357 亿元增长到了 44 362 亿元。并且，到了 2001 年，我国在世界上的经济总量排名至世界第六，在发展中国家位列第一。从商品贸易进出口来看，我国在 1992 年的贸易进出口总额为 1655 亿美元，到 2001 年增长到 5 097 亿美元，此时我国在世界进出口贸易中排名第六。在这一阶段，我国对于外资的利用从 1992 年的 110 亿美元增长到 2001 年的 469 亿美元，是原来的四倍之多。因此到了 2001 年，我国已经成为世界发展中国家中吸引外资第一的国家。这也证明了我国在 20 世纪 90 年代所实行的"走出去"战略有了初步的成效。在此期间，我国的对外承包工程发展十分迅速，截至 2001 年，我国对外承包工程的总额达到了 130 亿美元，全世界 50 多个国家都有参与，供给参与的项目有 200 余个，包括了矿产资源、渔业、石油等领域，进入全世界工程承包的前十位。

三、完善阶段

（一）完善阶段的主要内容

完善阶段主要是指从 2002 年到 2006 年这一时期。在这一时期，我国已经成为世界贸易组织的正式成员，这标志着我国的开放型经济发展已经进入一个全新的发展阶段，同时也说明我国在该阶段已经由原来单方面的开放转向了全方位的市场开放，开始在世界贸易组织框架下进行开放型经济的运行，因此，该阶段对于体制及制度和世界进行接轨已经势在必行，所以在 2002 年到 2006 年期间是我国对外贸易体制和制度和国际接轨的重要时期。

2002 年，我国外贸部正式实施了《对外贸易壁垒调查暂行规则》，这一规则的实行标志着我国已经初步建立起了相关的调查制度。2003 年，我国为了能够使自身的开放型经济发展适应新的国际投资形势，实行了多渠道来引进外部投资。同时，我国国家外汇管理局也出台了相关的政策文件，进一步完善了外商直接投资的管理制度。同年10月，在十六届三中全会上提出了"深化经济体制改革，提升开放型经济整体水平"，并且还强调了必须要大力完善对外经济的制度保障。2004年1月，我国对进口税目总数进行了调整，由原来的7445个增加到了7475个，同时，对其中的2414个税目降低了税率，由原来的11%下降到了10.4%，而进口税率没有变化。同年4月，我国为了解决在《外贸法》颁布之后出现的新情况和问题，召开了全国人大常委会第八次会议，对原来的《外贸法》进行了全面修订。在修订之后，《外贸法》扩大了对外贸易经营主体的范围，取消了对技术及一部分货物的限制，同时还增加了新的管理制度和新的知识产权保护制度。同年8月，我国外交部、公安部联合出台了关于外国人在中国永久居住的文件，该文件虽然内容仅仅只有二十九条，但是对外国人在中国永久居住申请资格、材料以及审批过程等方面都进行了十分明确的规定。2005年，经由国务院批准，我国对金属锌、钨以及煤炭等产品的出口退税率进行下调，同时还取消了稀土等产品的退税制度。2006年6月，我国为了能够更加深入实施科教兴贸战略，我国商务部、财政部以及科技部等七个部门联合出台了相关意见，明确指出了当时国际形势的变化，并且指出对高新技术的引进及突破对于自身对外贸易经济增长的重要意义。

为了履行自身加入世界贸易组织的承诺，在2002年到2006年这一段时间内，我国在外贸业务方面共对2300条相关的法律法规进行了整理和清理，同时还在技术、货物、服务、投资等方面颁布了一系列有效的政策和法规。比如，在技术和货物贸易领域，我国先后颁布了《货物进出口管理条例》《技术进出口管理条例》《进出口关税条例》等政策法规。在外商投资领域颁布了《中外合作经营法实施细则》等。

（二）完善阶段的发展基本特征

1. 由政策性开放逐渐转向制度性开放

从前文可知，在我国加入世界贸易组织之前，我国的开放型经济主要是依靠一些特殊的政策来引导和推动发展，有着十分明显的政策性开放的特点。但是在加入世界贸易组织之后，意味着我国需要进行制度方面的开放，无论是投资还是贸易的制度都需要在世界贸易组织的框架下进行。所以，从2002年到2006年，我国以世界贸易组织的要求为基础，对自身的外贸体制进行了改革，经过四年的改革发展，最终实现了从政策性开放到制度性开放的转型。比如，2003年，中共中央对开放型经济发展提出了改革经济体制，提升对外开放水平，完善制度保障的要求。2004年，我国对《外贸法》进行修订，将其中一些不符合世界贸易组织的规定以及不符合自身入世承诺的内容进行了修改或者重新制定，其中包括了货物进出口、技术进出口、服务经营贸易、知识产权保护等70条内容，提升对我国开放型经济健康发展的保障力度。另外，在此期间，我国还整理和清理了2300条和外贸业务发展相关的法律法规，同时重新制定了一系列行之有效的行政法规。

2. 从单边自主开放转变为多边相互开放

在我国加入世界贸易组织之前，对于自身开放型经济发展的时间安排、发展步骤以及开放程度等实行的都是自主掌握的运行方式。当时，我国根据自身的实际情况，从试验性经济特区到沿海城市开放，再到沿边城市和沿江城市的开放，再到高新技术开发区，都是单边自主开放，以此来吸引外部投资，发展各种出口贸易。在加入世界贸易组织之后，我国的开放型经济发展需要和世界贸易组织的原则相符合，同时还需要完成自身在入世之后的承诺，即主动减少自身的关税和关税中存在的壁垒。在此期间，我国虽然受到了世界贸易组织的一些优惠待遇的保护，能够保护自身内部一些发展处于初期阶段的产业，但是如果自身一旦达到了一定水平的经济或者发展阶段，就需要根据世界贸易组织的规定完全开放国内市场。总而言之，在加入世界贸易组织之后，我国的开放型经济发展只能够在世界贸易组织的框架内进行，此时我国在开放自身的同时也能够享受到世界贸易组织中其他成员国市场开放的好处。所以，从2002年开始，我国就开始将原来的单边自主开放，转变为多变的相互开放，此时我国正式且全面地融入世界贸易之中，在国际分工之中享受好处，同时也面临更大的挑战，这就要求我国在其中需要充分发挥自身的力量，造福自身，造福全世界。

3. 重点开放领域转变为服务业

在加入世界贸易组织之后，我国向世界开放的领域不断拓展，逐渐由原来的生产性领域向服务型领域转变，其中主要包括了银行、电信、旅游、会计、运输、法律等。直至 2006 年，我国的服务领域开放已经包含了 12 个大类之中的 10 个，总体开放程度和发达国家十分接近。这是因为，在 2002 年，我国就修订了相关的政策法律，比如《外商投资产业指导目录》，在其内容之中增加了 76 条鼓励类的外商投资内容和 37 条限制类的外商投资内容。在这之后，在这些相关政策法规的推动下，我国的对外服务贸易发展迅速。根据相关数据统计，截至 2006 年，我国服务对外贸易出口总额达到了 914 亿美元，进口总额达到了 1 003 亿美元，同时，我国的服务对外贸易出口在世界上的排名从原来的第 28 位上升至第 8 位，进口从第 40 位上升到了第 7 位。

4. 平衡区域差异，西部开发步伐加快

我国改革开放 40 多年来，我国内部各个地区之间的经济发展水平呈现出不平衡的发展状况，并且这样的情况每年都在加重。因此，在进入 21 世纪之后，我国的开放型经济发展十分重视内部区域的平衡发展问题。2000 年 10 月，我国提出了西部大开发发展战略，将促进各区域协调发展作为一个重要的发展任务，并且还强调：实行西部大开发战略、加快西部经济发展，是实现中华民族伟大复兴的重大举措。随后在 2001 年，我国在"十五"计划之中对西部大开发战略的具体实施进行了具体的安排和部署。因此，2002 年以来，我国陆续发布了一系列支持西部大开发的政策和法规，并且进行了具体的实施安排。这些举措的实行使得我国西部地区的对外开放水平有了明显提升，并且促进了西部地区承接东部地区以及国际产业的步伐。根据我国西部地区开放领导小组的统计，从 2003 年开始，到 2006 年，西部地区的人均生产总值从原来的 6 438 元提升到了 10 960 元，在全国平均水平之中的占比提升了约 1.5 个百分点，固定资产投资增长了 27%，同时，地方财政的收入达到了 3 060 亿元，年增长率为 20%。

5. "走出去"的步伐加快

20 世纪 90 年代末期，我国就开始实行"走出去"发展战略，但是在对外投资方面，真正意义上的快速发展是在 2002 年。而后在 2003 年，中共中央再次强调了实行"走出去"战略是当前开放型经济发展阶段的一项重大举措。从 2003 年开始，我国实行"走出去"发展战略的步伐明显加快，并且有力地推动了我国全面参与国际竞争的发展进程，同时也促使我国开放型经济持续保持健康发展。我国在 2002 年到 2006 年这五年时间内，"走出去"发展战略的脚步不断加快，在这样的发展速度下，我国在这五年之内的对外直接投资年增长速度达到了 60% 以上。根据相关统计，2002 年，我国的对外直接投资额为 27 亿美元，到了 2006 年，则涨到了 211.6 亿美元，我国累计对外直接投资从 2002 年的 300 亿美元增长到了 2006 年的 906 亿美元。截至 2006 年年底，我国有五千余家投资主体设立了对外投资企业约有一万余家，分布在全球 172 个国家和地区，在这其中，利润再投资约有 337 亿美元，占到了总量的 37%，股本投资约 372 亿美元，占到了其中的 42%，其他类型的投资约有 197 亿美元，占到了其中的 21%。从投资的分布来看，在 2006 年，我国对外直接投资分布主要包括了金融业、服务业和采矿业，在这三个领域的投资分别占到了总额的 41%、21% 和 17%。从联合国发布的世界投资报告能够看出，在 2006 年，我国对外直接投资的流量和存量占到了全世界直接投资总量的 2.72% 和 0.85%，位于全世界第 13 位。

（三）完善阶段取得的成绩

在加入世界贸易组织之后，经过五年的过渡时期，我国的开放型经济发展取得巨大的成就。在这五年时间内，我国的国内生产总值大幅上涨，从 2002 年的 120 333 亿元增长到了 216 314 亿元，总体增长了约 80%。并且在 2006 年，我国的经济总量在世界排名已经上升到了第四位。我国人均国内生产总值从 2002 年的 9401 元增长到了 2006 年的 16 500 元，第二产业和第三产业的增加值从 2002 年的 53 897 亿元和 49 889 亿元分别增长到了 2006 年的 103 720 亿元和 88 555 亿元。商品贸易进出口总额从 2002 年的 6 200 亿美元增长到了 2006 年的 17 600 亿美元，增长了近两倍，在这其中，出口顺差额从 2002 年的 303 亿美元增长到了 2006 年的 1 774 亿美元，在这五年时间内增长了近五倍，整体进出口贸易规模上升到了世界第三位。

四、深化阶段

(一) 深化阶段的主要内容

我国开放型经济发展深化阶段主要指的是从 2007 年到 2012 年这一段时期。2007 年以来，我国开放型经济发展所面临的国际环境和国内环境有了巨大的变化。在这一时期，世界经济的发展逐渐形成了以跨国公司为主导，以企业和产品为基础和方向，以要素国际分工为基本特征的新的国际分工体系，此时全球的经济发展失衡问题加剧，并且在 2008 年金融危机爆发后，由于受到金融危机的影响，全球经济的发展进入了危机调整时期，国际需求大幅萎缩。此时，一些新贸易保护主义利用碳标签、碳关税、反倾销、反补贴等保护措施对我国的开放型经济进行冲击，因此，我国在当时成为世界上最大的贸易摩擦对象国家。同时，我国的开放型经济发展此时已经进入深水区，国内的经济发展出现了更加深层次的矛盾，生产要素的成本不断上升，并且由于我国开放型经济的粗放式发展，国内环境和资源之间的矛盾也越来越突出，此时我国的开放型经济发展进入新的阶段。

2007 年 3 月，为了能够顺利进行产业结构调整，我国对"两高一低"的企业进行了十分严格的控制，并且商务部联合海关总署出台了相关文件，对"两高一低"企业进行严格的管控。在 2008 年，我国颁布并实行了新税法，取消了内资企业和外资企业税收之间的差异。

2007 年以来，为了适应国际形势以及国内环境的变化，我国进一步对贸易救济方面的法律法规进行了完善。从国际层面来看，通常情况下会将反倾销、技术贸易法规、反补贴等这些法规体系以及反倾销、反补贴、保障措施产业损害等相配套的实施细则称为贸易救济体系。对于我国来说，我国的贸易救济法律体系主要是由《中华人民共和国对外贸易法》、法规条例及部门规章制度组成的。在 2011 年年底，在中央经济工作会议中强调了要拓展国内总体需求，强化自身的自主创新能力，进行改革和加强民生保障，促进社会稳定发展。

（二）深化阶段的基本特征

1. 我国开放型经济发展进入新的发展阶段

2007 年 10 月，党的十七大报告指出了我国开放型经济发展已经进入新的发展阶段，必须要充分提升开放型经济发展水平，构建互利共赢和高效的开放型经济发展体系。2007 年以后，外部环境和内部环境都发生了巨大的变化：第一，出现于 2007 年，在 2008 年爆发的美国次贷危机引发了全球性的金融危机，对整个世界的经济发展造成了十分巨大的影响，由此开始世界经济进入恢复时期，国际整体需求不断萎缩。而此时，在发达国家之中，贸易保护主义盛行，在贸易中这些发达国家大量使用反倾销、碳关税等标准对我国的开放型经济发展造成了极大的冲击。比如，2012 年，我国大部分出口产品遭到了 21 个国家共计 77 次的贸易救济调查，总金额达到了 300 亿美元，较之 2011 年增长了近四倍，当时的中国已经成为世界上最大的贸易摩擦的国家。第二，世界经济全球化发展进入新的阶段，并且呈现出了新的经济特征，但是我国的跨国公司还处于发展初期，没有较强的竞争力，在外贸出口方面主要是以低成本以及低附加值的产品为主，处于价值链的最低端，这样的发展现状令人担忧。第三，从 2003 年开始，日本在 G7 上的一项提案，将限制我国人民币升值的问题推向了顶点，此时我国人民币相较于美元的汇率从原来的 7.97 变为了 6.19。截至 2012 年年底，人民币升值超过了 24%，这样的升值加剧了我国开放型经济发展所面临的困境。第四，此时国内的劳动力和土地等生产要素成本不断上涨，使得我国制造业在成本方面的优势不断减弱。第五，我国的开放型经济发展由于实行的是粗放式发展，因此带来了极为突出的环境问题和资源问题。面对以上复杂的外部形式和内部环境，我国的开放型经济发展必须立足于自身的实际情况，对产业结构进行转型升级，这样才能够进行深入发展。

2. "绿色发展"成为开放型经济发展的新趋势

早在 1996 年，我国就提出了可持续发展战略。在经过十几年的发展后，我国不仅在人口控制方面进行了大力整治，还在能源高效利用、产业结构调整、环境治理等方面进行了严格管控，最终取得了不错的效果。2008 年，由于金融危机的影响，国际环境规划署提出了绿色发展的建议，旨在促进全球发展绿色经济，在后来的发展过程中，该建议成为 21 世纪世界经济发展的新方向。对于我国来说，由于自身开放型经济一直是以一种粗放型的方式进行发展，这种粗放型的发展方式所带来的环境和资源方面的限制越来越严重，因此实行经济绿色发展成为我国开放型经济发展的必经之路。在这一时期，我国政府提出了很多绿色发展的相关措施，比如对当前经济发展方式进行创新改革、工业化发展绿色新型发展道路、建设节约型社会、加大清洁能源使用力度，等等。其中，清洁能源方面的发展已经取得了不错的成绩，截至 2012 年年底，我国的风力发电 6400 万千瓦，太阳能发电 650 万千瓦，各种生物能源的利用达到了 3000 万吨标准煤。

3. 国内中部地区的崛起加快

2004 年，温家宝提出了促进中部地区发展和崛起的政策决议，这里的中部地区包括了湖南省、湖北省、江西省、安徽省、山西省、河南省六个省份，随后在 2006 年中央政府发布的相关意见中再次对这一政策决议进行了强调，并且进行了具体部署，自此，中部地区崛起成为这一时期整个中国发展的重要内容之一。事实上，加快中部六省经济发展，提升了我国中部地区开放型经济的发展水平。就目前来看，各种发展的成果证明了我国中部地区在这一阶段通过自身生产要素以及产业流动的优势，很好地承接了东部地区以及国际产业转移，提升了自身的开放型经济发展水平。从整体上来看，这一举措促进了全国开放型经济的发展和进步。根据相关统计，我国中部地区的进出口总额在 2002 年为 190 亿美元，到 2012 年增长至 1702 亿美元，年增长率为 27% 左右。在这其中，出口总额在 2002 年为 112 亿美元，到 2012 年增长为 930 亿美元，进口总额从 2002 年的 78 亿美元增长至 2012 年的 772 亿美元。

4. 国际服务外包业务发展迅猛

2010 年，国际服务外包逐渐从金融危机的阴影之中摆脱出来，进入全面复苏阶段。相关数据显示，2010 年以来，IT 行业的服务支出始终保持在 3% 左右的年增速，到 2011 年，全世界的总服务支出为 8400 亿美元。对于我国来说，早在 2006 年，我国就出台了很多促进服务外包业务发展的相关政策和措施，尤其是从 2010 年开始，我国建立起了国际服务外包业务发展基金，同时在全国各地设立了 20 余个示范城市，其中包括上海、北京、广州、深圳、武汉、成都、西安、长沙、天津等城市。从我国服务外包业务的发展来看，各种优惠政策和财政上的大力支持促使我国服务外包服务产业实现了从无到有、从有到快速发展的目标。根据我国商务部统计，在 2012 年的前九个月中，我国签订的服务外包业务共计 11 万余份，总金额达到了 458 亿美元，相较于 2009 年增长了 46% 左右。并且在 2012 年，登记在册的服务外包企业达到了 19 975 家，其中的从业人员达到了 406 万人，其中大专以上学历的从业人员约有 277 万余人，占到总人数的 68%，但需要注意的是，当时我国的服务外包主要集中在数据录入、软件开发等领域，虽然整体发展十分迅速，但是位于整个产业链的末端。由此可以看出，我国服务外包产业还是处于发展初期，在国际上的整体竞争力较弱。

（三）深化阶段取得的阶段性成绩

在该阶段，在六年的发展过程中，我国国内生产总值大幅上涨，总额增长了近一倍。2007 年开始，除了 2011 年到 2012 年的年增长率在 7% 左右以外，其他年份都在 9% 以上。从我国货物进出口总额来看，2012 年较之上一年增长了 6%，出口总额较之上一年增长了 8% 左右。其中，机电产品和高新技术产品相较于上一年均增长了 9% 左右。在出口的各种商品之中，排在前三位的商品为服装、数据梳理设备以及纺织物附件，而进口商品排在前 3 名的为原油、铁矿及塑料原料和相关制品。从外商直接投资来看，在 2012 年，总投资相较于上一年大幅上涨，突破了千亿大关，其主要的来源国为日本、美国、欧盟及其他很多亚洲国家。从对外直接投资企业数量来看，到 2012 年为止，我国创下了对外直接投资总额新高，达到了近 900 亿美元，相较于上一年增长了 18 个百分点，并且在世界排名之中居于第三位。从我国对外投资的存量来看，在 2012 年，总额突破了 5 000 亿美元，居于世界第 13 位，其中，我国对外投资存量超过百亿元的行业主要包括金融行业、制造行业、采矿行业、零售行业、交通运输行业等。

第三节 中国区域经济国际化与开放型经济发展

我国改革开放以后，我国就开始实行区域经济国际化发展战略，从上述内容可以知晓，经过几十年的发展，我国基本上已经全面实现区域经济国际化发展。从目前来看，无论是沿海地区、中部地区还是西部地区等都在大力发展开放型经济，下面就以江苏省苏北地区为例来分析我国区域经济国际化和开放型经济发展。

一、中国区域经济国际化发展的必要性分析

在当前经济全球化发展的形势下，区域经济国际化是我国未来经济发展的必经之路，同时也是经济全球化发展的一个必然发展趋势。具体来说，区域经济国际化指的就是某一个地区或者某一个区域的经济发展和世界经济发展紧密联系、相互影响的过程。

（一）经济全球化和经济国际化的要求

从目前全球经济发展趋势来看，经济全球化已经席卷整个世界，各个国家之间的联系将会越来密切。从目前来看，在经济全球化的影响之下，经济国际化已经成为各个地区或者特定区域经济发展的趋势。经济全球化发展已经是一种不能改变的事实，并且经济全球化已经将全世界所有国家和地区全部纳入了经济运行之中，各个国家和地区必须要将自身的产品、人才资源、资本在全球范围内运行，实现最优化配置。同时，经济全球化还促进国家之间的合作，经济发展需要共同发展才能够稳定发展下去，而不能够孤立进行发展，要将自身发展融入世界经济发展之中，成为其中的一部分。因此，在这样的发展趋势下，对于我国来说，区域经济发展国际化已经成为必然选择。我国作为世界第二大经济体、最大的发展中国家，只有顺应整个世界的发展趋势，走区域经济国际化发展道路，才能够保持自身经济实现持续健康的发展和进步。

（二）对外开放的要求

对于我国来说，实行对外开放，其本质就是将自身经济融入世界经济发展中的过程。对外开放不仅需要将整个市场进行对外开放，允许其他国家和地区的资金、技术、人才等进入自身市场内部，参与自身的经济运行，还需要支持和鼓励国内各个地区的经济发展，需要着眼于全世界，将自身经济发展放置到世界经济这一个更大的舞台中，以此为基础来发展壮大自身。这样就要求各个地区的经济发展需要和国际市场进行接轨，一是需要将区域内部的产品、企业、科学技术等方面参与到国际市场的竞争之中；二是各个地区需要在国际市场上引进更多的资本、人才和各种先进技术，并要以此为基础来紧密联系国内市场和国际市场，实现产业结构的转型升级和资源的最优化配置，最终促进自身经济的发展和进步。

二、我国区域经济国际化和开放型经济发展的概况

（一）我国区域经济国际化现状

长期以来，外贸依存度都是我国对外开放的标志性指标，同时该指标也是我国经济国际化的代表性指标之一。但是，这一指标仅仅反映出了我国整体对外经济活动的规模，并不是我国对外经济活动的全部。因此，在下面的内容之中，将会从区域产业国际化、企业国际化、生产要素国际化三个方面对我国的区域经济国际化现状进行分析。

1. 产业国际化

（1）非服务业国际化水平

非服务业部门国际化（包括农业、矿业和制造业国际化）主要由中国货物贸易推动。目前，中国已经成为仅次于美国的世界第二大货物贸易大国，按照传统外贸依存度指标，即进出口总额与GDP的比例来看，这一指标已经大大超过美国。然而，若从货物贸易对应的非服务业部门（农业、矿业和制造业）的增加值，而不是整个国民经济增加值（即GDP）的角度考虑，即用货物进出口总额与非服务业部门增加值的比例来衡量，其结果与以GDP为基数计算出的外贸依存度截然相反，美国实物部门的外贸依存度要远远高于中国，即美国的农业和工业总体国际化水平要远高于中国。从非服务业部门产值角度考虑，即用货物贸易总额与非服务业部门总产值的比例表示外贸依存度，结果虽然会发生变化，但从中美数据对比看，美国在农业、石油和采矿业以及制造业三大实物产业部门的外贸依存度都比中国高。这表明，无论是从增加值角度，还是从产值角度，中国非服务业部门的外贸依存度并不高，从而在一定程度上说明中国非服务业国际化水平也落后于美国。

（2）服务业国际化水平

服务业国际化水平是指服务进出口额与服务行业增加值（或产值）的比例，它主要由服务贸易推动。2015 年，中国服务贸易总额达 3624 亿美元，美国服务贸易总额为 8 729 亿美元，是中国的 2.4 倍。但是由于美国服务业占 GDP 比例超过 85%，导致美国服务进出口额与服务行业增加值的比例比中国还要低，据此，美国服务业国际化水平不及中国。综上所述，从产业国际化看，无论从增加值角度，还是从产值角度，中国实物部门（农业、矿业和制造业）国际化水平均低于美国，而服务业国际化水平则高于美国，这不仅与我们的直观判断截然不同，也与当前中国货物贸易和服务贸易发展程度以及国际地位不相匹配，这一结果主要是中国和美国之间的行业构成存在着基础性的差异导致。总而言之，虽然我国在服务贸易的总额方面和行业每年增加速度方面相较于美国都较高，但这并不意味着我国的经济国际化程度要高于美国或者说我国的开放程度要高于美国，这仅仅能够说明我国的很多行业的规模还比较小，发展潜力较大。所以，从当前我国的经济国际化来看。不管是服务行业还是制造业，我国的区域产业国际化的提升空间还有很大。单从服务行业这一方面来看，目前中国商业和房地产两个行业产业国际化程度已经较高，主要体现为外资参与度较高，但这两个行业的规制国际化和商业模式的国际化还有相当大的提升空间。正因为如此，制约了上述两个行业对国民经济和社会发展的贡献。其他服务业国际化程度低，如交通运输、医疗、教育、文化等行业的外资参与度较低，国际化规则和商业模式的引入也相对欠缺，这也是产业国际化的软肋。

2. 企业国际化

与美国相比，中国外资企业在就业方面的表现相对较差，但 2005 年以后，这一指标大幅上升，已经接近甚至超过美国外资企业对美国就业的贡献。企业经营的国际化是指中国企业（包括内资企业，也包括外资企业）在生产与经营活动中的国际化程度，即跨国化程度，这又分为内向国际化、外向国际化和经营能力的国际化三个方面。内向国际化是指企业在经营活动中采购国外资源、运用国外技术和资本等方面的比例；外向国际化是指企业国外雇员、国外资本、国外销售额等占公司的比例；经营能力国际化是指企业决策、经营管理等方面的国际化程度，但这难以定量衡量。由于目前中国对外直接投资还处于起步阶段，2010 年实现历史性突破，非金融类对外直接投资额达到 590 亿美元，而美国 2009 年海外直接投资额就达到 2480 亿美元。对外直接投资发展的不对称，导致中美企业总体经营的国际化程度差距较大。从跨国公司经营国际化水平看，2008 年世界 100 强跨国公司海外资产占总资产的 57%，海外销售额占销售总额的 62%，海外雇员占雇员总数的 58%，来自发展中国家和转型经济体的 100 强跨国公司的上述三项指标分别为 34%、45% 和 39%。可见，美国作为发达经济体，其拥有的跨国公司国际化程度要远高于作为发展中国家中国所拥有的跨国公司国际化程度。综上所述，目前中国企业主体的国际化程度较高，外资企业在国民经济活动中占据重要位置。从企业经营国际化（跨国化）程度看，由于外资企业大量采购国外原材料、零部件和中间产品等，使得企业内向国际化程度较高，但是外向国际化和经营能力国际化程度相对较低。主要表现在中国企业对外直接投资还处于起步阶段，国内企业在海外跨国经营的能力相对较低，跨文化管理的经验、跨国经营的技术创新能力不足。

3. 生产要素国际化

（1）资本国际化

资本国际化包括资本输入型的内向资本国际化和资本输出型的外向资本国际化。目前，中国主要体现为资本输入型的内向资本国际化，资本输出尤其是直接投资型的资本输出还处于起步阶段，这也是制约中国企业经营的外向国际化（跨国化）的主要因素。截至 2010 年年底，中国对外金融资产为 41 260 亿美元，对外金融负债为 23 354 亿美元，连续几年成为资本净输出国家。从规模上看，中国资本的流入和流出已经很高，对外金融资产和负债总额是 GDP 的 1.06 倍。但是，从结构上看，对外金融资产中，储备资产占 70%；对外金融负债中，来华直接投资占 63%，显示出中国运筹国际资本的金融实力仍然不足。然而，美国在金融危机期间的 2009 年，对外金融资产就高达 18.4 万亿美元，是中国的 4 倍多；对外金融负债高达 21.1 万亿美元，是中国的 10 倍左右；美国对外金融资产和对外金融负债是 GDP 的 2.8 倍，因此可以说，美国的资本国际化水平远高于中国。国际资本流入占固定资产投资的比率也在一定程度上反映了资本国际化水平。相对间接投资而言，国际直接投资在中国更占优势，即便如此，就外资占固定资产投资的比率来看，中国相对美国也并不算高。总体而言，中国资本国际化是内向型国际化，即通过引进国际资本发展本国经济。外向型国际化（即资本对外输出方面）主要体现为中国外汇储备的海外间接投资，这是初级阶段的资本国际化。而通过海外直接投资实现的资本国际化的高级阶段，现在还处于起步阶段。

（2）技术国际化

中国技术的国际化主要是内向型的国际化，即通过引进外资、引进技术和生产设备，进而利用国际技术发展本国工业。过去 30 多年来，外国直接投资（FDI）主导了中国技术国际化进程，可以说，目前中国工业领域各行各业无不采取和借鉴了国际相对先进的技术和生产设备。但作为直接的技术引进，中国也取得了巨大成就。一般性消费和装备工业的技术国际化程度已经接近世界水平，但高端创新研发密集型产业的技术国际化水平仍相对落后。国际收支平衡表中的专利权使用费和特许费及其与国内研发投入的比率能在一定程度上反映国家技术要素的国际化水平，中国专利权使用费和特许费收入和支出均呈逐步上升态势，但与美国差距较大。2005 年和 2009 年中国专利权使用费和特许费收支总额与研发投入的比率分别为 18.4% 和 16.2%，远低于美国 2005 年 25.8% 的水平，近几年的差距更大。不仅如此，中国技术国际化更多是内向型的国际化，即引进购买国外专利，是技术和知识输入型国际化；而美国专利权使用费和特许费收入远大于支出，是外向型的国际化，以技术输出型国际化为主要特征。

（3）劳动力国际化

劳动力的国际化主要指跨境劳务流动。中国是人口大国，也是劳务输出大国。同时，由于缺乏高级技术人才和管理经营人才，中国也引进了大量国外专家、技术专门人才和企业经营管理人才，这大大推动了中国劳动力的国际化进程。以国际劳务收支占国民劳动者报酬的比例看，中国比美国高 4 倍以上。例如，2009 年美国国际劳务收入 29 亿美元，支出 108 亿美元，国际劳务收支总额占当年劳动者报酬总额的 0.11%；而中国的上述三个指标分别为 92 亿美元、21 亿美元和 0.45%。但是，这种以劳务输出型和人才引进型等短期劳动力跨国流动为主要特征的国际化是初级水平。发达国家的劳动力国际化是建立在相对稳定的移民政策基础之上的，虽然不能在国际收支平衡表中反映出来，但大量事实数据证明，美国等发达国家劳动力的国际化水平远高于中国等发展中国家。例如，每年有大量的技术人员移民美国，并吸引了全球大量优秀留学人员，这使得其劳动力的国际化水平是中国等发展中国家所不能比拟的。2009 年，本土美国居民占总人口比例为 87.81%，而来自世界各国的移民后裔和非美国居民分别占 5.13% 和 7.06%，两者合计高达 12.16%。而且，居住在美国的非美国居民一般为劳动人口，若按就业的比例看，非本土美国居民占比就更少，也就是说，美国劳动力要素的国际化水平将更高。外籍人口数量和所占比例往往是衡量城市国际化的指标之一。世界城市的外籍人口比例通常在 10% 以上，伦敦的外国人口约是三分之一，巴黎的外国人口约是四分之一，而目前居住在北京的外籍人口约 20 万，约占总人口的 1.5%。虽然最近几年在华工作和学习的外国居民的数量明显增多，据称珠三角地区就有百万外国人居住，但总体上与国际化程度较高的发达国家相去甚远。当前，中国国内很多城市提出建设国际化都市、世界城市乃至全球城市的目标，目前人才国际化尤其是高端人才的国际化是实现这一目标的重要制约。

（二）我国开放型经济整体发展水平

首先，从目前实际情况来看，我国的对外贸易发展已经具有了一定的规模，并且还处于持续不断增加过程。近些年来，我国为了能够拓展空间，实现产业结构的转型升级，颁布了一系列政策加快推动我国产业国际化发展的速度。这样就为我国的经济发展提供了良好的基础条件，注入了发展动力。对于整个国家来说，这样的发展有着积极作用。随后，我国以此为基础实现了经济的快速发展，区域经济国际化程度越来越高，对外贸易总量稳步上升。根据相关统计数据，我国早在 2014 年进出口的总额就已经突破了 4 万亿美元，相较于 2000 年增长了 9 倍以上，年平均增长率达到了 10 个百分点。在这其中，我国的进口总额和出口总额也保持了稳定增长，其中，出口总额的年增长率为 10 个百分点，相较于出口来说，我国的进口总额发展更为迅猛，其年平均增长率达到了 12 个百分点。从我国进出口贸易统计来看，在 2010 年以后，我国的进出口贸易呈现出了快速增长的态势，而在 2014 年以后，由于我国经济增长速度放缓，进出口贸易总额出现了缓慢下降的趋势。

从整体来看，我国之所以会呈现出这样的发展态势，除了受到国内宏观政策的影响之外，还受到了全球经济发展的影响。2001 年，我国加入世界贸易组织，出台了一系列加快经济国际化和开放型经济发展的政策，我国的开放格局在不断完善和延伸，我国借助这样的发展趋势提升自身对外贸易的发展水平。而后在 2008 年，由于我国承办了奥运会，并且大获成功，我国的国际影响力因此得以提升。同时，西方世界由于受到了金融危机的影响，整体经济发展有所放缓。此时，我国正好借助了这样的机会大力发展自身的对外贸易。在 2009 年到 2013 年期间，我国的对外贸易总额实现大幅度上涨。但是，近些年来由于我国整体经济进入发展新常态，整体经济发展不再仅仅重视数量上的快速增长，同时也更加重视质量上的提升，因此我国的对外贸易提升有所放缓。从目前来看，我国区域经济国际化和开放型经济发展正处于变革的状态，需要放缓增速。另外，西方世界各个国家对于我国整体发展的担忧和抵制也使得我国的对外贸易发展更加艰难。

从我国的开放型经济发展能够看出，我国的区域经济国际化发展和区域开放型经济发展在 2013 年之前由于各方面因素的影响发展较为迅速，整体增长迅猛。但是在 2013 年之后，由于我国经济发展进入新常态及西方国家对我国经济发展的抵制，我国区域经济国际化和区域开放型经济发展有了一定程度的放缓。

其次，从基础设施建设来看，近些年来我国随着自身经济发展的加快，基础设施的建设也在得到进一步的完善，整体建设正在稳步推进。比如，当前的我国已经形成了高效的交通网络，这样的建设也为我国实现区域经济国际化和促进开放型经济发展打下了牢靠的基础。另外，除了交通等方面以外，我国在信息产业方面也取得了极大的进步，比如，2016 年，我国的人均邮电业务量突破了 2500 元，相较于 2000 年有了巨大的进步，这些也为我国整体的开放型经济发展提供了巨大的便利。目前，随着我国"一带一路"倡议的影响力不断扩大，我国的很多地区成了重要的对外贸易地区。因此，当前我国在各个方面进行大力发展，已经出台了一系列的优惠政策，整体发展得到了大力支持。

（三）我国开放型经济开放性格局

首先，"一带一路"倡议为我国开放型经济的发展带来了更多的发展机遇。目前，在该倡议的引领下，我国正在全力打造自身的全球经济发展新格局，主要将自身和其他国家的互联互通以及基础建设放在了首位，旨在形成对全世界开放的系统。如果打通了欧亚大陆，就会大大降低自身的运输成本，为各个区之间的贸易拓展出更大的空间。我国在"一带一路"建设中处于领头的关键位置，在近些年，我国的各个地区在"一带一路"的带动下正是处于发展的大好时期，因此我国的各个地区需要不断发展自身的开放型经济，在"一带一路"建设中发挥更重要的作用。目前，随着"一带一路"的不断推进，全国自贸区建设和多边贸易协定谈判正在进行之中。从总体上来看，"一带一路"倡议所覆盖的人口占到了全世界总人口的六成以上，而 GDP 则占到了全世界的三分之一以上。同时，"一带一路"沿线国家对于进出口贸易的依赖性很高，从相关统计数据来看，"一带一路"沿线国家的经济增长已经超过了全球经济发展平均水平。另外，由于经济发展的加快使得大部分沿线国家十分支持"一带一路"建设，比如我国和巴基斯坦共同打造出了中巴经济走廊，和韩国签订了自由贸易协定；再比如，为了支持"一带一路"建设，我国和沿线国家建设了亚洲基础设施投资银行等。所有这些条件都为我国实现区域经济国际化和发展开放型经济提供了便利条件。

从目前来看，我国在新型工业化发展方面的水平还处于初级阶段，整体水平较低，大部分产业都属于劳动密集型产业。像韩国、日本这样的国家已经形成先进的工业结构，发展到了工业化的高级阶段。而我国要想打破当前这样的发展模式，就必须要促进自身区域经济国际化，积极和发达国家进行合作，承接其中的技术密集型产业以及高新技术产业，发展开放型经济，最终实现自身经济发展的腾飞。而我国的劳动密集型产业也有希望通过"一带一路"建设转移到"一带一路"沿线国家，比如东南亚国家和中亚国家等，提升这些国家的工业化水平。我国作为"一带一路"倡议中的重点区域，更是要大力发展开放型经济，积极适应这样的产业转移过程，最终促进自身开放型经济的发展和进步。

其次，区域一体化稳步推进。从我国的各个地区来看，当前区域经济国际化较为成熟的地区都处于沿海地区，从整体来看，这些地区相互之间的协调发展还较为高效，所涉及的方面也十分广泛，主要包括了以下几个方面的内容：第一，跨省市企业之间密切的联合。当前，我国企业联合工作平台在一些地区正处于搭建和完善的过程，通过该平台一些相关的贸易问题能够实现快速对接和解决。同时，我国政府和企业之间的交流沟通也在不断加强，旨在共同打造更加优秀的投资环境。第二，金融体系处于不断完善的过程，除此之外，金融合作方面的政策也在完善之中。我国的金融机构还增设了相应的分支机构，使得异地结算、异地事务办理等能够更加方便地进行。

（四）我国开放型经济发展中存在的问题

1. 我国各地区之间的开放型经济发展依然存在着不小的差距

从整体来看，我国开放型经济的发展有着十分明显的区域差异，从沿海地区到西部地区，呈现出了不同的发展层次。在我国，南部沿海地区是我国经济发展的支撑点，其本身更加全面的开放型经济模式和经济效益对我国西北部地区起到了极大的带动作用。以江苏省为例，江苏省的苏南地区处于长三角经济发展区域的中心地带，并且和上海距离很近，因此其无论是在区域经济国际化程度方面还是开放型经济开放程度方面，在全省甚至全国都是处于领先地位。而江苏省的苏中地区处于长江下游北岸地区，与苏南地区和上海隔江相望，因此其开放型经济的发展相较于苏北来说水平更高。而苏北地区相对于苏南和苏中来说，其地理位置有一些边缘化，受到长三角经济发展区域辐射的作用较小，并且苏北地区所处的淮海经济发展区域相较于长三角来说处于落后状态。从相关数据统计可以看出，苏北地区和苏南地区、苏中地区在进出口贸易方面有着明显的差距。其中，苏南地区的进出口总额比苏中地区和苏北地区的总和还高，苏北地区的进出口总额最低。从外贸方面来看，苏南地区最高、苏中地区次之，苏北最低，呈现出了逐渐递减的状态。从江苏省的这些特点能够窥视到我国整体开放型经济的整体发展情况，总的来说，我国的开放型经济的发展从沿海地区到内陆整体发展水平呈现出了递减的趋势，比如新疆、西藏地区的开放型经济发展水平远远低于沿海地区，如江苏省、广东省以及浙江省等。

2. 我国各地区开放型经济发展不均衡

我国主要的沿海省份为江苏省、广东省、山东省、浙江省。自我国改革开放之后，这些沿海省份开放型经济的发展都取得了一定的成绩，但是即使是沿海省份，各个地区之间的发展还是有着较大的差距，比如在对外贸易方面，这些省份之间的发展水平依然存在较为明显的差异。在我国的这些沿海省份中，浙江省、江苏省、广东省的对外贸易总额近些年来交替领先，但是其中的广东省发展较为稳定，江苏省和浙江省有着明显的波动。而山东省相较于这些省份来说则一直处于落后的位置，对外贸易总额明显低于浙江省、广东省以及江苏省。从整体发展趋势来看，在 2007 年之前，我国各个地区的贸易总额都在不断增长，但是山东省的增长速度远远低于另外三个省份。从我国这些沿海省份的开放型经济发展情况可以看出，当前在全国范围内也基本上处于这样的发展状况，各个区域之间开放型经济的发展并不均衡，比如我国的西部地区、中部地区和沿海地区之间的发展水平差距很大。其中西部地区处于末端，沿海地区发展水平最高。

3. 我国产业整体发展水平不足

从实际调查情况来看，当前我国开放型经济发展处于落后状态的一个重要原因就是本身的产业结构不合理。近些年来，虽然我国的产业结构一直处于优化调整之中，三大产业的结构得到了不断完善，但是从整体来看，我国的产业结构仍存在不少问题。根据相关数据，从 2000 年到 2016 年，我国第一产业所占比重逐年下降，第三产业的比重逐年上升，而第二产业则是基本保持不变。虽然我国第三产业的比重正在上升，但是从整体上来看，第二产业依然是我国的主导产业，而第三产业依然还不够发达，因此其对资源的利用效率并不高。另外，我国产业内部的结构也不合理，大部分都是一些中型企业或者是小型企业，且劳动密集型企业最多，所生产的产品大部分都是初级产品或者是低端产品，整体覆盖面较小，没有形成规模化经济，难以对外来资金产生大的吸引力，因此我国的开放型经济发展水平较低。

4. 对外贸易的质量较低

近代以来，我国大部分地区还属于封闭的欠发达地区，这些地区和我国的南部沿海地区形成了十分明显的对比。造成这一问题的主要原因为我国的经济发展质量较低，同时科学发展水平不高，各个地区之间的发展处于不均衡状态等。同时，这些原因也阻碍了我国开放型经济发展。从我国的资源储备来看，虽然有十分丰富的资源，但是由于本身并没有相应的资源开发技术，资源的利用率很低，将资源优势转化为开放型经济发展优势的效率较低。另外，由于我国生产力的低下及资金技术方面的薄弱，我国没有形成一些大规模的产业发展集群，利润较低。从产业结构方面来看，我国的经济发展主要是以化工工业、石油工业等为主，第三产业对于经济的发展没有提供足够的动力，整体布局较为分散和单一，且没有先进的运行机制。从产品结构方面来看，我国技术力量还比较薄弱，只有很少的高新技术产品，而耗能高、资源消耗型的产品占有很大的比例。总的来说，从我国的开放型经济发展水平可以看出，我国当前的开放型经济发展带来的问题还比较多。比如，我国的西部地区，虽然实行了西部大开发战略，并且已经进行了一段时间，但是到目前为止，西部地区的开放型经济发展远远落后于沿海地区。整体来看，我国各个地区的开放型经济发展不均衡，大部分地区还处于开放型经济发展的初期。

第四章

江苏产业结构现状与现实困境

第一节 江苏产业发展现状

在研究江苏的产业发展现状时，从大的方面主要是从农业、工业、服务业三个方面来进行，而从实际情况来看，江苏的产业主要集中在制造业与高新技术产业两个部分。农业的重要性不言而喻，因为农业的发展关系社会的稳定，如果社会处于"不稳定"状态，那么工业与服务业的发展就会受到极大的影响。农业结构的调整是解决"三农"问题的重要举措，重点要放在农村劳动力的合理使用、实现农民增收以及保证粮食安全等方面；工业与服务业结构调整是江苏省实现产业升级的必经之路，而在面临新的机遇与挑战之下，如何促进各个方面的高效合作成为产业升级的重中之重。

一、江苏农业发展现状

我国在 2001 年加入了世贸组织，进一步为加强我国与他国之间的贸易联系奠定了基础，同时也让我国的农业获得了长足的发展。与国外发达国家相比，我国的农业水平停留在较低层次，不仅在农业生产规模上由于"各自为战"而难以形成整体，而且在农产品的质量、农业技术的安全水平等方面也面临着严峻的考验，这样一来，我国的农业产品就出现了"成本高、收益低"的情况，造成我国农业发展的"原地踏步"以及农民收入的"停步不前"。很多学者认为在这样的形势下"入世"，势必会进一步对我国的粮食生产等造成剧烈冲击，但同时这也为农业改革提供了巨大的推动力。而作为政府来说，应该出台相关优惠政策来保证农民的基本收益，从而尽可能地为农业结构调整营造良好的社会环境，并且在多项政策之中，也要充分体现维持粮食安全这一核心思想，确保农业生产能够合理有序地进行。

改革开放以后，我国的农业发展迎来了新的契机，而江苏也在这一良好势头下实现了农业总产值的快速增长。据统计，从1978年到2003年的25年间，江苏农业总产值增长了10倍之多，而这一数值在"入世"之后虽然短时间内在增长速率上有所下滑，但是却随着产业调整的深化而逐渐上升。在2015年进行的调查中，江苏省的农林牧渔业总产值在全国排名第三，可是在增长率上却处于中下游水平，但与之前相比仍然有所提升；江苏省的粮食总产量排在了全国第五位，而排在前四位的是黑龙江、河南、山东、吉林，这样的成绩在长江三角洲和珠江三角洲地区是居于首席的，甚至超过了广东、福建、浙江等地粮食产量的总和；江苏省的农业机械化、信息化水平在全国也是名列前茅的，这与当地的工业水平有着密切的关系。据统计，在2015年，江苏省的有效灌溉率位居全国第三，实现了农田的充分利用并且在灌溉技术上更加精确化，不仅达到了水资源的合理配置，而且让近一半的农田成为高标准农田。

（一）江苏省农业发展概况

1. 农业生产在规模与效率上的转变

自2000年到2015年，江苏省的农业产值实现了翻倍增长，从2000年的1 869.73亿元增长到2015年的3 690.31亿元，而从具体的增长速率来看，2000年到2003年的增长速率不仅不高而且出现了短暂的下滑。但即便如此，江苏省的农业总产值仍旧居于全国前列，而从2004年开始，农业经济的增长速率实现了年年递增，其中2010年到2011年的增长速率达到了16.97%，是平均增长速率6.96%的2.4倍。从整体上看，江苏省农业经济的发展特征体现在两个方面，一个是农业规模的持续扩大，另一个是增长速度的波动上升。

2. 农业装备在技术水平上的转变

农业装备的技术水平是随着科学技术的发展而逐渐提升的，21世纪初，由于国家对农业发展重视程度的显著上升，各种具有创新性的农业科技得到了开发，进一步推动了我国农业的转型升级。至此，我国在农业领域提出了"发展现代化农业"的响亮口号，而其中的农业机械化是实现"现代化农业"的重要举措。农业机械化水平与工业发展水平有着密不可分的关系，江苏省作为工业发展水平较为突出的地区，其农业机械化水平在全国是长期处于"领头羊"地位，并且在2015年农机化综合水平达到了80%。据相关数据，江苏省的农机总动力在2000年时还是1.55千瓦/公顷，而到了2015年时这一数值增长到了6.23千瓦/公顷，增长了3倍之多，由此可见江苏省农业机械化程度的增长速率是极快的。

除了农业机械化外，农田的有效灌溉面积也是反映农业装备水平的重要指标，因为农田在灌溉时也是需要依靠一定的设备才能取得良好的效果，并且还需要根据农田的具体情况进行灌溉。据统计，江苏省农田的有效灌溉面积是与农业经济发展基本保持同步的，比如江苏省的农业经济在2000年到2003年间出现了增长不明显甚至下滑的现象，而与此对应的农田有效灌溉面积同样也呈现出了这样的发展趋势，但从2004年开始便以年均34.80千公顷的速度持续增长，直到2015年时，江苏省的农田有效灌溉面积达到了87.47%，这一数值比2000年时增长了10%。不仅如此，在得到有效灌溉的农田中，高标准农田占到了半数，这说明农业灌溉技术在装备水平上也获得了极大提升，这也为农业综合生产能力的增强奠定了坚实的基础。

农业科技进步贡献率是反映农业科技是否切实发挥作用的一项指标，在2000年时，江苏省的农业科技进步贡献率为53%，而到了2015年时达到了65.2%，我们能从这样的增长中感受到农业科技的作用是越来越明显、越来越重要。与农业科技进步贡献率稳步提升形成鲜明对比的是江苏省的农业技术人员却在不断减少，从表面上看，两者的变化好像"自相矛盾"，但从科技内涵来看，农业科技的应用与发展应该向"高端化""精简化"的方向发展,即要组建技术能力更强、更具针对性与创新性的技术团队。根据数据分析,江苏省的农业技术创新团队与综合示范基地的数量在不断提升,从质量上看,它们的农业科技水平与信息化水平仍旧需要通过不断改善来谋求更快的提升。

3. 农业发展模式上的转变

随着"可持续发展"战略的深入人心,农业生态化逐渐成为现代农业的重要标志,而实现农业生态化不仅能够有效配置农业资源,而且还有利于环境问题的良好解决。众所周知,农药是农业生产中经常用到的物质,其目的在于杀虫杀菌,进而让农作物获得更好的生长,但是在目前的农药中含有大量的化学物质,虽然能够起到一定的杀虫杀菌作用,但是所造成的负面影响却是极大的,其毒性会随着食物链、土壤储存等过程持续存在,进而对生态环境与人体健康造成威胁。江苏省在2000年时的农药用量达到了9.15万吨,而到了2015年时下降到了7.81万吨,并且逐渐开发出"绿色农药"来满足农业生产的需求,与此同时,"绿色化肥"也得到了良好的开发,而这样的变化除了实现农业生态化外,还为了满足人们对农产品的高要求,即"安全、优质、健康"。江苏省的农业发展模式已经逐渐由"资源依赖型"向"绿色生态型"转变,除了在农药与化肥的使用上呈现零增长与负增长之外,还加快了向低碳化、循环化发展的脚步,比如在农作物秸秆的利用率上达到了88%,不仅使农田的肥沃程度得到了提升,而且也提高了农田的清洁水平。

4. 农业关注重点的转变

近些年来,江苏省针对"三农"问题也出台了多项政策,不仅使农业的补贴力度得到了增强,而且在收入分配与财政支出上也逐渐向农业靠拢,进而使国家颁布的惠农富农强农政策切实得到落实。据统计,江苏省在农业方面的支出由2010年的47亿元增长到了2015年的1000亿元,而从这样的增长趋势看,当前的农业支出在地方财政总支出中的比重会进一步上升。地方农业的发展除了要得到当地财政的大力支持外,还需要不断开辟新的"支农方式",并且可以积极借鉴国外的先进经验,比如PPP模式就是一种从国外引入的新型发展模式，但是要想切实发挥出这一模式的作用，需要经过与我国国情相融合的过程，进而逐渐建立行之有效的投入增长机制。除了PPP模式外，还可以通过建立农村发展扶持基金的方式来为实现农业现代化提供资金支持，但是这些方式需要在政府的宏观调控及市场作用下来发挥作用，因此当地政府要为农村发展扶持基金的成立提供政策支持，进而营造良好的政策环境。

农民作为农业生产的主要参与者，他们的切身利益能否得到充分保障关系到农业经济的发展程度，因此如何实现农民增收是农业发展关注的重点。近年来，江苏省为了保障农民收入的增长采取了一系列措施，其中包括各种惠农政策的深化处理、税制的针对性改革、经济模式的不断创新等，而这些措施的使用是要让农民获得长效增收，而不是获取短暂性的利益。从数据统计来看，江苏省的农村居民人均可支配收入逐年提升，已经从2000年的3 596元上升到了现在的16 257元，而在收入增加的同时，农村居民的消费能力也"水涨船高"，由2 337元增长到了现在的12 883元。随着农业经济改革的持续进行，农民的收入还会继续增加，同时也会让农村消费市场成为市场发展中的重要推力之一。

（二）江苏农业转型升级的发展历程

1. 发展萌芽阶段

实行改革开放后，家庭联产承包责任制得到了国家的承认，并且逐渐在全国范围内得到推广。由于广大农民获得了可以改变自己生活质量的基础，农业生产积极性得到了空前的提高，从而为农业经济的迅速发展提供了条件。具体到江苏省，农业生产包干到户、包产到户的生产方式在1984年时通过相关政策扩散开来，农民在明确农业发展模式之外，也开始对更多的经济发展道路产生了浓厚的兴趣，而从结果来看，在此阶段江苏省不仅在农业经济上获得了较大的提升，而且非农产业也开始兴起。改革开放所带来的不仅是生产方式的改变，更重要的是人们思想的革新，而在这样的形势下，农业经济的发展逐渐呈现出转型升级的趋势。

2. 初步探索阶段

20 世纪 80 年代中后期，江苏省的农业发展迎来了新的发展契机。当时的江苏地区被国家列为农业现代化试验区，开始以"农业现代化"为主题对相关制度、体系等进行探索与研究，而从当时的目标来看，其重心主要放在了建设社会化农业服务体系以及发展农工商一体化等方面，具体到制度建设方面包括土地制度建设、服务体系制度建设、农民组织制度建设等。在这样的形势下，江苏省的农业开始向规模化经营发展，其中重要的特征表现在耕地面积的不断扩大，比如，从 1987 年到 1992 年 5 年间，常熟市种植大户每年承包的耕地实现了翻倍增长；另外，在江苏省农业规模化经营之路中还不断拓展出种植业之外的养殖业、园艺业、加工业、流通业等，为农业经济实现一体化经营奠定了坚实的基础。从收益层面上分析，传统农业所生产出来的农产品在收益上是较低的，而在实现农业现代化中，农产品能够通过多次加工来实现收益的增长。

3. 加快发展阶段

在经过探索阶段的发展之后，江苏省的农业转型逐渐步入正轨，呈现出良好的发展前景，但是在这一阶段爆发了亚洲金融危机，这对江苏省的农业经济产生了一定的负面影响。虽然如此，但这也为农业产业的加快转型提供了契机，因为在危机之下有利于人们发现当前发展模式下存在的缺陷与不足，从而可以采取相应的措施进行纠正与调节。江苏省在面对金融危机带来的冲击时，召开了具有重要意义的农业产业化经营工作会议，在会上各方专家学者阐述了当前农业经济发展中存在的问题，并对未来的转型之路进行了重新部署，主要包括发展思路、发展目标、政策制定等方面。在此次会议的指导下，江苏省与农业相关的各个部门对自身职能有了更加深刻的认识，其中省农林厅主要负责农业产业结构的优化调整，重点在于通过调查了解本省农业发展的实际情况，进而做出合理的结构调整；省计委负责农业经济发展中各个方面的落实情况，尤其是省内的农业龙头企业是主要的监管对象；省委农工部主要负责考察相关政策的实行情况，并且根据调查结果做出反馈，为农业政策的调整提供支撑。在这一阶段，江苏省的农业龙头企业数量得到了快速增长，而且即使在金融危机下也创造出了可观的经济收益。

4. 全面发展阶段

江苏省在 2003 年出台了《关于全面推进农业产业化经营的意见》，提出农业产业化是农业发展的重要目标，而想要达到这一目标需要对当前的农业结构进行调整，尤其是要大力发展农业龙头企业，进而通过发挥示范带头作用来引领农业产业化发展。经过一段时期的发展，江苏省的农业获得了极大提升，主要表现在以下两个方面：第一，农产品由于经过了深度加工形成了较为完善的产业体系，不仅增强了自身的市场竞争力，而且也为实现农民增收提供了良好的条件；第二，粮食产量得到了大幅提升。在农业产业化过程中，农业的基础设施建设逐渐完善，这为提升农业综合生产力奠定了坚实的基础，基本上实现了农业生产过程的全机械化。国家为了进一步保障农民的利益，不仅取消了农业税而且也出台了一系列农业补贴政策，让广大农民群体感受到了来自政府的关怀，这对进一步调动农民进行农业生产的积极性具有重要作用。建设"社会主义新农村"是农业发展中的核心任务之一，江苏省依托此目标制定了针对性的措施，并且开始着手具有长效作用的支农惠农体系，目的是在增加农业投入力度的基础上让农民真正享受到实惠，真正体会到"社会主义新农村"的崇高价值。另外，江苏省还在省农委专设了"农民专业合作社指导处"和"农业产业化发展指导处"，目的在于将农业产业化进程置于"前台"，让这一目标得到更加广泛的重视并通过专业的职能管理促进其高效发展。

5. 转型升级期

江苏省的农业产业化水平在全国排在前列，这样的成绩与大力推行农业改革是分不开的。随着产业升级的普及化，江苏省也开始对农业的转型升级进行深入研究，在 2010 年时，江苏省制定了《江苏省农业基本现代化指标体系》，明确提出当前农业转型升级的主要目标是实现农业现代化。在农业现代化中，不仅要实现农业生产的机械化与农业经营的产业化，还要实现农业技术的长效创新化与农民收益的持续增长化，如果农民不能从中受益，那么一切都会变得没有意义。为了切实保障农业现代化的真正价值，江苏省率先创立了农业现代化评价体系，将农业产业化水平、农业技术水平、农民收入水平等重要指标纳入其中，并且制定了科学的定量评价标准，为这一评价体系的正常运行提供支撑。江苏省将"农民增收、农业增效"作为农业发展的基本原则，并且在全省的农业产业化经营工作会议上反复强调，提出农业转型升级的目标是实现农业现代化，而在这一过程中，如何深化农业综合生产、提升农产品市场竞争力以及构建可持续化农业发展模式是主要研究方向。从数据上看，自 2010 年至今，江苏省农林牧渔业所创造的总产值每年保持着 12.5% 的增长率，而取得这样的成绩得益于农业技术的快速发展以及农业机械化水平的逐年提高。在总产值稳步增长的局势下，农民的人均收入也获得了稳步增长，其增长率达到了 14.2%，这标志着江苏省的农业在实现现代化的道路上迈入了新阶段。

二、江苏省工业发展现状

（一）工业发展历程

1. 工业恢复与改造阶段

在中华人民共和国成立初期，各行各业处于"百废待兴"的阶段，尤其对于力量薄弱的工业来说，更是面临着极大的困境。从全国范围来分析，江苏省在工业发展方面具有一定基础，但是遭受了重大破坏，这极大地限制了江苏省的工业发展速度，其中很重要的原因在于难以形成规模。我国自 1953 年起开始以五年为一个阶段来发展国民经济，第一个五年计划（1953—1957）诞生。在"一五"时期，江苏省遵照国家政策实行经济主体的公有制与集体所有制改造，逐渐将分散的工业企业联合在一起，初步形成了规模，而从结果来看，江苏省的工业增加值在五年间实现了年均增长 10.7% 的目标。在这一阶段工业的发展主要依靠的是原有的工业力量，尚且不具备发展新型工业的实力。

2. 大调整与过渡阶段

第二个五年计划时期，受"大跃进"思想的影响，生产秩序混乱，造成江苏省工业产品的失衡。第三个五年计划、第四个五年计划受"文化大革命"影响，江苏省的工业经济下滑十分严重。第五个五年计划，江苏省工业总产值实现快速增长的目标，但工业发展仍面临着诸多矛盾。

3. 振兴阶段

随着改革开放的到来，江苏省在国家的领导下，开始对工业企业进行了改革，而改革的重点主要集中于"扩大经营自主权"方面，目的在于逐渐由"计划经济"向"市场经济"发展。江苏省作为国家重要的工业大省，很多改革措施都会由江苏省进行试行，而对于江苏省来说，这既是挑战也是机遇。由于江苏省的工业改革进程走在了全国前列，江苏省的工业发展也首先步入了"快车道"，虽然受制于当时的技术水平，江苏省的工业总产值也达到了史无前例的高度。在 1979 年到 1988 年江苏省的工业增加值年均增长达到 14.5%，虽然在数值上并没有太大变动，但是其内在的发展潜力却预示着未来强大的振兴。

4. 加速发展阶段

从 1988 年开始，江苏省工业结构改革所带来的利好已经逐渐体现出来，但在此时却发生了全球性的金融危机。为了更好地应对此次危机，党的十三届三中全会决定对当时的经济环境进行大幅整顿。在经济整顿期间，江苏省的工业生产总值出现了严重的下滑现象。这一现象从 1989 年的 9 月一直持续到 1990 年的 1 月，并且这一现象的结束也是得益于国家对工作重点的调整，而后江苏省的工业生产总值重新恢复增长态势。从 1989 年到 1993 年间，除了出现金融危机之外还遭受了百年不遇的洪涝灾害，而在如此困境之中，江苏省在党中央的正确领导下坚定实行"加快发展、加快改革"的发展策略，进而使江苏省的工业发展保持了快速增长的态势。虽然总体来看，从 1989 年到 1993 年江苏省工业增加值年均增长只有 13.7%，但是在 1992 年与 1993 年的工业增加值增长速度达到了 31% 与 23%，这充分说明了工业改革之路的正确性。

5. 改革攻坚阶段

在江苏省工业经济快速增长的同时，国家从整体考虑要求经济降速，并且提出了"两个根本性转变"来继续指导工业改革进程。在国家政府的宏观调控下，江苏省进一步对工业经济的增长方式进行改革，目的在于改变过去粗放型的生产方式，逐渐向集约型、高效型方向发展。除此之外，江苏省在工业结构的调整方面也取得了显著成效，不仅使非公有制经济的比重得到明显提升，而且工业企业也逐渐形成了规模，进而使江苏省形成了公有制为主体、多种所有制经济平等发展的格局。在这样的格局下，很多公有制经济企业也逐渐在多个方面实行改革，但是想要完全扭转当时的亏损状况还需要很长的周期，而此时随着中国加入世贸组织，国有企业更加需要加快改革步伐来应对日益激烈的市场竞争。江苏省在国有企业的改革上走在了前面，直至2002年时，江苏省内80%的国有企业已经完成改制任务，进而为工业经济的发展注入了强大的活力。

6. 科学发展阶段

随着信息时代的到来，电子行业逐渐在工业领域崭露头角，而江苏省也在党中央的号召下提出了"优先发展信息产业，以信息化带动工业化"的发展战略，至此电子行业迎来了高速发展的机遇。在诸多信息产业中，电子行业只是其中一个类型，而电子行业的火热也逐渐带动了其他以技术为核心的产业。不仅如此，江苏省在大力发展高新技术行业的同时，也对省内的"高耗能""高污染"的传统工业企业进行了处理，并且在淘汰落后产能的同时也利用高新技术为传统行业的持续发展提供机遇。从2003年到2007年，江苏省的工业增加值年均增长达到了17%，其中高新技术产业所创造的产值占到了很大比重，而且从整体上看，江苏省的工业发展更加科学化与合理化，可以说这一时期江苏省的工业经济发展达到了新的高度。

7. 转型升级阶段

全球性金融危机在1988年、1998年均有出现，虽然造成了一定的影响，但在合理应对下将损失降到了最低。在2008年时全球性金融危机再次出现，江苏省在党中央的领导下积极采取措施进行应对，虽然工业生产的速度有所下降，但是仍旧保持着较快的增长速度。随着时代的发展，工业经济的转型升级已经成为必然趋势，尤其是在面对新型产业的冲击时，那些技术落后、环境污染严重的企业必将遭到淘汰，而且在工业经济快速增长的同时，也出现了产能过剩的情况，造成了工业总产值的下滑。在这样的局势下，江苏省从市场发展入手进行了多方面的深入调研，进而制定出了行之有效的资源配置措施，并且还积极培育新的工业增长点，目的在于构建新的工业产业结构。江苏省在工业的转型升级方面取得了良好的成绩，这也保证了全省的工业经济在新的形势下依旧保持增长态势，虽然在2014年时江苏省的工业增加值回落到最低点，但从2008年到2018年全省的工业增加值还是保持在年均10%的程度。

（二）工业结构与效益现状分析

1. 江苏省轻重工业结构分析

从江苏省轻重工业的发展历程分析，重工业的发展力度在逐渐增强，进而成为江苏省工业经济中的重要组成部分。在改革开放初期，江苏省的轻工业所创造的产值比重要高于重工业，虽然随着江苏省对重工业发展重视程度的加强，重工业的产值比重有所上升，但是直到2000年仍然是轻工业高于重工业的状况；在进入21世纪后，江苏省重工业的比重逐渐超过了轻工业，并且逐年增长，而相关数据表明，仅仅从2000年到2004年短短五年间，江苏省轻重工业的比重就由43.2%与56.8%变化为33.2%与66.8%，由此可见江苏省的重工业发展迅速。除了轻重工业的比重发生了逆转，工业总产值也获得了极大提升，其增长速度逐年提升，比如2000年的工业总产值为3848.52亿元，到了2004年时增长到了7781.54元，而到了2013年时这一数值早已突破万亿大关，增长到了35001.96亿元。

2. 江苏省规模以上工业结构分析

江苏省规模以上的工业包括以下几种类型，分别是采矿业、制造业、资源供应业等，在这其中，制造业占据主导地位，据统计，江苏省的40个工业细分行业中有31个属于制造业范畴。在2013年，江苏省的制造业创造的产值占到了工业总产值的95.86%，而从具体的工业类型来分析，其中排在前15名的制造业所创造的产值基本保持不变，这充分说明江苏省的制造业对工业经济发展起到了主导拉动作用。随着经济的不断发展，一些新型的制造业逐渐崭露头角，比如计算机、通信等电子设备制造业常年占据了制造业的前

開放型経済高質量発展問題研究——基于江苏产业结构调整视角

列，而一些传统的制造业如纺织业逐渐掉出前 15 名。另外，一些传统制造业在得到新型技术的支持后，也获得新的发展机遇，比如在冶炼行业中，黑色金属的冶炼成为重点项目，而在加工业中也出现了如压延加工业等新型模式。总体看来，制造业的主导地位仍旧很难撼动。据调查，在 13 个创造高产值的行业中，电力热力生产和供应业是唯一一个"非制造业"，剩下的全部属于制造业，其中包括有计算机、通信和其他电子设备制造业、化学原料和化学制品制造业、电气机械和器材制造业、黑色金属冶炼和压延加工业、通用设备制造业、纺织业、金属制品业、专用设备制造业、非金属矿物制造业等。

　　3. 江苏省工业所有制结构变化分析

　　随着经济转型的不断深化，江苏省的工业所有制结构也在发生着变化，形成了以公有制为主体、多种所有制结构共同发展的局面。在这样的局面下，一些国有企业和单位的体制发生了变更，逐渐成为新时代工业发展进程中的新生力量，进而为江苏省的工业经济发展注入了新的活力，同时也为后续的工业结构升级积累了宝贵的经验以及奠定了坚实的基础。伴随着经济体制的转型，一些新型的制度随之得到建立，比如现代产权制度与现代企业制度实现了初步建立，虽然其中存在着一些不足和缺陷，但确实为形成现代化企业管理模式打下了根基。在新的经济体制下，企业的经济效益得到了大幅增长，而且江苏省工业流动资产的流转周期也逐渐缩短，这为资金的优化利用提供了保障。江苏省在引进外资方面也卓有成效，据统计由港澳台地区以及外商投资所建成的工业项目逐年增多，同时这些企业所创造的产值也是逐年上升，成为江苏省工业经济的重要组成部分。现代化企业主要分为两种模式，一种是将公有制与非公有制进行有机融合的股份制形式，在这种形式中，企业的所有权与经营权是分离的，这就有效地避免了因权属不清而带来的经营效率低下和资本利用不到位的情况；另一种是私营企业模式。通过调查可知，江苏省的私营企业数量得到了快速增长，不仅创造出了可观的产值，而且也为工业经济的发展注入了新的活力。

4. 江苏省规模以上工业企业经济效益和质量

江苏省的工业经济保持着良好的发展趋势，从 2010 年开始其工业经济增长率始终保持在 18.4% 以上，其他的一些经济指标总体看来也是呈现利好趋势，比如在企业亏损面这一指标上，2010 年时为 20.29%，而到了 2015 年已经降为 14.54%，这说明企业的经营方式与风险规避能力在逐渐提升；产值利税率基本保持不变，这说明利税总额与工业总产值的增长比率基本相同；成本费用率有所提升，由 2010 年的 3.87% 上升到了 2015 年的 4.77%，这一点需要引起企业的重视。

5. 工业企业规模分析

江苏省的重工业已经成为工业经济发展中的主导，但是从规模上看，很多企业的组织规模较小，这也是它们经济效益不高的主要原因。这个问题已经得到了重视，并且基于当前现状提出了发展大型企业集团的目标，目的在于促进工业规模的扩大，但是扩大规模仅仅是其中的一个方向，更重要的是促进生产的集中化与高效化。2010 年，江苏省的大型企业所占比例为 11%，而到了 2015 年上升到了 13%，与此对应的产品销售收入与利税总额也由原先的 46% 与 56% 上升到 63% 与 68%，由此可见，工业企业规模的扩大能够带动工业经济的良性发展。江苏省在促进工业企业规模化的同时，也开始通过调整企业经济结构来适应当前经济全球化的发展趋势，其目的在于转变传统的经济增长方式，进而以最优方式来提升自身的综合竞争力。江苏省的很多大型企业在转型升级后，其营业收入获得了极大提升，其中不乏一些大型的民营企业，比如从 2018 年的统计数据来看，排名前三的民营工业企业分别为江苏沙钢集团有限公司（2 485.36 亿元）、恒力集团有限公司（1 635.28 亿元）、中天钢铁集团有限公司（1 052.05 亿元）。在 2019 年的中国企业 500 强榜单中，江苏省有 49 家企业入围，其中恒力集团有限公司凭借着 3 717.36 亿元的营业收入跻身于排名榜单的第 46 位。

（三）江苏省工业发展特点

1. 工业主导地位进一步加强，工业重型化趋势进一步凸显

江苏省的工业发展道路是曲折的，但是始终保持着向前的姿态，在 1952

年时江苏省的工业增加值仅为 7.6 亿元，而在经过几十年的发展后，江苏省的工业面貌彻底改变，并且实现了由轻工业向重工业的转变。自进入 21 世纪以来，江苏省的重型工业逐渐在工业经济中占据主导地位，而且随着重型工业的高速发展，工业经济在 GDP 中的比值也逐年上升，在 2001 年时工业经济所占比重为 45.2%，到了 2005 年时上升到了 51%，而 2010 年之后这一比值有所下滑，原因在于出现了更多新型经济模式。江苏省的工业经济总量不仅在本省占据较大比重，即使是放之全国也是名列前茅，在 2018 年时，江苏省的工业经济在 GDP 中的比重为 39%，对 GDP 的贡献率为 39%，这与 2005 年相比在比重上明显下降，但是工业经济的地位仍旧是不可动摇的。

2. 工业企业数量增多，经济规模进一步扩张

自中华人民共和国成立以来，江苏省在工业上的发展从未止步，而是在不同的环境中不断"磨炼自我""砥砺前行"。在中华人民共和国成立初期，江苏省的工业企业还不到一万个，而经过改革开放后 20 年的发展，工业企业的数量达到了 4 万以上，而后又经过十年的发展，江苏省规模以上的工业企业增长了两倍之多，达到了 36 319 家，这一数值与十年前工业企业的总量相当。从 2007 年到 2018 年，江苏省工业企业的数量基本保持平稳增长，这说明工业发展已经趋近于饱和，再加上新型经济模式的出现，对工业企业数量的增长造成了制约，但总体看来，江苏省的工业企业数量在全国处于领先地位，因此所创造的工业经济总值也是极为可观的。据统计，在 1997 年时江苏省的工业经济总产值达到了 8 000 多亿元，已经接近了万亿大关，而到了 2018 年时这一数值达到了 12.8 万亿元，增长率达到了 12 倍之多。

3. 产品数量猛烈增长，工业出口量大幅上升

在中华人民共和国成立初期，由于技术条件的限制，所生产的工业产品不仅数量少，而且种类也极为单一，而当时江苏省的重工业更是处于"泥潭"之中，工业产品的生产以轻工业为主，主要生产如肥皂、牙刷、面粉等一系列日常用品。随着工业的不断发展，这样的局面逐渐得到了改变，尤其是重型工业逐渐发展壮大，所生产的工业产品中也开始有了钢材、化肥、水泥、化学纤维、汽车等多种类型。技术的不断革新是工业持续发展的重要保

障，随着各种新型技术利用到工业领域，进而生产出了如冰箱、空调等大型电器产品，而在计算机技术、互联网技术等高新技术得到广泛应用后，电脑、手机等精密性电子产品也逐渐面世。在工业快速发展的同时，人们也逐渐注意到传统工业对环境所造成的负面影响，于是以"保护环境"为主题的工业发展之路被提上了研究日程，而这也是实现产业升级的必经之路。在这种新型理念的指导下，工业产品中出现了新能源汽车、太阳能电池等能够节约资源以及保护环境的新型产品。工业产品的种类呈现出多样化与环保化特征，而它的数量也是猛烈增长。据统计，江苏省多种工业产品的生产数量占到了全国的三成以上，比如化学农药原药产品占到了全国的38.5%，化学纤维占到了27.3%，集成电路占到32.4%，电子元件占到30.2%。工业产品产量的快速增长带动了江苏省的工业出口，其中电子行业产品成为工业出口产品中的主要部分。有数据显示，在1998年时，电子行业的出口交货值为206亿元，而到了2018年增长到了1.1万亿元。

4. 经济效益持续提升，提质增效成果明显

江苏省的工业经济在改革开放后迎来了发展良机，其经济效益得到了持续提升，而在进入21世纪后，无论在数量上还是质量上都得到了显著改观，逐渐成为全省的经济支柱，并在全国范围内起到了良好的模范带头作用。据统计，在2018年江苏省规模以上工业的主营业务收入较2017年增长了7.3%，而利润增长了9.4%，从利润增长超过主营业务增长来看，可以了解到江苏省的工业经济效益呈现出良好的发展态势。从1979年到2018年可以分为三个阶段来对江苏省的工业经济效益进行分析，第一个阶段为1979年到1997年，在这一阶段中工业营业收入由312.6亿元增长到了7258亿元，增长了将近22倍之多，而年均增长率达到了19%；第二个阶段为1998年到2006年，在这九年间江苏省规模以上工业企业取得了营业收入增长4.6倍、利润增长11.6倍的优秀成绩，而营业收入实现了突破万亿大关的目标；第三个阶段为2007年到2018年，规模以上工业企业主营业务收入由5.3万亿元增长到了12.8万亿元，增长了1.4倍，而利润由2765亿元增长到8491.9亿元，增长了2.1倍。

5. 产业结构更加合理，产业升级成效明显

江苏省的工业结构在经过多年的建设与发展后变得更加合理，而这也为获得良好产业升级效果奠定了坚实的基础。在产业结构的调整中，江苏省在多个方面都进行了改革，除了产业结构外还包括经济体制与区域经济结构的变革。具体到产业结构中，其特点主要体现在以下三个方面：第一，江苏省的工业结构逐渐向多样化方向发展。在中华人民共和国成立初期，江苏省的工业企业中主要为轻工业类型，比如纺织业、食品加工业等，而在进入20世纪70年代后，机械、化工等重工业逐渐发展起来，进而形成了以这四大产业为主的工业格局。随着时代的发展，逐渐有新的产业融入进来，比如在20世纪80年代，建材业与冶金业逐渐成为江苏省的工业支柱行业，而到了20世纪90年代，以新型技术为核心的技术密集型行业大量出现，不仅带动了技术水平的进一步提升，而且使消费结构发生了巨大变化。电子行业也是在技术的不断更迭中逐渐成形，最初的电子行业兴起于2000年，而后经过短短三年时间一跃成为江苏省的第一大支柱行业，但是这一行业的发展势头依然强劲，原因在于电子技术拥有难以限量的发展空间。除了电子行业外，其他技术行业也如雨后春笋般发展起来，其中包括医药制造业、航空航天制造业等，而从长远来看，这些行业也会如电子行业一般成为江苏省的主导工业企业。据统计，江苏省的高新技术行业在2018年所创造的产值达到了21.3%的比重，而且自2011年到2018年八年间保持着年均11.8%的增长率；在高新技术产业蒸蒸日上的同时，传统行业也进行了转型升级，而在转型升级时主要是从技术革新与管理体制改革两个方面实行，同时也对那些污染环境、与时代脱节的行业进行清退。从目前来看，江苏省的工业格局是以十大产业为主，分别是非金属矿物制品业、金属制品业、专用设备制造业、纺织业、汽车制造业、钢铁生产业、通用设备制造业、化工制造业、机械制造业、电气制造业。第二，江苏省在进行产业结构调整中必然会遇到不同性质的市场主体，最有代表性的当属公有制经济主体与非公有制经济主体，而在具体的调整中，江苏省秉持了市场主体多元化发展的理念，在对公有制经济进行优化的同时，也为非公有制经济的发展提供了良好的外部环境。在这种发展理

念的指导下，江苏省改变了过去国有工业与集体工业二分天下的局面，逐渐形成了以公有制为主体、多种所有制经济共同发展的格局，而从当前情况看，江苏省的非公有制企业已成规模，其中包括民营、私营以及由外商和港澳台商投资的工业企业，并且创造了十分可观的工业经济产值。第三，江苏省的工业结构在全省范围内趋于平衡。苏北、苏中、苏南地区在工业经济的发展上差异越来越小，原先处于劣势的苏中和苏北地区，在改革开放的春风下迎来了发展良机，其中苏中地区在 2005 年到 2007 年的工业经济增长速度超过了苏南，而苏北地区在 2008 年到 2016 年的增长速度也一度居于三地之首。

三、江苏省服务业发展现状

江苏省有着天然的地理优势，再加上产业基础较之其他地区更为雄厚，因此成了改革开放中国家的重点发展区域。从经济水平来看，江苏省在全国各个省市中是名列前茅的。据统计，在 2008 年时江苏省的省内生产总值就达到了 3.03 万亿元，而与之形成鲜明对比的是 1978 年的 249.24 亿元；从增长速度来看，江苏省的省内生产总值保持着年均 17.35% 的速率，而当时全国的平均增长速率为 15.95%，因此江苏省在全国经济发展中有着极其重要的地位。江苏省的服务业从 1990 年开始就保持着稳定增长的局面，而且其增长速度超过了农业，并且与工业基本保持同步，据统计，在 2003 年时江苏省的服务业产值达到了 4 567.37 亿元，2008 年达到 5 259.28 亿元。江苏省服务业的良好发展与技术的不断革新是分不开的，再加上入世以来不断扩大的服务业市场，都为江苏省服务业的良好发展提供了条件。

（一）江苏省服务业的总体现状

1. 江苏省服务业发展的经济总量

服务业也称"第三产业"，是在农业与工业发展到一定阶段后衍生出的新型行业。江苏省的服务业在 1990 年时初步成型，但是它的发展速度却非常快，在短短七年间就达到了 1028.8 亿元的产值，之后便一路平稳发展：在 1997 年到 2003 年间，服务业增加值保持着年均增长 10% 的速度，而在经历了 2003 年到 2004 年的短暂下滑后，从 2005 年开始年均增长速度达到了 20% 以上。江苏省服务业的高速发展保证它在省内生产总值的比重基本维持在 16% 左右，但是与工业相比仍旧存在一定差距。到了 2015 年时，江苏省的服务业生产总值达到了 3.4 万亿元，并且在对 GDP 的贡献率上超过了工业，而这也标志着服务业已经成为江苏省的主导产业之一。

2. 江苏省服务业固定资产投资状况

总体来看，江苏省服务业固定资产投资状况呈现良好发展趋势，而这也保证了服务业可以按照正常的产业发展规律持续发展下去。与农业、工业相同，想要谋求持续、长远的发展需要不断进行创新，因此服务业也需要得到充足的投资来开发新的生产能力，进而使服务业能够满足日益变化的市场需求。在服务业中包含着多种多样的行业类型，比如旅游业、房地产业、金融业等都属于服务业范畴，虽然江苏省服务业的固定资产投资状况比较良好，但是在投资方向上有待商榷，原因在于很多资产投资到了传统服务业中，而对于新兴技术服务业却投资较少，这样必然会影响到江苏省服务业的优化升级。

3. 江苏省服务业对外开放状况

服务业对发展区间的要求会更高，如果在发展服务业时闭塞不通，则会严重影响服务业的发展成果，因此了解服务业的对外开放情况能够更好地掌握服务业的发展水平。江苏省在发展服务业时加大了对外开放程度，出台了很多针对性政策来吸引外商的投资，进而为服务业的良好发展提供了有利的条件。据统计，从 1998 年到 2008 年，江苏省引进的外商投资由 5 亿美元增长到了 46 亿美元，这说明江苏省的对外开放程度与日俱增，而同时也反映出江苏省服务业深厚的发展潜力。虽然外资引进的数量在不断增加，但是资金的投资方向却是以传统服务业为主，这极大地影响了现代服务业的发展速度。据统计，在 2008 年 46 亿美元的外资中，江苏省投资到房地产行业中的资金达到了 33 亿美元之多，这一方面说明了外商对房地产行业的关注度更高，另一方面也说明江苏省的服务业存在发展不均衡的问题。随着时代的发展，信息传输、计算机服务、软件行业等逐渐扩大了影响力，但从外资的利用数量上看仍然不能与房地产等传统服务业相比，而对于江苏省来说，应该采取积极措施来调整服务业内部结构，除了高新技术服务业外，还应该加大对社会保障、社会福利等更加贴近"国计民生"服务业的发展力度。

（二）江苏省服务业内部结构分析

随着时代的发展，江苏省服务业的内部结构发生了变化，进而影响到了服务业的生产总值。通过对 1997 年到 2008 年的服务业生产总值的调查分析，发现江苏省的服务业在规模上已经超过了农业，但是与工业相比还存在一定差距，比如在 2005 年时，江苏省服务业的规模达到了 6489 亿元，而同期的农业规模仅为 1461 亿元，工业规模为 10355 亿元。江苏省服务业的比重由 1997 年的 33.42% 上升到了 2008 年的 38.10%，这与工业 54.97% 的比重相比仍然有一段差距，但其确实已经成为江苏省重要的经济发展组成部分。从服务业的内部结构分析，从 1997 年到 2003 年间，房地产行业、教育行业、广播电视行业等都得到了迅速发展，并且在发展速度上要强于金融业、保险业等新兴行业，但是从整体上看，一些传统的服务业类型如交通服务业、运输服务业、邮政业等依然占据服务业的主导地位。江苏省的传统服务业比重过高的现状影响到了其他新兴服务业的发展，尤其是那些以资金与技术为核心的服务业难以得到有效开展。江苏省服务业的内部结构需要得到合理调整，而在调整中所遇到的最大阻力是新型技术虽然具有一定优势，但是仍然不能完全取代或者彻底改变发展方向，而这样的情况在 2010 年之后逐渐得到了缓解，原因在于各种新型技术已经形成规模。以零售业为例，在 2008 年之前，江苏省的零售业虽然已经开始了"线上"发展，但总体看来实体零售仍然占据主导地位，而随着互联网技术与计算机技术的进一步提升，"线上"零售逐渐被大众所接纳，并且创造出了极为可观的收益。据调查，在 2019 年的江苏百强民营企业中，排在第一位的是苏宁控股集团，而它的绝大部分业务都与互联网等新型技术有关。江苏省服务业的内部结构正处于不断优化、不断调整的重要时期，而在调整过程中，传统的服务业应该通过"优胜劣汰"的方式来进行处置，而对于新型服务业应该以发展、创新的眼光来对待，并且要以新型技术为根基来彻底贯彻服务业的宗旨，比如卫生、社会保障、社会福利等服务行业应该得到技术的大力支持，进而为服务业的全面发展奠定坚实的基础。

（三）江苏省服务业的经济效应

1. 江苏省服务业的就业分析

从社会经济发展的规律来看，服务业会逐渐成为主导行业，并且会成为主要的就业渠道。由于服务业拥有巨大的发展空间，其对于缓解当前的就业压力有着重要作用，比如一些发达国家十分注重服务业的发展，因为服务业能够通过提升就业率来维持社会稳定。从江苏省服务业的就业状况来看，在2004年时服务业的就业数量达到了606万人，到了2008年时增长到了707万人，而到了2018年时增长到了2063万人，由此可见，服务业队伍在日渐壮大。在服务业就业总人数增加的同时，现代服务业的就业人数比重却没有明显变化，这说明现代服务业在发展上仍需加强，另外，产生这种情况的原因还与就业人员的素质有关，因为现代服务业的技术知识含量更高，而很多就业人员由于达不到标准而被淘汰。

2. 江苏省服务业的劳动生产率

劳动生产率是衡量一个产业发展效率的重要指标，其计算公式为：劳动生产率＝产业增加值÷从业人口，劳动生产率越高，说明该产业的产业增加值的提升速度超过了从业人口的增加速度。江苏省在1997年的劳动生产率约等于1，到了2008年时增长到了2.96，年均增长率达到10.36%，而从1997年到2001年劳动生产率始终保持在1.5之下，从2002年开始出现了大幅增加的现象，由此可以看出2002年以后，江苏省服务业增加值的增长速度明显超过从业人员增长速度，表明江苏省服务业的绝对发展水平在2002年后得到了显著提升。在三大产业的劳动生产率对比中，呈现第一产业＜第三产业＜第二产业的状况，而在服务业中，现代服务业的劳动生产率低于服务业劳动生产率，由此可见，在江苏省的各大产业中，第二产业与传统服务业占据经济产值的主要比例。

第二节 江苏产业转型升级的现实困境

一、传统发展观念的影响

江苏省的经济发展在全国处于领先地位，但是在高速发展的背后却也面临着各种结构性、素质性以及体制性矛盾所带来的冲击，尤其是在 2008 年的全球金融危机后，江苏省乃至整个长三角地区出现了外贸出口持续下降、内需拉动力不足的情况，这对江苏省的产业发展造成了严重的冲击，致使大量的中小企业陷入"泥潭"。但是在这样的局面下，由于传统发展观念的影响，造成经济发展方式迟迟得不到转变，不仅贻误了最好的发展时机，而且还让转型升级之路充满"质疑"之声。传统的发展观念是在长期的积累中逐渐形成的，而在形成之后很难进行变更，而我国在改革开放之前，也是由于传统发展观念的影响而阻碍了经济发展的脚步，致使我国长时间处于贫穷落后的局面。随着改革开放的到来，传统发展观得到了一定的改变，但并没有彻底转变，仍然会在某个环节中表现出来，比如我国由计划经济向市场经济转变已经持续了多年，但是从目前来看，经济体制的转型仍然没有完成，依旧处于"经济转型的关键时期"，究其原因，传统发展观念难辞其咎。

（一）以 GDP 为中心的增长主义发展观：忽视社会发展

在改革开放初期，由于国家建设遭受了十年"文化大革命"的挫折，亟待发展经济来改变当前的面貌，因此"经济挂帅"的发展观念逐渐深入人心。在这种发展观念的影响下，从中央到地方，都将发展经济作为重要任务来抓，邓小平曾经说过"不管黑猫白猫，能捉老鼠的就是好猫"，只要能够促进经济发展，任何措施都可以在实践中应用。但是这样的发展观念毕竟有它的局限性，因为当时中国的经济已经濒临崩溃，如果在那样的环境下仍然秉持这一观念就会对社会发展造成不良影响。"经济增长"与"经济发展"是两个相关但不同的概念，"经济增长"能够促进"经济发展"，但是这并不代表"经济增长"等同于"经济发展",可是现在仍然有很多地区以这样的发展观念来发展经济。在良好的经济发展中,除了实现经济增长外,还要关注精神文明建设、生态环境保护、社会秩序建设等一系列内容,如果只以经济增长为目标,那么取得的经济发展只是暂时的,迟早会在多种社会问题的影响下"崩盘"。对于江苏省来说,它的经济生产总值在全国是名列前茅的,但是在很多地区以及企业中依然存在着这种错误的发展观,尤其是一些处于领导地位的管理者,为了提高产量盲目制订生产计划,却对企业的持续发展缺少有效的规划。

（二）"先污染后治理"的发展观：不重视环境保护

"先污染后治理"的发展观念无异于"饮鸩止渴",并且在实际情况中,"先污染"已经成为现实,但"后治理"却迟迟没有下文,再加上很多生态资源属于不可再生类型,即使想要治理也是追悔莫及。改革开放后,江苏省作为国家重点发展区域,肩负着重要的发展任务,但是在经济发展中却采用了"先污染后治理"的发展观念,对本地的生态环境造成了严重的破坏,而且很多污染直到现在依然影响着人们的生活。"环境保护"与"经济增长"之间存在着一定的矛盾,但并不是不可调解的矛盾,如果为了谋求"经济增长"而任意破坏环境,那么所付出的代价是经济利益难以承担的,而且"经济增长"的目的是让人们过上幸福的生活,如果生活环境遭到破坏,"幸福生活"就会成为一个泡影,那么所进行的"经济增长"就失去了自身的意义。以"先污染后治理"发展观为主进行发展的地区,已经开始体会到破坏环境所带来的后果,比如,20世纪80年代苏南地区在大力发展经济的同时对太湖造成了极大的污染,造成太湖流域的辐射区域出现了不同程度的水质型缺水,不仅影响到了人们的身体健康,而且也让周边的生态环境遭遇"灭顶之灾"。后来,从1991年起,苏南地区开始致力于太湖的治理,而经专家测算,想要解决太湖中含磷过高的问题需要花费20～30年的时间,经济投入更是不可预估。据统计,在2011年到2015年间仅无锡市在治理太湖上就花费了458亿元,但从效果上看仍然不容乐观。江苏省在产业的转型升级中,不仅需要彻底摒弃"先污染后治理"这一发展观念,而且还要承担保护生态、恢复生态的重要责任，而想要达到这一目的可谓"任重而道远"。

二、制度缺陷的限制

制度不仅在人们的生活中具有重要作用，而且也会参与到企业、政府等运行与管理过程中，从而发挥它的制约性、管理性以及强制性作用。在经济领域，与经济发展相关的制度包括经济体制、社会体制、政治体制、文化体制等多种类型，其中经济体制在改革开放后处于不断的革新中，但是从目前来看，经济体制的改革依旧没有完成。

（一）市场机制不健全

江苏省是我国市场化程度较高的地区，并且在多次的市场改革中都被作为重点试点区域。从目前来看，江苏省的市场机制具有自身的发展特色，主要表现在对外资的引进上，可以说江苏省的外资引进在长三角地区是最为成功的，与其他地区相比，它的优势在于政府管控的弱化以及对外开放程度的领先。但是总体看来，江苏省的市场机制仍旧不健全，虽然政府的管控相对较弱，却由于其他因素的影响而或多或少地进行了参与，比如政府需要通过立法来加强市场监督，可有时也会因为干预过度而影响商品或者人力的市场价值。除此之外，政府制定的发展目标也会对市场运行产生影响，尤其是政府在制定发展目标时主要会从政治、社会等角度来进行，这样可能会使市场发展出现高投入、高消耗等负面效果。

（二）社会体制改革滞后

社会体制中包含着丰富的内容，几乎会涉及我们生活中的各个方面，比如就业、收入、教育、医疗等，从这一层面分析，社会体制的改革关系社会的稳定，如果社会体制改革滞后，则会严重阻碍产业的转型升级。比如，如果当前的收入分配制度不合理，可能会造成人才的流失，进而使企业的发展陷入"举步维艰"的地步；如果社会保障制度不健全，就会使居民偏向于储蓄而减少投资与消费，进而阻碍消费需求的扩大。具体到江苏省，社会体制改革仍处于进行中，并且由于这一地区消费水平较高，如果社会保障机制不彻底，则会影响人才的吸引力度，进而削弱经济的创新发展。

（三）政府职能转变缓慢

我国在经济体制的转型中，会对政府的作用做出新的规定，而从目前的转型程度来看，政府主要发挥宏观调控作用。经济转型中会涉及政治转型，而政府作为政治转型的参与主体，必然会对经济转型产生一定的影响，如果政府职能向有利于市场经济的方向转变，则会产生有利的影响，因此政府职能转型也是产业升级中的重要影响因素。从目前情况看，江苏省的政府职能在转型上较为缓慢，仍旧存在较多的市场干预行为，而对于真正应该关注的社会发展领域却存在严重缺位的情况。除此之外，政府在立法层面仍然存在不足，尤其是在建立市场监督体系方面由于缺乏充分了解而导致相关立法缺乏操作性，进而造成市场发展混乱的情况。在现阶段，政府的宏观调控作用也因为宏观调控机制的不成熟而难以有效发挥，不仅容易造成决策的失误，而且也会出现资源浪费的情况。有的地方政府为了提升政绩考核，将目光全部放在"经济增长"上，对于具体的发展路径却没有严格的监督，从而造成了传统的、对环境有巨大损伤的发展方式依旧"大行其道"。

（四）区域一体化的体制障碍仍然较多

从当前情况看，江苏省仍然没有形成合理有效的区域一体化发展机制，苏北、苏中以及苏南地区"各自为政"，相互之间缺乏有效的协调机制，不仅影响了经济发展的速度，而且造成了诸多问题的出现，比如太湖流域污染情况的加剧就与协调机制不到位有关，从而使这一问题成为现在处理的难题。影响江苏省区域一体化发展体制的原因包括以下几类：第一，行政协调管理职能薄弱。江苏省地区每年都会举行"多地区合作与发展座谈会"，目的是协调各个地区的经济发展，但是这样的会议更多的是即时性的，并没有制定出行之有效的协调机制，因此当出现利益冲突时不能及时进行调和。第二，法治协调机制缺位。从目前的发展状况来看，江苏省乃至整个长三角地区的立法部门与司法部门并没有在区域协调中发挥有效作用，主要原因在于缺乏系统合理的干预体系，这就造成区域之间的联动缺乏法治性保障，而仅仅依靠区域领导人之间的会谈所达成的协议会存在一定的风险，比如当出现地方官员的调动时，原先定下的合作事宜可能会成为"一纸空谈"。另外，在这样的以政府为中心的区域协调中，会存在因行政干预过于强烈而造成合作机制的"行政化"，从而对经济市场产生极大的负面作用。在法治保障缺位的情况下，会造成区域合作中缺乏明确的执法主体，当处理具体事宜时，会由于职责不清而影响合作进程的切实展开，进而影响区域之间的市场要素的充分流动。

（五）发展战略的缺陷

在改革开放后，江苏省主要实行外向型经济发展战略，而在产业发展上是以工业为主导，农业与服务业辅助提升的产业配置。"工业兴国、工业兴邦"是立足于改革开放后的社会现状所提出的发展理念，而在这一理念的号召下，江苏省通过大力发展工业使本省的经济取得了历史性的突破，并长期居于全国前列。而从经济的发展规律来看，这样的发展理念在经济发展初期会有重要作用，因为无论从技术还是资金层面，都会在工业发展的一定时期内保持基本的充足状态，进而可以在这段时期中取得良好的发展，并且从市场需求来看，也会在这一时期保持较大的市场需求度。江苏省的经济腾飞是借助了这一时期的比较优势，而后将其转化为市场上的竞争优势，并且能够在发展中通过及时的学习与借鉴来优化发展措施，虽然这样的发展战略在多个国家和地区都有应用，而且取得了不错的结果，但是随着时代的发展与经济态势的变化，这样的发展战略逐渐会显现出一些问题，主要表现为以下几个方面。

第一，国内市场开发程度不够，经济发展缺乏持续动力。从市场发展规律来看，国内市场的开发与人均可支配收入以及分布情况有密切关联，这种外向型经济发展战略虽然能够使人均可支配收入获得提升，但是在外资主导型发展模式中，由于本地劳动力价格较为低廉，会使大量的经济发展成果被外商撷取，而本地区只能获得一部分极少的经济利益。这种现象中所存在的矛盾在经济增长速度较低的阶段还不太凸显，但是随着经济速度的提升，本地区人均收入低于经济增长的矛盾就会显现出来，从而为未来的经济发展埋下隐患。人均收入增长速度落后于经济发展速度必然会影响消费市场的扩大，尤其对正处于经济转型时期的中国来说，消费市场的萎靡会严重影响内需拉动，从而使经济发展出现乏力的情况。因此江苏省在发展外向型经济时，也要注意加强国内市场的开发力度，从而形成内部市场与外部市场合理并存的局面，这对于维持经济发展稳定、保持经济持续发展具有重大意义。

第二，工业技术原创性差，容易陷入"低端锁定"。在发展外向型经济时，会经历由价值链低端向高端发展的过程，而对于江苏省来说，当前也正处于这样的转变过程中，但是想要获得良好的转变效果并不容易，因为当形成外资主导型发展模式时，无论从经济收益的分配还是产业的发展方向上都会受到主导企业的控制，而本地企业也会由于受到发展路径的影响而不得不"依附"外资企业，尤其是在技术层面会被牢牢控制，从而陷入"低端锁定"的不利局面中。通过对其他国家以及地区发展经验的调研，发现那些依赖发达国家先进技术的国家和地区，虽然在前期能够取得一定的发展成果，但是随着发展的深入，逐渐会陷入外资企业的控制中，而此时想要实现价值链攀升则是很难完成的；而那些基于本地发展情况，注重本地市场开发与技术创新的国家和地区，虽然会在一定时期内处于较低的发展水平，但是随着工业实力的提升逐步带动了经济的发展速度，并且通过逐步的产业升级形成了本地区的发展特色，从而在国际市场上拥有了一席之地。江苏省在改革开放后取得了不错的经济发展成果，但是在工业技术的发展上主要是依赖国外先进水平，并且有很多规模以上工业企业是外商控股，但是随着国内资源与环境成本的上升，外商的资金与技术投资力度会逐渐下降，而在这样的局面下必须通过自主创新来维持经济的持续发展。技术创新的方向主要有两个，一个是形成自主可控的技术体系，另一个是有效减少资源的利用度，尤其是对于工业领域来说，传统的"污染环境""资源消耗"的模式必须被淘汰。

第三，弱化区域产业之间的联系，影响区域一体化发展。从江苏省的发展状况来看，很多工业企业只是国际主导企业的末端或者某个中间环节，它们的发展主要依靠国际主导企业的"指示"，如果国际市场发生了变动，必然会对这些工业企业产生影响。从这一层面分析，江苏省的很多工业企业之间并不存在合作关系或者合作程度较低，这样就会加剧这些工业企业之间的竞争，进而影响区域一体化发展。某些工业企业"无暇"关注国内市场，因为无论是资金投入还是市场供应都来自外部，这样就会导致本地的产业关联和循环体系出现断裂，进而影响本地经济的发展。通过调查发现，江苏省内部的工业企业存在严重的"同构同质"现象，不仅加剧了"恶性竞争"的出现，而且阻碍了区域一体化机制的形成，除此之外，这对于江苏省的产业升级来说也会产生负面影响，尤其是在产业内部结构的调整方面会造成极大的阻碍。现阶段，江苏省乃至整个长三角地区在这样发展战略的影响下已经显现出一定的问题，但是"恶性循环"的局面已经形成，想要一时间改变是不可能的，因而造成它们的发展依旧依赖这样的发展战略。在这样的局势下，江苏省不仅要稳定经济发展的脚步，更重要的是要大力关注国内市场的开发，并且还要积极进行技术创新，从而为立足本地市场谋求经济发展奠定坚实的基础。

（四）产业结构高级化进程缓慢

产业结构高级化是产业升级中的一个重要环节，而实现这一目的需要得到技术的支持，从而达到产业附加值的提升、产业组织更加合理等目标。江苏省在产业升级中，首先需要解决的问题就是产业结构的调整，但是从目前状况看，想要达到良好的调整效果还有很长的路要走。

首先，传统制造业在转型升级时面临着极大的困境。江苏省的制造业是工业领域的主导行业，但从行业水平来看仍旧停留在较低层次，比如很多制造企业只是从事初等的加工与组装，而对于制造的核心技术却是"知之甚少"。通过调查发现，江苏省有超过七成的制造企业从事最终产品的生产，其中还包括大量的"贴牌加工"，而从事产品设计的企业只占到了不到两成，剩下的具有自主品牌、进行自主技术开发的企业更是少之又少。最终产品的生产处于产业链的低端环节，不仅不能产生可观的附加值，而且除去所消耗的人力与物力资源其收益空间会被进一步压缩，而随着资源价格的日益上涨，这样的加工制造企业会面临着更大的发展困境。江苏省的产业升级之路不会平坦，而想要优化各个产业的内部结构，需要从技术创新做起，通过增加产业链顶端企业来降低产品成本与合理规划产业链的各个环节，进而为产业结构的高级化提供有效保障。

　　其次，高新技术产业发展水平仍待提高。第一，高新技术产业的发展是以"技术"为核心，技术的进步会带动企业的发展，从而实现经济的持续增长。从国际水平来看，发达国家高新技术产业对经济增长的贡献率普遍在60%左右，而在进入21世纪后，这一数值达到了70%—80%，但是与发达国家相比，江苏省地区的高新技术产业的贡献率却差得很多，主要原因在于高新技术产业在类型上较为单一，而且在发展水平上也处于较低层次。据统计，江苏省在2010年高新技术产业所创造的产值仅为总产值的12%，而且从高新技术产业的类型来看主要集中于电子计算机、办公设备、电子通信等行业，而一些在发达国家占据主导的行业如医药生产、医疗设备制造、航天航空器制造等的发展却极为滞后，并且有很多先进的技术仍旧是空白。想要改变这样的格局，需要从技术引进与创新入手来加快高新技术产业的发展力度，并且要对产业结构进行有效调整，进而使高新技术产业的经济贡献率得到提升。第二，江苏省的高新技术产业处于全球价值链利润低端。目前，江苏省的很多高新技术企业是外资控股，在技术层面并没有自主权，这也导致了这些企业只能从中获取最低的利益分成，另外，造成这种状况的原因还与自主研发投入力度的不足有关，很多高新技术企业只是"听从指挥"，对自主开发技术没有给予足够的重视。据调查，江苏省高新技术企业中的外商投资占到了64.17%，对高新技术产业发展形成了绝对的控制，而从江苏省在自主创新方面的投入来看，其科学研究与试验发展（R&D）强度仅为0.87，不仅与国内一些地区如北京、广东等有着较大差距，与国外发达国家的差距更加明显。这种过度依赖外部投资的发展模式并不仅限于江苏地区，几乎整个长三角地区都是如此，虽然能够在高新技术产业的初级发展阶段获得一定的发展成果，但是因为不能形成关键技术的自我主导，进而形成了受控于跨国公司、外资企业的发展格局。在这样的格局下，江苏省进行高新技术产业升级以及自主创新的难度进一步提升，想要彻底转变需要多方面的通力合作，并且还要做好应对多种困难的准备。第三，高新技术产业缺乏区域联动与合作。从江苏省目前的高新技术产业格局来看，苏北、苏中、苏南具有各自的发展体系，但从产业类型来看存在极大的"相似性"，主要集中于电子信息、医药产业、精细化工等领域，并没有形成具有自身特色的高新技术产业。在国外发达国家中，高新技术产业类型几乎涉及了每个层面，而江苏省的高新技术产业类型比较集中，缺乏合理有效的产业分工与产业特色，极大地阻碍了产业结构群的良好发展。从高新技术产业的发展特征来分析，单一的企业很难支撑发展过程的正常进行，而是需要集合多个企业来共同完成，并且参与的企业越多，越能够促进信息的高效流动，而且也能通过愈加精细的分工来保证高新技术产业的高效运行。

（五）自主创新能力较弱

江苏省的经济发展、科技水平、文化建设等处于全国前列，这与本地良好的文化氛围和扎实的工业基础是分不开的，因此在改革开放后，江苏省被国家定为主要的发展区域，很多新型改革内容都会率先在江苏省试行。在国家提出建设"长三角区域创新体系"后，江苏省无论从经济还是技术方面都进行了创新，成为长三角地区重要的创新区域。但是由于多种因素的影响，江苏省的创新体系建设仍旧不够完善，不仅影响到了企业进行自主创新时的地位确定，而且在教育模式的更新上也落后于国际先进水平，更重要的是区域进行联动时缺乏有效指导，这对于科技服务市场的建立以及自主创新人才的培养都造成了极大的负面影响。造成这种情况的原因有很多，主要包括以下五个方面。

第一，政府的引领推动作用不足。江苏省政府在鼓励自主创新、提升自主创新能力方面存在"越位"与"缺位"两种情况。造成"越位"的主要原因是地方保护主义的存在，比如江苏省各个区域在制定科技政策时只是从自身出发，并且会对区域之间的企业联动与合作进行干预，阻碍了企业联动与科技资源的共享，甚至有时会因为科技资源不符合某些规定而"拒之门外"，造成了本地区科技发展的损失；造成"缺位"的原因主要是科技政策的不够完备，虽然在科技创新大环境的促进下政府开始加大对科学研究的重视程度，但是却由于科技政策的不完备造成科技创新进程不能顺利进行，尤其是对于一些具有激励性的政策来说，如果激励层次过低也会影响科研人员的创新积极性。国家每年都会投入大量的科研经费来支持科技创新，但是由于相关政策与监督体系的不到位，导致这些科研经费没有完全投入科学研究中，而是浪费在一些不必要的环节上。另外，当前的知识产权保护立法仍旧处于探索阶段，不能对科技创新后的收益进行保障，因此很多企业在创新层面缺乏主动性。

第二，区域科技资源缺乏联动。江苏省的科技资源存在分布不均的情况，再加上区域之间协调联动比较缺乏，对一些企业的创新发展造成了制约，从而使生产出的产品因竞争力弱而难以占领市场，同时，由于企业与科研机构缺乏联动，很多科研成果不能得到有效利用，从而使科研机构的研发动力受到了极大影响。江苏省地区的创新发展理念较为滞后，仍旧停留在"闭门造车"以及"单干"层面，而对于如何整合人才资源、实现优势互补没有深入研究。从江苏省的整体情况来看，无论是教育发展水平还是科技底蕴都处于较高层次，但是如果不能将这些资源进行有效整合，就会阻碍创新发展的脚步，同时，创新信息的流通不畅也会造成同一个研究项目的重复进行，进而出现资源浪费的情况。

第三，企业自主创新主体地位的缺失。在江苏省规模以上的企业中，虽然产品的生产数量达到了较高标准，但是在技术创新方面却严重不足，甚至有很多企业依赖其他公司的技术在发展。事实证明，拥有技术的自主权，才能在发展中把握自身命运，如果只是依赖他人，发展之路并不会长久。江苏省的大部分企业只是从事组装和加工，虽然能够获取一定的收益，但是如果不进行转型，很容易在日益激烈的市场竞争中遭到淘汰，另外，有一些企业进行技术研发时只是停留在满足当前生产的需求上，并没有对核心技术进行深度研究，这样的企业最终也会沦为"生产中心"。在技术创新中，普遍存在创新成果与社会发展不匹配或者只是满足当前需求的情况，这样的现象有时也是为了解决经营中出现的问题，但是如果投入过多，则会影响企业的创新发展以及长远利益的获取。除此之外，技术创新并不仅仅是依靠投资来实现的，还需要得到管理体系的支持，其中包括资金管理、人才管理、产权管理等多个方面，但是在实际情况中，很多企业在产权管理方面较为模糊，造成资金与财务的分配出现不合理的状况，进而影响到了技术创新中的资金投入。很多企业家的管理修养较为欠缺，在企业管理中只注重利益获取而忽视整体管理，以至于在需要技术创新时，不能进行有效的组织，从而延误了技术创新的最佳时机。在技术创新中，需要营造良好的创新氛围来进行支持，而这样的氛围需要得到良好的延续，因为技术创新的过程需要科研人员具有敢于探索、不怕艰苦、勇于拼搏的精神，如果创新氛围不足，会对科研人员产生一定的负面影响，进而影响技术创新的达成周期与最终质量。从目前情况看，江苏省绝大部分高新企业规模较小，在业务发展上也不固定，尤其是很多企业只是将发展目标放在眼前利益的获取上，并没有对企业的长期发展做出合理的规划，进而会影响到创新氛围的营造以及科研人员的培养与吸纳。科研人员是技术创新中的重要参与者，如果没有合理的自主创新激励机制，会影响科研人员的创新积极性与主动性，而在江苏省的很多企业中，主要采用的激励方式为货币奖励，而股权激励、提供深造机会等方式很少被采用。技术创新、科研创新需要充足的资金支持，而对于企业来说，想要进行自主创新更是需要构建具有实效性的融资体系。我国出台了多项技术创新政策，并且鼓励企业进行自主创新，但是这些政策主要集中于突出企业自主创新的主体性，对于建设相关的融资体系没有过多的关注，尤其是对于民营企业来说，更是缺乏政策上的支持。通过对江苏省民营企业的调查得知，资金问题是影响技术研发的重要障碍之一，同时也是科技成果转化的主导因素，而且在实际情况中并没有良好的解决之策，尤其在融资时由于缺少相应的保障而造成融资失败。

第四，科技成果转化率低，产学研合作有待加强。科技成果转化率是衡量一个国家和地区科技与经济发展水平的重要指标，据统计，我国的科技成果转化率平均为15%，明显低于国外发达国家，而造成这种情况的原因主要是产学研合作尚未形成体系，不仅造成科研成果与市场需求的脱节，而且由于科研信息的流通不畅而导致很多科研成果得不到及时转化。具体到江苏省地区，造成江苏省科技成果转化率低、产学研合作缺乏的原因如下：首先，中小企业资源不足，参与产学研合作的积极性不高。中小企业是经济发展中的重要组成部分，但是由于它们的经济实力较为孱弱，造成抗风险能力不强，再加上很多中小企业处于发展的初级阶段，因此很少参与到产学研过程中。其实，中小企业想要发展壮大，仅仅局限在某一区间内是不行的，还需要通过创新来谋求更大的发展空间，但是目前的很多政策对中小企业的创新发展造成了影响，阻碍了它们开展创新活动的进程。其次，高校和科研机构选题盲目，科技成果评价机制不够完善。我国的科研模式中包括三个环节，分别是"国家计划立项""政府财政拨款""高校和科研机构申请"，由于在这三个环节中没有企业的参与，使科研活动变得更像"闭门造车"，所获得科研成果很难与市场需求相匹配。在科技成果的评价机制中，通常是以科研人员发表的论文或者获得奖项为考核内容，而没有从市场需求与实际应用方面来进行评判，进而造成科技成果与市场、社会存在差距，这样不仅会对科技成果的转化过程产生负面影响，而且也会出现科研资源的浪费情况。另外，影响科技成果评价机制合理运行的原因还包括评价人才的缺乏，现有的评价人员偏向于通过行政途径进行评价，而不能从市场发展的角度做出更加合理的判断。最后，风险共担机制不完整，高校、科研院所和企业之间存在利益矛盾。科技成果的转化是一个极为复杂的过程，有的科技成果虽然从理论上具有提升生产力的作用，但是想要实现产业化却也面临着极大的风险，有时可能会因为某一个环节出现问题而使前面的努力化为泡影。从这一层面看，科技成果转化是一个机遇与风险共存的过程，如果企业没有实力承担风险，就会阻碍它做出引进科技成果的决策，因此需要建立合理的风险共担机制来减轻企业的压力。但是在实际情况中，由于我国风险共担机制尚没有完善，导致高校、科研院所和企业之间存在利益矛盾，各方都希望承担最小的风险而获取最大的利润，这样就会使科技成果的转化过程变得异常艰难。

第五，自主创新人才不足。在企业的发展中，实践型人才发挥着重要作用，但是随着企业的发展壮大，更多的先进技术得到了引进，原先的实践型人才由于文化素养与理论知识的不足，会在掌握和利用先进技术方面存在一定的缺陷，尤其是涉及技术创新时更会显得"捉襟见肘"。因此企业需要积极培养和引进创新型人才，但是从目前情况看，由于我国教育体制的影响，创新型人才的培养质量不能完全满足企业需求，从而阻碍了企业进行自主创新的进程。随着人才竞争的日益激烈，创新型人才的培养成为各个国家关注的重点，但是我国落后的教育体制以及评价机制影响了创新型人才的培养。据统计，在 2007 年，我国每万人中的科研人员数量还不到日本的五分之一，而科研开发科学家和工程师更是"稀有之物"。江苏省为了改变这样的局面出台了很多相关政策，但从结果来看并没有达到预期效果，比如在对江苏省民营企业的调查中，有超过三成的企业认为科研人员的不足导致了技术研发的落后，由此可见人才的匮乏已经成为阻碍企业自主创新的主要障碍之一。

（六）"行政区经济"的阻碍

"行政区经济"指的是带有行政性特征的封闭性经济发展模式，这种模式在多个地方都存在过，通常被作为一种过渡性方式来确保本地经济的发展。"行政区经济"具有明显的时代特征，当我国的政治、经济体制得到改革后，这一发展模式会逐渐退出历史舞台，但是从目前的情况来看，无论是政治体制改革还是经济体制改革都还处于转型之中，进而造成"行政区经济"依然在发挥着作用，严重阻碍了区域经济一体化的实现。具体到江苏省地区，"行政区经济"所造成的影响主要体现在以下三个方面。

第一，行政壁垒的存在导致"地方保护主义"盛行，进而造成市场被分割，严重影响了市场要素的良性流动。江苏省已经将发展区域一体化经济作为重要的发展目标，但是在实际情况中，不同区域之间仍然存在体制分割、行政关系混乱不清的情况，有的地方政府为了追求本地经济利益的最大化，罔顾区域之间的联动，恶意制造行政壁垒，严重违背了市场发展规律。比如，有的地区为了吸引外资投入，不惜采用恶性竞争的方式对其他区域进行打压；有的地区采用行政手段限制市场资源进入其他区域，并同时也禁止其他区域的商品进入本地市场；有的地区在引进投资上采用双重标准，对邻近区域的投资企业在征税上标准更高，而对于外省的投资企业则有所优惠；有的地区对其他区域所做出的质量认证不认可，当产品进入本地时还要进行第二次检验，进而阻碍了产品的流通进程；有的地方政府在处理经济纠纷案件时，罔顾公平而偏袒本地企业，造成市场竞争的不公平与不合理。以上这些行为都是严重的"地方保护主义"，虽然一时间获得了利益，但从长远来看却严重干扰了市场的正常竞争与运行，对于本地的经济发展有百弊而无一利。

第二，基础设施建设缺乏统一规划和协调。在江苏省以及整个长三角地区，港口与机场是最为重要的商品集散地，对经济发展有着重要的影响，比如上海港、宁波港、连云港、太仓港等都是各个地区的重点发展区域。在地理位置上，这些港口互为近邻，因此相互之间必然存在着一定的竞争关系，但如果竞争过度或者互为"诋毁"，势必会影响整个长江三角洲的经济发展，所以必须从整体上进行合理的规划和协调。在长三角地区，主要的货运与载客机场都位于上海，而其他地区的机场显得较为"冷清"，而想要使各个地区都能拥有枢纽机场，同样需要从整体上做出规划。江苏省的产业转型升级中，必然离不开港口与机场的建设，但如果只是从自身利益出发，容易造成各个地区的恶性竞争，因此江苏省需要站在更高的层面来进行考量，但想要与其他地区形成良性合作并不容易。

第三，区域环境整治进展缓慢。长三角地区的河流众多，并且在分布情况上呈现跨区域特征，而从河流的整体情况来看，污染问题已经十分明显，但是在治理时却因为没有形成有效的协调机制而难以正常展开。以太湖流域为例，由于存在多头治理的问题，导致太湖的水质在经过长时间的治理后还没有得到有效改善，进而对人们的生活造成了极大的负面影响。江苏省的产业升级之路中，必然会面临太湖流域的污染治理问题，如果不能得到良好的处理，则会严重阻碍产业升级进程。"行政区经济"的发展模式不仅造成了江苏省内部区域之间的矛盾，而且也使长三角地区难以形成区域协调机制，进而出现了资源浪费、生产效率低下等弊端。但是想要完全消除"行政区经济"的影响，需要经过漫长的发展与调和过程，因此，这一因素仍然会在很长时间影响江苏省的转型升级。

第五章

江苏经济国际化与开放型经济的发展

第一节　江苏经济国际化进程与开放型经济

　　江苏省地处我国长三角地带，主要以平原为主，平原的总面积占到了全省总面积的七成左右，并且在江苏省境内水道纵横、水网密布，水域面积占到了总面积的 17% 左右。整个江苏省总面积为 10.26 万平方公里，是全国总面积的 1.1%，在中国所有省份中，是面积较小的省份之一。当前，江苏省内有 13 个省辖市，包括了连云港、盐城、淮安、宿迁、徐州、南京、无锡、常州、扬州、泰州、南通、镇江以及苏州。近些年来，江苏省积极响应国家对外开放政策，充分发挥自身优势，不断开辟新的发展道路，成为全国经济国际化和开放型经济发展最好的省份之一。从目前来看，开放型经济已经成为江苏省实现经济快速增长的重要支撑之一。

一、江苏省经济国际化发展之路

　　事实上，江苏省的经济国际化发展和开放型经济发展是同时进行的，正是因为江苏省开始实行经济国际化战略，才促使其本身逐渐形成了开放型经济并且经过几十年的发展之后，最终取得了巨大的成就，使江苏省经济发展水平提升至全国前列。江苏省的经济国际化主要是在经济全球化发展的形势下，紧紧抓住我国实行对外开放发展战略，并以自身的经济发展情况和特点以及自身资源方面的优势来实施经济国际化发展战略。从江苏省经济国际化发展历史来看，其主要分为以下三个阶段。

（一）战略启动阶段

20 世纪 80 年代中期，江苏省在我国对外开放发展背景下，启动了外向型经济发展战略。在启动初期，江苏省主要是以其本土的乡镇企业作为自身经济国际化的先行者和主导者。在当时，世界经济的发展正进入经济全球化发展的关键阶段，我国也开始实行对外开放。当时，江苏省的经济发展由于紧紧抓住了乡镇企业发展的优势，因此在后来的发展过程中，江苏省以乡镇企业发展的优势为基础，开始大力发展开放型经济，从此走上了自身经济国际化发展的道路。比如，在当时，江苏省以集体性企业为起步的基础，经过短时间的发展迅速在苏南地区形成了苏南发展模式，而后该模式成为江苏省所有地区的工业化发展的一种区域范式，此后该范式又成了江苏省开放型经济发展的基础和指导，最终取得不错的发展成效。其中，江苏省的乡镇企业在发展过程中，充分发挥自身相较于其他企业的优势，在短短几年时间内积累了包括以市场变化和发展为导向的集体工业发展、以规模经济发展为基础的企业发展以及以外向型经济为基础的乡镇企业等大量的发展成功经验，并在这之后推动江苏省开启了农业发展向工业化发展和外向化转变的发展道路。这一成就在全国对外开放的过程中有着里程碑式的重大意义。

（二）战略实施阶段

在该阶段，江苏省开始具体实施经济国际化发展战略，此时江苏省的开放型经济发展得到了全方位发展和进步。从当时的实际情况可以看出，江苏省经济国际化发展战略的实施主要是从苏南地区开始，在苏南地区建立了经济技术开发区，以此为基础进行了范围更广的招商引资、进出口贸易的大进大出以及发展了对外承包和技术方面的深入合作。此时的江苏省多管齐下，以自身优势为基础，全面参与到国际市场竞争之中，使自身进入经济国际化发展的道路，促使江苏省形成了新苏南模式，具体为：从外向型经济发展战略带动发展转变为全面经济国际化发展战略。新苏南模式的形成对于江苏省来说是在经济全球化形势下自身开放型经济发展的一次重大转折以及转型升级，自此，江苏省的经济国际化发展也从原来的贸易导向转变为资本导向，整体经济国际化发展的步伐得到进一步加快。

（三）战略深化完善阶段

在该阶段，江苏省基于本土经济发展实际，积极联合跨国公司，借助跨国公司的资金以及先进技术打造出了国际制造中心，促使自身的经济国际化发展战略实现升级。在 20 世纪末期，全世界的制造业由于经济发展形势的变化，面临着调整甚至是重组。此时，美国、日本、英国、德国等发达国家的制造业正在巩固自身高新技术产业的垄断地位，同时这些国家还在不断降低自身的生产成本和提升自身的市场竞争力，因此这些国家在全世界范围内进行了制造产业方面资源的重新配置，而此时，我国成为它们进行制造业大规模转移的最好选择。对于江苏省来说，其本身地处长三角地区，有着十分明显的地域优势，同时有着较好的制造业基础和丰富的人力资源，相对于其他省份来说具有承接国际制造产业转移的条件。因此，江苏省牢牢抓住了这一次发展机遇，积极接受了国际市场的产业转移，将自身经济国际化发展的目标定位为建设现代化制造业发展基地，发展现代化制造业，并以此来推进自身经济国际化的全面优化和升级。

总的来说，江苏省通过经济国际化的发展道路，不仅促进了自身开放型经济的发展，还在此基础上形成了以发展现代化国际制造业为发展目标，以信息化、城市化、工业化以及国际化为基础的新格局。

二、江苏省开放型经济发展历程

回顾江苏省开放型经济的发展历程，其大致可以分为四个阶段。

（一）起步阶段

江苏省开放型经济发展的起步阶段开始于 20 世纪 80 年代，1984 年，江苏省的连云港和南通建立了经济技术开发区，早于 1990 的上海浦东开发区。

在我国实行改革开放之后，全国对外开放的序幕拉开，国家以部分沿海城市为试验区逐渐向全国进行辐射。1984 年，连云港和南通成为中央所决定开放的 14 个城市之中的两个，连云港和南通都建立了相应的经济技术开发区，自此，江苏省的经济国际化和开放型经济发展迈出了第一步。随后在 1985 年，苏州市、无锡市以及常州市所辖的 12 个县被划为了长三角地区经济发展开放区的组成部分。同年，昆山市自己进行了开发区的建设。随后，扬州、镇江、徐州以及盐城等城市逐渐对外开放，此时江苏省处于开发区内的城市和乡镇经济得到了快速发展的机会，尤其是乡镇企业发展十分迅速。随后，江苏省政府批准 1 200 余个乡镇都对外开放，建设开放型经济发展的重点卫星镇，最终形成了开放城市—经济开放区—经济技术开发区—自费开发地区的多样式、多层次的开放格局。在这一发展阶段，江苏省的开放型经济主要呈现出了从点到面发展的特点，并且其发展的方向主要在于拓展广度。

（二）快速发展阶段

该阶段主要是从 1990 年上海浦东地区开发为开始到 2001 年我国加入世界贸易组织为结束。1990 年，我国中央政府决定对上海浦东地区进行开放，以此来带动长江三角洲其他地区的经济发展和进步。此时江苏省紧紧抓住了这一次开放的大好时机，充分发挥了自身和上海毗邻的优势，积极呼应上海浦东地区的对外开放发展，江苏省政府提出了"支持主动服务，促进共同发展"的发展战略。1992 年，邓小平发表了重要讲话，在这之后，江苏省的开放型经济得到了进一步的发展，逐步建立起无锡、常州以及苏州等城市的高新技术开发区以及各种港口开发区，同时一批升级的国家级的开发区逐渐建立起来。在 1990 年到 2001 年这十年的时间内，江苏省进出口贸易发展十分迅速，在 1990 年为 39 亿美元，到 2000 年上升到了 456 亿美元，居于全国第二，仅次于广东省。

（三）深化发展阶段

该阶段主要是从 2001 年到 2007 年。在该阶段，我国加入了世界贸易组织，因此从 2001 年开始，我国的开放型经济发展全面进入在世界贸易组织规范下履行自身入世承诺的发展时期。因此在该阶段我国的对外贸易政策基本保持稳定，只是将其中一些不符合世贸组织规范的相关政策进行了一定程度的修改。在加入世界贸易组织之后，我国的对外贸易政策主要是集中在对外贸易体制的改革调整方面，以此来履行自己的入世承诺。另外，在该时期，我国为了能够适应世贸组织的规则，开始了针对对外贸易体制的全面改革，从局部开放转向了全面性质的体制开放。我国加入世贸组织，对外贸易受到世贸组织规则的限制，同时也受到其他成员国的监督，因此，这一时期我国的对外贸易十分稳定。在我国加入世贸组织之后，江苏省紧紧抓住了这一次发展机会，积极参与到国际经济的合作和竞争之中，加快了自身经济国际化进程。在此期间，江苏省利用自身的地理位置优势和资源优势，大力引入外商直接投资，很多世界 500 强企业纷纷进入江苏省。在外资的支持下，江苏省在汽车、化工、机械以及电子信息等领域建立起一批高水准的外资项目，江苏省的招商与引资以及对外贸易得到了快速发展。相关数据显示，在我国加入世贸组织之后的第三年，江苏省的外商直接投资就突破了 160 亿美元大关，占到了全国的三成以上，并且超过广东省成为全国第一，并在之后的很长一段时间内都居于全国第一。从 2000 年开始，江苏省的对外贸易总额所占比例始终保持在 10% 以上。

（四）新时期发展探索阶段

该阶段是从 2007 年至今。在该阶段，世界经济发展由于受到金融风暴的影响，发生了巨大的变化，此时江苏省的开放型经济发展面临着新的发展机遇和挑战。这一阶段的主要特点就是在变化之中寻找变化，以此来寻找新的发展。但是，在江苏省开放型经济快速发展的过程中，一些问题也逐渐凸显出来。比如，由于长期以来江苏省对本土企业创新能力培养的忽视，江苏省的企业仅仅只是制造，而非创造；再比如，随着劳动力价格的不断上涨，各种资源的不断减少，江苏省原本的低成本优势逐渐消失，其自然环境不断恶化，自然灾害频发。这些影响都使得江苏省的开放型经济发展在 2009 年进入低谷。在这样的形势下，江苏省对自身开放型经济政策进行了大幅度的调整，并且由于国家在 2010 年实行了四万亿经济刺激计划，江苏省的开放型经济逐渐得到回升。但是因为此时国内环境和国际环境都发生了较大的变化，因此仅仅依靠外部需求和外部资金已经不能够支撑江苏省开放型经济的快速发展，这就促使江苏省开放型经济需要从数量型向质量型升级，以科技的力量为支撑来推动自身经济的发展。

第二节　江苏开放型经济在全国的地位及其发展特色

江苏省作为我国对外开放发展较早的省份，其开放型经济的发展在全国一直处于领先地位，对整个中国的开放型经济发展有着一定的领导作用或者引领作用，这一点从当前江苏省开放型经济的发展水平可以得到验证。

一、江苏省开放型经济的发展水平

（一）江苏省经济概况

江苏省的综合经济实力在全国排名靠前，已经连续多年始终保持两位数以上的增长水平，和全国其他省份相比较，江苏省已经率先实现了小康水平，人们的生活水平得到了明显的提升。早在2010年，江苏省的生产总值就已经超过了4万亿元，占到了全国生产总值的十分之一以上，人均生产总值为5万余元，高出全国平均水平近25 000元。同时，江苏省的第二产业和第三产业发展较为均衡，产业结构合理。

（二）江苏省的对外贸易发展水平

江苏省经过多年开放型经济的发展和积累，对外贸易发展十分迅速，特别是在我国加入世贸组织之后，江苏省的对外贸易更是进入一个高速发展的新阶段。从2000年到2010年这十年间，江苏省的净出口总额共翻了十倍以上，多年来一直处于全国第二的位置。从目前来看，江苏省的对外贸易总额已经达到了13278亿元，占到同期全国总额的14%。从这里能够看出，当前江苏省的开放型经济发展水平已经达到了一个较高的水平。

（三）外商直接投资水平

不断引进外资来促进经济发展一直以来都是江苏省经济发展的重要措施之一，是江苏省开放型经济发展的重要组成部分。进入新时期以来，在全国经济增速放缓的形势下，江苏省的外商直接投资虽然增速有所放缓，但是从整体上来看还是处于缓慢上升的状态。长期以来，江苏省的外商直接投资水平一直居于全国第二，仅次于广东省，对全国其他地区开放型经济的发展有着一定的辐射和引导作用。

总的来说，江苏省的开放型经济发展在全国来说处于领先地位，也是我国开放型经济发展的重要支撑，如果江苏省开放型经济发展停滞不前将会对全国经济的发展产生巨大的影响。另外，江苏省开放型经济的发展过程对于全国其他地区来说是宝贵的发展经验，其他省份可以充分借鉴江苏省开放型经济的发展经验，找到适合自身开放型经济发展的道路，从而促进自身经济的发展，进而为全国经济的发展添砖加瓦。

二、江苏省开放型经济的发展特色

江苏省作为较早发展开放型经济的省份，相较于全国其他省份来说，开放程度较高，是长三角地区经济发展的重要支撑，同时也对其他地区的开放型经济发展有一定的带动作用，因此江苏省的开放型经济具有以下特色。

（一）经济基础扎实

经过对外开放发展几十年的积累，江苏省的经济已经有了巨大的飞跃，同时社会发展也取得了十分显著的成绩。在基础建设方面，江苏省的经济建设已经十分完善，具有全国领先地位。从 1992 年以来发展至今，全省的生产总值一直保持两位数以上的增长。近些年来，江苏省不断发展开放型经济，积极迎接国际上的产业转移，并积极参与到国际市场的合作和竞争之中。当前江苏省已经成为世界级的加工中心，并且江苏省对于经济技术开发区的建设在全国排名靠前，为全国开放型经济的发展提供了重要的发展力量。

（二）规模开放较大

在江苏省的经济发展中，开放型经济在其中占有较大的比重，并且开放型经济对于江苏省经济有着支撑作用，影响范围广泛，影响力极大，是江苏省经济发展的重要引擎。从 2003 年至今，江苏省对于外资的实际利用率一直保持为全国第一，对外贸易总额一直保持在全国第二。

(三) 技术效益较高

江苏省在长达几十年的开放型经济发展过程中逐渐认识到了自主创新对于自身经济发展的重要意义，因此，在江苏省开放型经济发展过程中，其十分重视本土企业的自主创新，注重提升企业的创新能力，并且率先提出要发展创新型经济。近些年来，江苏省积极进行了新兴技术产业的培育，创造出更多的创新优势，使得江苏省在高新技术产业方面所占的比值较高。同时，江苏省的外贸技术贡献程度高于大部分开放程度较高的沿海城市，并且近些年来还在不断实施创新促进，实施创新开放战略，大大提升了江苏省开放型经济的发展。

(四) 能源使用效率不断提升

近年来，江苏省随着开放型经济的发展，对能源的使用量逐年上升，但是其产出消耗量在逐年下降，比如从 2004 年到 2010 年期间，产出消耗量下降了近三分之一，这就意味着江苏省对于能源的使用效率得到了明显提升。而初级产品方面效益度的提升说明了江苏省对于资源的进口远远超过了出口，这样有利于对国内资源进行保护。

三、江苏省开放型经济在全国的地位

江苏省在实行经济国际化发展战略和发展开放型经济之后，自身经济发展不断实现突破，在全国开放型经济中的地位不断上升，对于国家的贡献不断提升，在 20 世纪 90 年代初期从原本的第二方阵进入第一方阵。以全国和江苏省从 1990 年至 2003 年的数据为例，可以看出江苏省开放型经济在全国开放型经济发展中的地位：在 1990 年，全国进出口总额为 1 154.4 亿美元，江苏省进出口总额为 41.39 亿美元，占全国进出口总额的 3.59%，其中全国出口总额为 620.9 亿美元，江苏省为 29.44 亿美元，所占比重为 4.74%。在 1995 年，全国进出口总额为 2 808.6 亿美元，江苏省进出口总额为 162.78 亿美元，占全国进出口总额的 5.80%，其中全国出口总额为 1 487.8 亿美元，江苏省为 97.82 亿美元，所占比重为 6.57%。在 1998 年，全国进出口总额为 3 239.5 亿美元，江苏省进出口总额为 264.26 亿美元，占全国进出口总额的

8.16%，其中全国出口总额为 1 837.1 亿美元，江苏省为 156.51 亿美元，所占比重为 8.52%。在 2000 年，全国进出口总额为 4 742.9 亿美元，江苏省进出口总额为 456.39 亿美元，占全国进出口总额的 9.62%，其中全国出口总额为 2492 亿美元，江苏省为 257.7 亿美元，所占比重为 10.34%。在 2001 年，全国进出口总额为 5 096.5 亿美元，江苏省进出口总额为 456.38 亿美元，占全国进出口总额的 10.08%，其中全国出口总额为 2 661 亿美元，江苏省为 288.78 亿美元，所占比重为 10.85%。在 2002 年，全国进出口总额为 6 207.7 亿美元，江苏省进出口总额为 703.05 亿美元，占全国进出口总额的 11.33%，其中，全国出口总额为 3 256 亿美元，江苏省为 384.8 亿美元，所占比重为 11.82%。在 2003 年，全国进出口总额为 8 512 亿美元，江苏省进出口总额为 1136.7 亿美元，占全国进出口总额的 13.35%，其中全国出口总额为 4 384 亿美元，江苏省为 591.4 亿美元，所占比重为 13.49%。从这七年的数据可以看出，全国进出口总额的年增长率为 16.61%，而江苏省的年增长率为 29.02%；在出口总额方面，全国年增长率为 16.22%，江苏省为 25.96%。从这些数据能够得出，江苏省进出口总额和出口总额所占比重连年上涨，这说明江苏省相较全国其他一些省份来说，发展较快，这也显示了江苏省在对外贸易方面有着极强的竞争力和发展潜力。

在 2012 年，我国进入经济放缓期，但是截至 2018 年，全国进出口总额达到了 30 万亿元以上，江苏省进出口总额达到了 4 万亿元以上。从这些数据可以看出，虽然我国的经济机制到了发展放缓期，但是整体还是处于上升趋势，江苏省也是如此，这说明江苏省开放型经济发展依然处于全国领先地位，这一点从江苏省对外资利用率也能够看出。在 1990 年，江苏省的协议外资金额为 3.62 亿美元，外商实际投资金额为 4.39 亿美元，新批的外商投资企业有 490 家，全国对外商直接投资的实际利用总额为 102.89 亿美元，江苏省的实际利用总额占全国的比重为 4.26%。在 1995 年，江苏省的协议外资金额为 129.7 亿美元，外商实际投资金额为 47.81 亿美元，新批的外商投资企业有 4056 家，全国对外商直接投资的实际利用总额为 377 亿美元，江苏省的实际利用总额占全国的比重为 12.68%。在 1998 年，江苏省的协议外资金额为 75.68 亿美元,外商实际投资金额为 66.52 亿美元,新批的外商投资企业有 1843 家,全国对外商直接投资的实际利用总额为 456 亿美元,江苏省的实际利用总额占全国的比重为 14.59%。在 2000 年,江苏省的协议外资金额为 106.11 亿美元,外商实际投资金额为 64.24 亿美元,新批的外商投资企业有 2648 家,全国对外商直接投资的实际利用总额为 407 亿美元,江苏省的实际利用总额占全国的比重为 15.78%。在 2001 年,江苏省的协议外资金额为 150.95 亿美元,外商实际投资金额为 71.22 亿美元,新批的外商投资企业有 3581 家,全国对外商直接投资的实际利用总额为 468 亿美元,江苏省的实际利用总额占全国的比重为 15.22%。在 2002 年,江苏省的协议外资金额为 196.73 亿美元,外商实际投资金额为 103.66 亿美元,新批的外商投资企业有 5801 家,全国对外商直接投资的实际利用总额为 527 亿美元,江苏省的实际利用总额占全国的比重为 19.67%。在 2003 年,江苏省的协议外资金额为 308.1 亿美元,外商实际投资金额为 158 亿美元,新批的外商投资企业有 7301 家,全国对外商直接投资的实际利用总额为 535 亿美元,江苏省的实际利用总额占全国的比重为 29.53%。从这一组数据可以看出,江苏省对外资的实际利用在全国的比重连年上升,这说明江苏省的开放型经济发展形势大好,呈上升趋势。

从江苏省和其他省份比较来看,在 2018 年,江苏省对外贸易总额的绝对量为 1 136.7,占全国的比重为 13.35%,直接投资中实际金额的绝对量为 158,占全国的比重为 29.53%;上海市对外贸易总额的绝对量为 1 123.97,占全国的比重为 13.20%,直接投资中实际金额的绝对量为 58.5,占全国比重为 10.93%;浙江省对外贸易总额的绝对量为 614.2,占全国的比重为 7.22%,直接投资中实际金额的绝对量为 54.5,占全国的比重为 10.19%;山东省对外贸易总额的绝对量为 446.6,占全国的比重为 5.25%,直接投资中实际金额的绝对量为 70.9,占全国的比重为 13.25%;广东省对外贸易总额的绝对量为 2 836.46,占全国的比重为 33.32%,直接投资中实际金额的绝对量为 155.78,占全国的比重为 29.16%。从这些数据可以看出,江苏省对外贸易总额的绝对量以及所占比重在全国来说仅次于广东省,但是其在直接投资实际金额绝对量和所占比重方面居于全国第一。

广东省是我国开放最早的且优惠政策最好的开放省份。在其开放型经济发展的十年内,广东省借助本身靠近香港、澳门的优势,处处占领我国改革开放的先机,在短短十几年的时间里就从原本的贫困交加发展成为全国排名第一的经济大省。在 20 世纪 80 年代初期,江苏省的各项经济指标都在广东省之上,但是在五年之后,广东省借助改革开放对自身的便利,通过几年的发展就将江苏省远远甩在后面。而江苏省在后来的发展过程中,借助自身乡镇企业的创新发展和经济国际化的发展战略,通过在 20 世纪 90 年代初期大力引进外资,高效率利用外资,发挥自身优势,大步追赶广东省。从 1995 年开始,江苏省和广东省之间的差距不断缩小,并且此时在不断承接跨国公司大小项目以及发展高新技术产业的基础上,在 2003 年,江苏省在外资实际利用率方面超过了广东省,自此,江苏省在利用外资效率和质量方面逐渐和广东省拉开,显示自身发展的巨大潜力。

江苏省和浙江省经济发展路径不同。浙江省在区域经济国际化和对外开放方面有着自身的特点,其主要发展自身的民营企业,其民营企业的发展在全国处于领先地位。近些年来,浙江省凭借自身在民营企业发展活力旺盛以及机制便捷等方面的优势,经济发展不断跳上新的台阶。江苏省相较于浙江省来说,其在对外开放发展方面有着自身特点和优势。在发展过程中,江苏省的开放型经济由于受到经济国际化的影响和洗礼,特别是江苏省的经济和外资之间的连接以及对外资的高效利用,总体呈现出十分良好的发展势头,具体为规模较大、起点较高、产业结构新颖、技术含量高以及发展潜力大。从目前来看,江苏省在"一带一路"倡议引导下有着十分明显的优势,而浙江省则是在"走出去"方面有着更加明显的优势。浙江省和江苏省这两个经济大省有着自身发展的不同路径,具有各自的特色,并且两个省份都避免了产业发展的同质化以及不良竞争,因此江苏省和浙江省是我国经济发展成功的不同案例。

第三节　江苏深入实施经济国际化战略及其主要举措

近年来，江苏省为了能够深入贯彻十九大精神，快速形成以"一带一路"为引导的全面对外开放的新局面，对自身进行了深入的改革创新，实行了一系列的经济国际化措施。从目前来看，江苏省经过多年的经济国际化发展，已经进入新的发展阶段，并且当前我国已经开始推进"一带一路"建设，江苏省在这样的背景下实行了一系列的举措来促进自身开放型经济的发展。

一、以三大产业带为基础，建立了国际制造业基地

江苏开放型经济的发展优势主要在于制造产业，在江苏省开放型经济的发展过程中，制造业的发展优势十分明显。因此，对于江苏省来说，要想促进开放型经济的快速发展，就必须充分利用自身制造业的发展优势。事实上，江苏省也是这么做的。江苏省多年以来不断对制造业进行优化和调整，尤其是近些年来，江苏省加快了自身承接国际制造产业以及相关资本转移的发展步伐，逐渐形成以高新技术为主导的高新技术产业带，以基础工业为主导的沿江产业带以及以资源加工为主导的产业带。这三种产业已经成为江苏省经济发展的主要力量，成为江苏省建设现代化制造业基地的基础。在此基础上，江苏省近年来已经开始以沿江开放为开发中心，以三大产业带为基础，投入更多资金建设现代化国际制造业基地。但是需要注意的是，建设现代化的国际制造业基地，必须要以新型工业化发展为自身的发展方向，并且需要以自身的比较优势为基础，对产业结构进行战略性的调整，实现产业结构的转型和升级，提升自身的国际竞争能力以及技术创新能力。因此，江苏省在近年来以其为自身的发展目标，对教育领域、企业发展等方面进行了优化改革，旨在以人才为基础，以企业为载体来实现这一发展目标。

二、在创新之中实现了增长方式的优化

江苏省近些年来贯彻了科学发展观，转变了自身对外开放和发展开放型经济的思路，同时也更新自身的对外开放理念。首先，江苏省从原来的资本引进逐渐转变为技术以及人才管理经验的引进。在江苏省开放型经济前期发展时期，主要是对资本进行引进，但是近些年来，随着江苏省开放型经济的发展逐渐进入高速发展阶段，江苏省在加大引入资本的同时也十分重视对技术、人才以及管理经验的引入，并且在引入的过程中，江苏省也在不断对其进行消化和吸收，不断提升本土企业的科研能力和创新能力，加快形成自身的自主知识产权、形成自主品牌的脚步。另外，江苏省加强了对外商投资以及国外风险投资的重视程度，尤其是在苏南地区，江苏省政府注重抓好人才引进工作，并且以引进各种研发机构为自身外部引进的重点工作，加强了人才在国际市场上的交流合作以及科技的交流和突破，构筑了自己的人才高地。其次，江苏省在引资方面由原来的引资转变为了选资，在引进的过程中实现了"选优选强"。在最初的发展中，江苏省由于受各个方面因素的影响，对于外资项目不会进行选择，但是从目前的实际情况来看，江苏省对于外资项目会进行一定程度的考察，然后进行选择。比如，在发展初期，对一些高耗能、高污染的外资项目也会选择引入，旨在促进自身经济的快速发展。但是目前，江苏省在面对建材、造纸以及矿物冶炼等耗能高和污染高的行业项目会进行十分严格的管控，以此来减少对于资源的浪费和对环境的污染，重视建设节约型、环保型的招商引资，鼓励企业进行增资扩股，减少对土地的占用，实现自身开放型经济的可持续发展。最后，江苏省从规模化发展转变为质量化发展。近年来，江苏省在自身开放型经济发展到一定规模的基础上，加大对质量的重视程度。具体包括：进一步对外商投资结构进行了调整和优化，吸引更多的外部投资，实现了高新技术产业带、沿江基础产业带以及资源加工产业带的建设。同时，江苏省还积极引导和支持跨国公司在江苏进行投资建设龙头项目和高新技术项目，设立了各种研发中心以及投资性公司。除此之外，江苏省还积极促进本土的资本和国际资本进行联合，强化产

业的配套能力，对在江苏的投资产业链进行了延长，同时还对进口结构进行了优化调整，大力鼓励关键技术、高新设备以及资源的进口，以此吸引更多的跨国公司在江苏省设立生产基地、研发中心以及培训基地等。

三、在协调发展中培育了新的增长点

近年来，江苏省经济国际化发展十分迅速，并且制造业在其中的优势越来越凸显，但是服务业、农业等产业的发展较为落后，且苏北地区、苏中地区和苏南地区发展处于不均衡的状态，民营经济的国际化发展还处于初级阶段，不够发达。因此，近些年来，江苏省针对这些问题，因势利导，实行了一系列举措，开辟出了江苏省开放型经济发展新的增长点。

首先，江苏省加快了现代服务的开放和发展。服务业的开放和发展是整个社会以及经济发展的必然，对于江苏省开放型经济的发展来说也是重要的内容之一。这是因为，服务业相较于其他产业所需要的资源较少，比如土地等，并且通过服务业能够和外资进行嫁接，实现资源的节约。对于江苏省来说，其服务业的开放重点在于物流服务、咨询管理、市场研发以及信息处理等服务领域。因此，江苏省重点和香港进行了经贸合作，对自身的金融、科研、体育、电信、旅游、保险以及教育等领域扩大了外资利用。同时，江苏省还和无锡、南京、苏州等地区的工业园服务业进行了合作，充分发挥了外资优势。

其次，江苏省加快了对农业的开放程度。农业对任何地区来说都是重中之重，因此江苏省为了能够积极响应国家宏观调控的要求，充分利用苏北、苏中以及苏南地区的农业条件，对农业资源的配置进行优化和调整，促进了农业的资源优势向经济优势进行转变。同时还积极利用了外资来发展本土农业产品的龙头企业，建设了农产品的进出口基地。另外，江苏省还建设了外向型农业综合开发区以及海洋经济开发区等，扩大了农业产品的销售渠道，提升了农业对外资的利用效率，发挥了示范带头作用。

再次，江苏省加快了苏中和苏北地区的开放发展，有效地缓解了经济国际化和区域经济发展之间存在的冲突。就江苏省的实际情况来看，其区域经

济的发展和经济国际化之间存在着不平衡，主要表现在苏南地区有着较高的经济国际化水平，因此苏南地区的工业化程度以及城市化程度都更高，苏北地区和苏中地区，尤其是苏北地区相较于苏南地区来说较为落后，因此，江苏省近些年来在实行经济国际化过程中，通过苏南地区的产业转移，充分发挥了苏南地区在江苏省的经济发展带动作用，促使苏中和苏北地区的经济国际化加速发展。

最后，江苏省推动民营企业的国际化。在我国，民营经济发展最好的省份为浙江省，其民营经济的发展有着自身的特点。因此，近年来，江苏省充分借鉴了浙江省民营企业发展的经验，鼓励和支持本土民营企业能够和跨国企业进行合作，逐渐进入到跨国公司的生产和销售之中，以此来带动本地企业的发展，另外，江苏省政府还加大了对私营外贸企业的支持力度，加强了私营外贸企业的服务能力，培育出了很多有质量保证的私营企业出口大户。

四、在双向互动之中强化了自身的持续发展能力

在江苏省经济国际化过程中，其已经初步具备了对外进行投资的条件和能力，但是依然受到资源约束的影响。因此，近年来，江苏省为了能够解决这一问题，由原来的单向引入逐渐转变为引入和出去两方面的结合方式来促进自身开放型经济的发展，同时这也是缓解资源约束的重要途径之一，同时还是江苏省开放型经济发展重要内容之一。在此基础上，江苏省还充分发挥了自身的比较优势，实施了"走出去"发展战略，制定了关于"走出去"战略的一系列政策和配套措施，培养出了一大批具有国际竞争能力的企业，极大地促进了自身经济的发展。另外，江苏省还建立了几个投资贸易区和加工贸易区，建立了相对更加完善和有效的监督机制，加强了对各个海外企业的管理。

（一）大力发展境外的非贸易投资

江苏省以自身产业优势以及企业优势为基础，建立较为集中的投资区域，提升"走出去"战略的成效。同时，江苏省还重点支持和鼓励本土具有优势的纺织产业、五金产业、电子产业以及化工医药产业等进行发展，通过产业的转移实现了境外投资。江苏省还以一些具有品牌效应的产品以及企业为基础，通过合作、并购等方式展开了多样性的投资经营。另外，江苏省还大力鼓励企业通过对外合作逐渐进入到境外的销售网络之中，从而建立起自己的国际销售中心。鼓励优势企业要投资更多的发达国家或者地区，促使自身加速进入到国际市场竞争之中。

（二）全面增强了出口产品在国际上的竞争力

江苏省近些年来不断推进科技兴贸、市场多元化发展的战略，加强了对科技企业的支持力度，鼓励这些企业要通过高新技术对传统产业进行改造，强化传统产业以及相关企业的自主创新能力。同时大力培育了名牌出口商品和支持各种高新技术产品的对外出口。除此之外，江苏省还在不断巩固欧盟、美国、日本、韩国等国际市场的同时，进一步拓展了非洲地区、中东地区以及俄罗斯地区的市场空间。

（三）加快境外资源开发的脚步

江苏省近些年来，通过合作、合资或者并购的方式，对境外能源进行了更好的开发，包括非金属、金属以及木材、经济作物以及海洋渔业资源等，境外企业的数量有了大幅上涨。同时，江苏省还加强自身在境外对于资源的勘探，对境外基础的建设以及对技术人才的培养等，拓展了境外资源开发的渠道和途径，将自身周边国家以及发展中国家发展成为自身境外资源开发的重点区域。

五、迈向了经济国际化的更高层次

在经济国际化的过程中，贸易经济化是其中的初级阶段，生产国际化和投资国际化是中级阶段，而金融国际化才是经济国际化的最终阶段。贸易国际化的发展会带动该地区劳动生产以及投资方面的国际化发展，生产国际化和投资国际化又会促使金融国际化的出现和发展。因此，江苏省在自身贸易国际化发展的基础上，对自身的生产国际化以及投资国际化进行了大力发展。当前的江苏省正是处于经济国际化发展的中级阶段。近年来，江苏省采取了一系列措施，正向高级阶段迈进。另外，在资本的流入过程中，江苏省对自身的产业结构进行了调整和优化，并以此推动了国内企业的改革，比如强化自身透明度、完善治理结构和提升国际核心竞争力等。

第四节　江苏开放型经济发展中存在的问题

一、开放型经济增长速度有所下降

对于江苏省来说，其开放型经济的发展和全国经济以及世界经济的发展密切相关。我国从改革开放以来，经济增长的速度很快，并且年增长速度逐渐上升。但是近年来，由于国内经济和世界经济的影响，江苏省开放型经济发展增速有所下降。首先，从世界经济来看，2008 年金融危机爆发以来，全世界的经济发展受到了极大的冲击，长期以来一直处于恢复阶段，因此我国国内经济从 2008 年以来，除了在 2009 年到 2010 年期间，国内 GDP 的年增长率实现了上升，其余时间都在连续下降。其次，从国内经济来看，由于在 2012 年我国开始实行经济放缓政策，2012 年之后，我国国内的 GDP 年增长率已经从原来的两位数下降到了个位数，即 7.7%，这是我国进入 21 世纪以来 GDP 年增长率最低的一年。并且，从我国的绩效评估来看，除了 GDP 年增长率下降外，我国在外贸增长速度、外贸经济合作增长速度等方面都出现了十分明显的下降。江苏省对于世界经济和国内经济发展所带来的影响没有能够完全适应，没有制定出有效的应对方法，导致自身开放型经济的发展受到了阻碍。

二、外资和外贸对经济增长拉力不断下降

长期以来，江苏省经济增长的主要拉力来源——外贸和外资，从 2007 年以来不断下降，这样就造成了江苏省开放型经济的增长模式面临着发展困境。同时，近些年来，江苏省对外商直接投资的利用率虽然不断上升，但是从整体上来看利用率还比较低下。根据相关统计数据，20 世纪 90 年代中期

以来，外商直接投资的比重就在不断下降，从原来的11.5%下降到了1.2%。另外，由于江苏省吸引外商投资的形式不断减少，江苏省所获得的外商直接投资的效益较少，并且对于这些外商直接投资的利用主要集中在那些耗能高、投入高、污染高以及效益低的项目上。这些问题都使得江苏省开放型经济的发展遇到了阻碍，整体发展速度有所下降。

三、服务业贸易发展较为落后，国际竞争能力偏低

从整个世界经济的发展来看，当前世界经济的发展已经向服务业和服务贸易领域倾斜，竞争重点逐渐从原来的货物贸易竞争转向了服务贸易竞争。从前文内容可知，虽然江苏省近些年来采取了多种措施大力发展服务业，但是从整体上来看，服务业贸易的发展相较于发达国家还比较落后，没有很强的竞争力。当前，大部分发达国家的服务业已经占到了它们自身经济的六成以上，而江苏省的服务业相对发展比较落后，国际竞争力较弱，没有形成新的经济增长点，这是江苏省开放型经济发展中存在的主要问题之一。根据相关数据统计，2011年到2012年期间，我国的服务贸易进出口占世界服务贸易总量的4.4%，远远低于世界水平。

四、技术自主创新能力不足

在江苏省开放型经济发展过程中，不断引进新的技术，并且通过技术扩散来促使自身技术的进步以及提升自身的技术创新能力。但是，从目前的实际情况以及相关学者的研究来看，江苏省甚至全国在技术方面的自主创新还处于初期的成长和发育阶段，其在技术创新过程中依然还存在着资源浪费、产出不足以及整体效率低下的问题，这些都影响了江苏省开放型经济的发展。从江苏省技术创新的四个指标来看，近些年来江苏省技术创新的效益不断下降。从江苏省的经费年增长率来看，近些年来有所下降，在2015年达到顶峰之后就开始出现了下降趋势。从发明专利授权的比重来看，在2014年之后达到最大值，开始出现了明显的下降。

五、劳动力的就业弹性出现下降，整体就业压力提升

改革开放以来，随着我国对经济体制的深入改革以及城市化的进程不断加快，城乡之间的二元结构逐渐消除，因此大量的农村剩余劳动力进入城市寻找工作。几十年来的开放型经济发展使得经济实现了高速增长，而经济的高速增长使得劳动力的就业实现了增长。但是，近些年来，江苏省的劳动力就业增长速度已经十分乏力，并且本土经济的增长对于就业的拉动力逐渐疲乏，整体没有较高的弹性，失业率逐渐上升。根据相关统计，江苏省劳动力的就业增长率不断下降，到目前为止已经下降到了 0.37%，整体就业压力极大。

六、资源和环境的压力不断增加

我国相较于世界其他国家来说，最大的优势是人口众多，而最大的劣势就是资源方面的不足。从整体上来看，我国的人口占到了世界总人口的两成以上，但是在资源方面严重不足，比如石油的储量仅仅占到了全世界的1.8%，天然气仅仅占到了全世界的0.7%，铁矿石仅仅占到了全世界的9%，铜矿仅占5%。在改革开放之后，随着江苏省经济的快速发展，江苏省对于资源的消耗量不断上升。比如工业三废的产生量很高，相较于上海、北京以及广东省来说，江苏省所产出的三废是这三个地区的两倍以上，造成这种情况的主要原因就是江苏省在早期对于外资的引入主要是以资源导向和成本导向为主，因此带来了严重的污染转移。同时，江苏省对于环境的治理投资远远低于广东省、上海市以及北京市。因此，江苏省开放型经济的发展对环境污染问题十分严重。

从能源的供求实际情况来看，江苏省的能源生产总量在几十年之内大幅上涨，但是能源消耗的总量超过了能源的生产量，并且近些年来这一缺口呈现不断扩大的趋势。根据联合国发布的环境报告，我国从改革开放以来，从原来的能源消耗小国发展成为全球排名第一的能源消耗国家。但是，我国对于资源的利用率一直以来都处于较低的状态，根据相关统计数据，我国的能源消耗是世界平均水平的 2.5 倍以上，是美国的 3 倍以上，同时也高于巴西和墨西哥等发展中国家。

七、江苏省区域经济发展还处于发展不均衡状态

从前文内容可知，当前江苏省的开放型经济发展主要是以苏南地区各市的发展为主，而苏中地区和苏北地区的开放型经济发展较为落后，尤其是苏北地区的开放型经济的发展在江苏省处于倒数位置。在苏南地区的各个城市中，又以苏州的开放型经济发展得最好，苏州市的开放型经济无论是规模还是产业链都远远领先于其他城市，开放型经济的发展差异过大，各个城市之间的经济发展水平不平衡。

第五节 当前江苏开放型经济所面临的总体形势、挑战与机遇

一、外部环境研究

（一）外部机遇

1. 国际分工新形势机遇

随着全球联动趋势的日益加剧，国际市场发展呈现出新的分工特征，由原先的"国家主导"变为"国际主导"，主要表现为跨国公司通过多方投资建立分公司，然后借助投资对象资源实现产品生产。近年来，关于跨国公司运营模式的研究越来越多，其核心研究内容主要为如何提升资源的利用效率，以及如何通过合理分工来实现产品价值的提升。我国在改革开放之后，与世界各国的交流愈发频繁，并且充分利用了我国在劳动力方面的优势大量承接了国际制造业，虽然随着劳动力成本的上升，国际制造业所要承担的成本越来越高，但是从目前情况来看，我国依然在国际分工中占据重要地位。中国在世界上有"世界工厂"之名，且不说这一称号背后的含义，仅从对世

界多个跨国公司的调查中就可以发现它们对中国的认可度，因为在 2012 年的世界投资前景调查报告中，中国在跨国公司眼中是最为理想的投资国度。在新的国际分工中，虽然制造业有所分流，但是仍然蕴含着新的发展机遇，不仅如此，在国际分工愈加深化的同时，作为有深厚分工基础的中国有着承接高技术含量产业的重大机遇，而这对我国深化产业发展，实现全球价值链地位的提升有着重要意义。随着第三产业的逐渐火热，对国际分工提出了新的要求，原先以商品生产与交易为核心的模式已经不再适合，需要转变为以服务为核心的具体分工。其实早在 20 世纪 90 年代，服务业已经有所发展，而在当时主要的国际分工模式为"外包"模式，但是我国尚没有建立起完善的外包服务体系，因此在服务业务的承接上有所滞后。可是我国具有的天然优势让我国拥有成为新兴外包中心的极大可能，而从结果来看，我国在 2011 年时承接的国际服务外包业务占据了 23% 的比重，并且在良好的发展趋势下这一比重会进一步上升。

2. 国际金融体系改革机遇

2008 年爆发了全球性经济危机，人们在应对危机的同时也发现了国际金融监管体系存在一定的缺陷，而造成这种缺陷的原因与国际货币体系的不健全有很大关系，因此对国际货币体系进行改革已经成为必然之举，尤其是在经济全球化、金融全球化的新形势下，国际货币金融组织想要凭借一己之力来维持、监督、管理以及协调世界金融发展会更加具有难度。改革国际金融机构、构建新的全球金融秩序逐渐成为全球共识，而在改革与构建的过程中，我国可以充分借助大国优势以及日益提升的国际影响力来进行参与，进而构建出有利于我国以及其他发展中国家的国际金融秩序。这样的历史机遇对于提升我国金融业的国际竞争力有着重要意义，而且也能借助此次机会使国际分工格局更加合理。

3. 世界低碳经济发展机遇

"全球气候变暖"对人类的生存是一个巨大的威胁，逐渐得到了全球的大量关注，而为了解决这一"生死攸关"的环境问题，发展低碳经济这一策略得到了全球的普遍认同。在 2008 年之后，全球金融危机的出现让世界更加关注"低碳经济"的发展程度，比如很多发达国家已经积极制定了低碳经济的发展策略，并且通过技术改革与制度建设来开发新的市场，从而逐渐淘汰"高污染、高消耗"的传统行业，目的在于构建新型的产业发展格局。美国、日本等发达国家将新能源行业与低碳技术作为发展低碳经济的重要内容，但是这些行业由于在技术与产业化方面的不足，还不能完全替代当前的经济发展内容，不过，在大规模的经济刺激计划下，低碳经济正在向更好的局面发展。推行低碳经济的核心在于合理规划经济建设与环境保护的关系，从而达到绿色经济新模式，而从当前经济状况来看，如何维持经济发展与低碳经济相结合成为各个国家重要的议题。低碳经济"功在当代，利在千秋"，我国作为发展中国家，虽然经济发展尚与发达国家存在巨大差距，但发展低碳技术以及重新构建产业结构也必须提上日程。另外，由于我国长期以来实行的粗放式发展模式已经对环境造成了严重的破坏，因此借助低碳经济的世界潮流有利于经济发展模式的转变与革新。我国应该在"逐步推进"的发展战略中注重发展新的经济增长点，比如在新能源的开发上不要拘泥于常规，这将有利于我国在未来的市场竞争中占据主导地位。

4. 区域经济一体化发展机遇

当前的世界经济形势并不明朗，随着国际经济的持续走低，很多国家为了本国经济利益开始实行贸易保护，比如由美国发起的中美贸易战就是一个典型的例子。其实在经济增长点培育与经济增长方式探索处于停滞的阶段，大力发展区域经济一体化是促进国际经济走出低迷的重要举措之一。区域经济一体化具有开放性、政治平等性、互利共赢等特征，而从目前情况来看，由美国、东盟等积极推动的经济结盟运动已经在世界上产生了影响，越来越多的国家开始加入贸易群体或者构建新的贸易平台，进而迎来了新一轮区域经济一体化建设进程。在这样的形势下，我国也要进一步加快与国际市场的合作进程，而且区域经济一体化能够为我国提供更大的海外市场，这不仅能够为我国构建区域经济一体化进程提供动力，而且也能够有效解决我国面临的产能过剩等经济发展难题。江苏省在发展开放型经济上已经有了一定的基础，更加能够在新一轮的区域经济一体化发展机遇中谋得先机，同时也要积极推进内部区域的"一体化"发展，通过内外全面发展来推进江苏省经济更上一层楼。

5. 构建全球经济治理新机制

2008 年的金融危机所带来的影响是巨大的、深刻的，世界各国不仅积极制定应对措施来减少损失，而且也开始对全球经济治理模式进行深入研究，目的在于找到出现金融危机的根本原因，进而构建更加健全的经济治理模式。随着经济全球化时代的到来，现行的全球经济治理机制发挥作用的空间越来越小，主要原因在于世界各国的经济体制不尽相同，如果想要以同样的标准来做出要求不仅收效甚微，而且可能产生一定的负面效果，而当这样的负面效果积累到一定程度后，就会对全球经济治理机制产生冲击，进而带来不可预想的后果。另外，随着新兴经济体的发展壮大，势必会对国际经济格局产生冲击，尤其是发达国家在面临新兴经济体的挑战时，需要逐渐改变原先的单一主导型模式，原因在于仅仅通过提升环境、劳工以及技术标准的方式不仅难以压制新型经济体的崛起，而且还会对自身的经济发展产生极大的负面作用。我国作为发展中国家的代表，已经借助强大的经济发展实力在全球经济治理机制中谋得了越来越多的话语权，比如我国的"一带一路"倡议已经逐渐在世界范围内产生了深远的影响，这对于我国发展更加平等、更加自主的开放型经济奠定了坚实的基础。

（二）外部风险

1. 全球经济增长持续疲软、需求持续萎缩

全球金融危机所产生的影响仍在继续，国际市场萎缩、世界经济持续低迷的状况虽然有所改变，但仍旧没有明显的崛起之势，这对于我国发展外向型经济会造成极大的负面影响。发达国家的经济发展遇到瓶颈，亟待培育新的经济增长点来刺激经济的增长，而对于发展中国家来说，产业结构的调整与升级才是应对危机、谋求更好发展的核心对策。国际货币基金组织在最新的《世界经济展望》中对 2019 年的世界经济增长速度并不看好，认为 2019 年的世界经济增长速度会跌到 2008 年金融危机以后的最低增长点，而做出这样预测的依据是当前新兴市场与新兴经济体的经济增速出现了明显的放缓态

势，并且报告中对经济增速下降的原因做出了解释，将全球贸易形势的恶化作为最主要的原因。国际货币基金组织对当前中美贸易争端做出了预测，认为如果双方的贸易紧张局势得不到有效缓解，会使 2020 年的全球 GDP 下降 0.8%。在这样的形势下，我国的外贸出口会面临更大困境，尤其对于制造业来说，其产能过剩的问题会进一步被放大。江苏省的制造业是支柱行业之一，所受到的冲击无疑是巨大的，这将对其发展外向型经济产生极大影响。

2. 世界经济的风险和不确定性因素继续加大

世界经济在全球金融危机的影响下急剧下滑，而造成下滑的原因是多方面的，并且还存在着很多不确定因素。第一，在金融危机之后，很多发达国家为了稳定经济发展实行了宽松的货币政策，而这样的政策可能会使世界经济出现新的危机，比如通货膨胀、汇率混乱等，进而导致国际市场处于持续动荡的局势中；第二，"增收节支"也是稳定经济发展的重要策略，但在经济全球化的局势下，盲目实行"增收节支"虽然能够在一定程度上减轻主权债务风险，但同时也会因为经济抑制而出现经济发展倒退的情况，进而引发新的社会矛盾，因此经济发展与"增收节支"之间需要找到最优平衡点，但是并不容易；第三，欧洲市场与经济情况不容乐观，从目前情况看，欧洲的债务危机有愈演愈烈之势，极有可能成为下一次金融危机的源头；第四，从发展中国家的经济态势来看，进行产业转型升级已经成为扭转目前格局的必行之举，但由于政治因素、文化因素等方面的影响，产业转型升级之路会面临着严峻的挑战和阻碍，进而对世界经济未来的发展形势产生影响；第五，在金融危机的影响下，世界各国对于自身利益的维护更加强烈，很多具有地方保护性质的贸易政策纷纷出台，并且所涉及的范围越来越大，这对建设区域经济一体化会造成严重的负面影响；第六，由于美国对亚洲事务的强制干预，我国与周边国家的关系呈现恶劣趋势，进而影响双方经贸关系的正常发展。

3. 全球经济"再平衡"和发达国家"再工业化"构成了新挑战

在 2008 年全球金融危机之前，很多发展中国家凭借着国内劳动力价格方面的优势大量承接国际制造业，而我国也凭借着巨大的劳动力优势成为世界第一大制造业国家。对于发达国家来说，它们处于全球价值链的高端，所获取的利益要大大超过价值链低端的制造承包，不过同时它们也为发展中国家制造业的出口提供了广阔的市场，使发展中国家处于贸易顺差的良好局势中。但是在金融危机爆发之后，世界经济遭到了严重的冲击，发达国家为了维持本国经济与社会的稳定，提出了"再平衡"与"再工业化"等发展战略，计划通过改变贸易态势与供求关系吸引制造业回归，比如美国、日本、法国等发达国家都出台了发展本土制造业的计划。发达国家的这些举措对未来的世界经济发展会产生极大影响，尤其会对当前的国际分工模式产生冲击，而在供求关系的不断调整中，会逐渐产生新的国际分工模式。对于中国来说，大规模制造业所造成的产能过剩问题会进一步加剧，而且还需要面对国际分工变化所带来的挑战。江苏省的很多制造业都属于"代工"性质，真正具有自主技术权的企业凤毛麟角，因此这样的世界格局会对江苏省的经济发展造成很大影响，同时也会阻碍开放型经济的深度建设。

4. 气候变化谈判升温，我国将面临国际环境约束进一步加剧

全球气候问题关系到世界上的每一个国家，早在 20 世纪 90 年代，世界各国就针对气候变化达成了一定的共识，但是随着全球金融危机的爆发，关于气候变化的谈判愈演愈烈，并且将发展低碳经济作为应对气候变化以及打造新型产业格局的主要方向。发展低碳经济的核心在于减少"碳排放"，具体到产业发展中，则主要围绕新能源的开发利用、发展碳储存技术以及降低碳消耗等方面来展开。发达国家在发展低碳经济方面具有技术与制度等方面的优势，但发展中国家由于经济、技术等方面的落后，在发展低碳经济方面存在难度，因此在全球气候变化谈判中迟迟不能达成共识，但是在全球气候变暖的现实局势下，制定严格的全球气候变化规则是必然的。我国作为世界上最大的发展中国家，所面临的经济发展任务是巨大的，但在全球气候变化规则的约束下，我国的经济发展必然会受到影响，因此加快产业升级、积极研发低碳技术、培育新的经济增长点已经迫在眉睫。从我国的实际情况看，这些措施虽然已经得到了实施，但想要彻底改变落后面貌并不是"一日之举"，甚至会在国际环境的强烈约束下出现经济下滑的情况。

5. 全球流动性过剩，金融动荡与通货膨胀压力增大

全球金融危机的爆发对世界各国的经济发展造成了冲击，而在应对冲击、维持经济发展中，美国等发达国家采用了增加货币发行、降低存贷利率等宽松的货币手段，但是这样的手段如果缺乏限度会引发通货膨胀，而反映到国际市场中则会造成大宗商品价格居高不下的情况，从而进一步恶化市场发展形势。发达国家的应对措施进一步推动了全球流动性的急剧增加，并且使大量的投资资本进入我国等具有市场发展活力的国家，但这样的大进大出会造成金融市场动荡，进而对经济发展产生不利影响。

二、内部环境研究

（一）内部优势

1. 人力资源新优势正在形成

我国是"人口大国"，人口数量已经将近14亿，拥有其他国家不可匹敌的人力资源优势。改革开放以来，我国经济的迅速发展与人力资源的丰富是分不开的，比如我国借助劳动力成本的低廉承接了大量的国际制造业，使我国成为世界上最大的制造业国家。但是随着时代的发展，劳动力成本逐渐上升，原先的优势正在逐渐消退，但同时新的人力资源优势又在逐渐形成。我国的人力资源优势逐渐由"劳力"密集型向"知识"密集型发展，而取得这样成绩的原因除了国家加大教育的投入力度外，还与改革开放后积极引进国外先进技术以及发展外资企业有密切关系，让我国无论从技术发展还是企业发展方面都得到了显著提升。另外，人力资源的开发与管理逐渐变得合理化，无论从法律体系还是教育体系上都得到了逐步完善，从而为我国人力资源向"知识"密集型发展奠定了坚实的基础。在市场竞争日益激烈的今天，"人才"成为核心竞争要素，正如江泽民所言"人才资源是第一资源"。虽然我国的劳动力低成本优势逐渐减弱，但随着人才培养的大力进行逐渐形成了人力资源的新优势，这将在未来的社会发展与经济建设中发挥更加巨大的作用。江苏省在发展开放型经济中面临着创新人才不足的困境，但是困境的根源不在于没有人才，而是人才培养的方式与途径有待提升与改良，这样才能

将我国的人力资源优势切实转化为经济发展中的推动力，进而获得良好的经济发展效果。

2. 国内巨大的消费市场优势

发展外向型经济会更加注重外资的引进以及海外市场的开发，但如果忽视国内巨大的消费市场，就会造成"舍近求远、舍本逐末"。我国人口众多，人均可支配收入从改革开放初期的几十元增加到了 2019 年的 15294 元，全民储蓄存款总额增加了将近 2000 倍，但是从消费水平上看，我国的人均消费水平只有美国的三分之一，依然有着巨大的提升空间。有学者曾经对我国的消费市场进行了调查，认为"中国市场"会成为世界经济发展的重要推动力，因此开发"中国市场"会逐渐成为世界各国的重要发展战略。我国消费市场落后于国际平均水平的原因在于人均收入的不足，而造成人均收入不足的原因在于经济发展仍然与发达国家有很大差距，因此开发消费市场与发展经济是相辅相成的，而对于外商来说，也应该从带动经济发展、让民众切实受益的方向入手，而不能只将中国作为吸纳廉价劳动力的地方。从江苏省地区的产业现状来分析，外资企业并不在少数，但是大部分企业只是处于价值链低端的"生产制造中心"，并没有多少企业拥有自主发展权。在这样的态势下，这些企业的发展主要依靠的是低廉的价值收益，虽然从外部看来这些企业"光鲜亮丽"，但实际上它们的发展空间极为狭小。江苏省应该鼓励企业进行自主创新，并且出台相关优惠政策进行支持与引导，进而让它们逐渐减少对外资的依赖，并开始注重国内市场的开发。本地企业的强大可以在发展开放型经济中占据主导地位，有力地将过去的"雇佣""承接"等模式向平等合作、互利共赢的方向发展。

3. 坚实的物质基础以及产业集群和产业配套能力

中国的经济实力在经过改革开放后 40 多年的发展后逐渐上升到了世界前列，成为世界排名第二的经济体，无论从出口、进口还是投资等方面都处于领先地位。纵观世界局势，中国的国内环境可以说是十分安定，这首先就为企业的发展提供了良好的外部环境，虽然中国在法治建设、市场体制构建、基础设施建设等方面存在一定的不足，但相对看来已经达到了较高的标准，进而为中国进一步发展开放型经济提供了良好的条件。江苏省作为中国东部地区经济发展的佼佼者，已经形成了良好的产业集群和产业配套能力，其产业类型涉及了各个方面，无论是传统的化工产业、汽车制造等，还是新兴的电子信息产业、医药产业等都得到了良好的发展，进而吸引了大量的外商到此投资。从全国来看，这样具有竞争力的产业集群并不在少数，而且产业配套能力也在逐渐提升，以电子信息产业为例，我国已经形成了较为完善的产业集群，其中长三角地区是以电子制造为主要产业，北京、上海等地是以研究开发为主，而珠江三角洲地区是以电子产品的组装与出口为主，这样就形成了多个地区统筹协调的产业发展局面。对于外商来说，可以根据自身业务范围选择最为适宜的地区进行投资，而后通过完善的产业链获得收益；对于江苏省等地区来说，应该在大力构建产业集群的基础上借助外部投资来发展地区经济，重要的是进行核心技术的研发，逐渐从"辅助"作用发展为"主导"作用。

4. 稳定的政治和体制改革优势

中华人民共和国自成立以来，国内政治局势保持着稳定态势，而且自改革开放后，经济建设一直都是我国谋求发展的首要任务。在这样稳定的局势下，很多外商开始将投资重点放在我国，尤其是在我国出台了很多发展开放型经济的政策之后，让更多外商有了到我国进行投资的意向。我国现在已经处于经济转型的关键时期，大力发展开放型经济是促进经济体制改革、构建良好市场环境的重要举措，而在十九大中，习近平主席对改革的深化进行做出了更为具体的部署，其中包括进一步放宽外商投资的市场准入机制、优化外资管理体制、注重自由贸易区建设等一系列内容，目的是以更加开放的态度来促进改革的深入进行，同时让更多的资源融入市场发展中。我国的体制改革是向更加市场化、自由贸易化、多元化的方向发展，这不仅有利于社会经济稳定、持续地发展，而且也能让开放型经济的建设更具优势，从而使我国的经济发展获得更大的提升。

（二）内部劣势

1. 国内经济结构性问题凸显

自改革开放后，中国经济迎来了快速发展的时期，不仅改变了中华人民共和国成立初期"一穷二白"的面貌，而且也让我国逐渐成为国际上的"大国"，拥有着越来越大的国际影响力。但是在经济高速发展的同时，一些问题与矛盾也逐渐暴露出来，突出表现在产业结构、生产要素结构、投资与消费结构、城乡结构等方面。

中华人民共和国成立初期，农业发展水平还停留在"人工耕种"层次上，工业基础更是在战火之中被破坏殆尽，基本上需要重头建设。在经过三年的国民经济恢复后，农业与工业得到了一定的发展，第三产业也逐渐发展起来。在改革开放前，我国的产业发展重点为工业，接下来是农业，服务业排在最后，而在改革开放后，产业结构发生了重大转变，服务业超过了农业排在了第二位，但工业发展仍旧是重点。从江苏省服务业的发展历程来看，虽然在发展水平上有了显著提升，但是在生产率上与制造业之间还有很大的差距，其实从全国来看，江苏省的服务业可以排在前列，相比之下其他地区服务业的水平却"不忍直视"。在 20 世纪 90 年代之后，国际服务业迎来了发展良机，逐渐成为世界经济中的重要组成部分，虽然当时我国尚没有建立起完善的服务业体系，但是人力资源方面的巨大优势让我国有机会参与到服务业的国际分工中。也正是借助这一机遇，我国的服务业开始"水涨船高"，得到了迅速发展，但是从整体来看，依然与国际先进水平存在较大差距，而这也成为我国产业结构升级中的阻力之一。从江苏省的服务业发展状况来看，存在总量不足、比重偏低的问题，而且由于近几年来内部结构变化不明显，不仅制约了服务业的发展水平，而且也难以有效支撑起产业升级的需要。

从生产要素来看，在改革开放后被经济体制束缚了手脚的劳动力得到了解放，而这些劳动力逐渐变成了我国的人力资源优势。这样的优势也让我国成为外商投资的首选目标，并且在我国产业政策的引导下，这些外资更快地应用在了制造业、服务业等高收益行业中，让我国经济在得到快速增长的同时也对产业结构的调整产生了影响。我国发展开放型经济的目的在于引进国外的先进技术以及发展模式，而从现阶段看，发展开放型经济的手段主要集中于廉价劳动力的提供上，但是随着劳动力成本的上升，这样的优势也将消耗殆尽。从长远角度看，发展外向型经济不能永远处于"被动"地位，如被动地提供劳动力、土地要素等，而是要逐渐向"主动"方向发展，如形成平等的竞争关系，或者拥有技术等方面的自主权。但是从近些年来的发展状况来看，这种由"被动"转"主动"的变化并不多见，而且还逐渐形成了恶性循环的"低端锁定"。如今，在面对劳动力优势减退的情况，应该逐渐将发展重点放在技术研发与技术创新方面，但是长期以来所积累的高产能如果不能得到有效释放，会让我国的经济发展受到极大影响，并且会影响技术研发与技术创新的开展过程。

从投资和消费结构来看，我国的投资比重与消费比重不成比例，主要的消费方式是依靠海外出口，而对于国内的消费市场却存在开发不足的情况。投资比重过大则意味着消费者消费水平的下降，如果长期如此，不仅会使国民的生活质量下降，而且也会使经济发展陷入恶性循环。投资与消费结构应该得到协调处理，使投资在发挥作用的前提下，通过提升消费来达到拉动内需的作用。发展开放型经济，促进外资引入有利于降低国内固定资产投入，但同时也需要注重国内市场的开发，才能使国内的消费潜力得到充分发挥。贫富差距扩大也是影响国计民生的重要因素，具体表现在教育程度、住房条件、交通便利度等多个方面，在这样的形势下，社会发展中会存在一定的不稳定因素，如果这些因素作用到开放型经济的发展中，则会产生极大的负面效果。

2. 制造业产能过剩问题加剧

改革开放后，中国的制造业凭借国内天然的人力资源优势以及大量的投资获得了快速发展，但由于制造业企业的"同构性"愈加突出，造成了产业过剩的问题，尤其是在 2008 年全球金融危机之后，这一问题进一步凸显，主要原因在于国际市场持续萎缩与贸易保护政策的实行。从目前情况来看，中国的制造业除了面临产能过剩的问题外，还面临着外部投资减少、经营环境恶化等艰难困境，进而让制造业快速地由盛转衰。与发达国家相比，我国国内居民消费水平处于较低层次，与之形成鲜明对比的是制造业增加值的高速增长，因此，想要依靠国内市场来消耗制造业产能是不现实的，大部分会通过出口来进行消耗。在 2008 年之后，海外市场的消费能力降到了冰点，这让中国的制造业产能过剩的问题更加凸显，进而对中国的经济发展造成了极大的负面影响。产能过剩的问题除了制造业以外，还包括资源性行业、加工业等，甚至在一些高新技术行业中也存在这样的问题。通过对江苏省制造行业的调查发现，其产能利用率基本维持在 60% 左右，如果经济形势还不能得到良好扭转，则会对制造业未来的发展产生恶劣影响。由于多种因素的影响，我国的制造业虽然规模较大，但竞争力却显得极为不足，因而被认为是"大而不强"的行业，再加上产能过剩的影响，更是会阻碍制造业的良好发展。这个问题已经得到了我国制造业的关注，并且采取一些措施来进行处理，但从结果来看并不理想，因此，这一问题依旧会在未来很长时间内影响经济的发展。

3. 资源与环境问题日益突出

我国的经济发展与资源开发之间有着密切的联系，并且在初期的发展中，由于对环境保护认识的不足以及面临巨大的经济发展压力，造成很多破坏环境、污染环境等开发行为没有得到有效抑制，甚至有的地方打出了"先污染后治理"的发展口号，进而造成了环境的大范围破坏。近年来，我国在经济发展中所造成的环境问题开始显现出它的恶果，据调查，我国的雾霾天气成为很多地方的一道"风景"，甚至在极其严重的时候，从东北到西北的整个天空都被雾霾笼罩，不仅如此，这种雾霾天气也逐渐开始向南方发展，让原本"鸟语花香"的江南景色在突然之间变得黯淡无光。恶劣的天气所带来的危害是巨大的，不仅让很多动物、植物深受其害，而且也对人类的健康造成了极其严重的影响。除此之外，河流污染也极其严重，据统计，在 1985 年到 2012 年间，我国每年所要排放的工业废水平均在 200 亿到 250 亿吨，而具体到江苏省地区，重工业所造成的河流污染也是贻害万年，比如太湖流域的污染直接让周边地区出现了严重的用水问题，虽然当地政府开始采取治理措施，但是直到现在也没有取得良好的处理效果，而且据有关学者测算，想要完全恢复太湖流域的生态系统，至少需要 50 ~ 60 年时间。除了工业废水污染河流之外，工业废气与工业固体废物所造成的污染也极为严重，尤其是在近几年大力发展制造业的过程中，污染程度进一步加剧，这对我国发展可持续性开放型经济提出了极为严峻的挑战。

我国地大物博、资源丰富，但是在经济发展中依然需要从国外进口石油、铁、铜等矿产资源，进而形成了对贸易进口极具依赖性的发展模式。据《联合国环境报告》的调查，我国对资源的消耗程度已经一跃成为世界第一位，而在改革开放之前，资源的消耗程度是极低的，由此可以说明我国在改革开放后进行经济建设的力度是极大的。虽然资源消耗程度很高，但是与发达国家相比在资源利用率上却有很大差距。据统计，我国的资源能耗是美国的 3 倍之多，也要明显高于一些发展中国家，而这样的能源消耗度也使我国出现了资源供应不足的情况，因此如何获得资源以及降低能耗成为我国经济发展中需要重点解决的问题。

4. 经济体制建设的不平衡和不协调问题突出

改革开放的进行对我国的经济发展的作用，不仅体现在市场的扩大与发展方式的变更上，更重要的是在经济体制方面的转变，尤其是在加入世界贸易组织后，更是迎来了经济体制改革的良好时机，尤其是可以通过改革逐渐与国际制度接轨。我国在发展开放型经济方面初步建立符合中国国情又遵循国际规则的经济体制，但是国际市场环境并不稳定，尤其是在 2008 年全球金融危机之后，国际市场发生了很大的变化，如果我国依然按照之前建立的经济体制来发展开放型经济的话，必然会因为与国际市场的不协调而出现很多难以预料的问题。我国开放型经济的发展时间仅仅只有 40 多年，虽然与国际市场之间逐渐建立了一定的联系并取得了一定的发展成果，但是由于我国经济水平、技术水平等方面较为落后，很难在国际合作中占据有利地位，进而造成我国很多企业所从事的是价值链的低端环节，不仅在收益上难以与高端相比，而且还不能接触核心技术，从而使很多企业沦为了组装与生产中心；而在服务业的发展上，也因为开放程度的不足而影响了服务业的良好发展，而制造业的垄断地位也让我国的服务业发展受限，进而导致我国服务业在国际竞争中处于劣势地位，从而形成商品贸易与服务贸易发展不均衡的情况。受此影响，我国服务业在体制改革上也较为滞后，尤其是在涉及外资使用时，由于体制的不健全造成了外资使用质量的低下。我国服务业的对外投资也在不断发展，但无论从规模还是投资方向上都存在一定的问题，再加上投资服务机制与安全保障机制的不健全，对投资收益造成了负面影响。而从投资主体来看，一些企业存在多种行业并行的情况，这样极有可能在资金上出现问题，进而影响投资进程的顺利进行。江苏省服务业的发展程度在全国来说都是数一数二的，但是从内部来看，苏北、苏中、苏南的服务业发展程度是不平衡的，其中苏北地区的服务业是最为落后的，但是由于存在区域不协调的问题，导致江苏省服务业的发展遇到了瓶颈，严重地影响了服务业的开放型发展。与企业发展的速度相比，政府职能转型的速度较为缓慢，尤其是在多种所有制经济得到发展之后，政府职能仍旧停留在过去的水平，比如有的地区在服务业的发展中存在干预过多的问题，造成了服务业与市场需求的脱节。

三、江苏省开放型经济发展的现实机遇

（一）城市层面

江苏省是长三角地区经济发展较为良好的区域，尤其是制造业在全国都是数一数二，虽然跨国公司的总部不在江苏省，但是技术型企业广泛存在于江苏地区，因此江苏地区在技术创新方面有着一定的优势。江苏省开放型经济发展在城市方面的机遇主要体现在紧临同处于长三角地区的上海，因为很多跨国公司的总部都设在上海，这能够为江苏省制造业与服务业的发展提供决策优势，并且上海"四个中心"建设的深入进行，为长三角地区开放型经济的发展提供了更加良好的条件。上海"四个中心"的建设需要得到长三角地区各个区域的通力配合，尤其是在金融机构的建立中，江苏省的大型城市也需要承担部分金融中心的功能，然后再配合其他地区共同形成长三角金融中心。上海在长三角地区的地位是"崇高"的，这与背后的政治、地理等因

素有着密切关系，因此，长三角其他地区想要谋求良好的发展需要主动接受上海的辐射，然后围绕上海找到最佳的发展方式，尽可能地与上海建立多方面、深入化联系，如果找不到与上海建立联系的切入点，无论从国家政策支持还是外资引入方面都会受到极大的影响，甚至可能沦为边缘发展区，导致前期取得的发展成果以及获取的地位成为"历史"。对于江苏省来说，要紧紧抓住"上海"这一发展中心，除了从本地区实际情况出发外，也要紧密跟随上海的发展趋势，尤其是在开放型经济发展方面要充分借鉴上海的发展经验，使江苏省的开放型经济能够在促进内部经济提升的同时，也要与长三角地区的发展节奏相匹配，进而为更好地实现区域整体转型奠定坚实的基础。

由此可见，江苏省在发展开放型经济时，要对上海的发展模式进行充分了解，这对于江苏省内部建立核心城市具有重要意义。从目前江苏省的经济发展状况来看，不同区域之间的联动效果有待提升，尤其是在引进外资方面存在"地方保护主义"倾向，进而对外资使用效率的最大化产生了负面影响，同时也会对开放型经济的建设产生阻碍。在区域经济一体化建设中，应该着力建设内部核心城市，从而形成围绕核心城市发展的有序模式，而想要建设出这样的核心城市，需要对该城市的服务功能与辐射功能进行加强，目的在于提升核心城市在区域联动中的引领与带动能力，成为江苏省发展开放型经济的有力支持。

（二）区域层面

1. 经济高速发展红利逐步流失的倒逼

改革开放以来，江苏省乃至整个长三角地区获得了极快的增长速度，这与国家的全方位支持有着不可分割的联系，因为在国家的支持下，无论是制度建设还是生产要素流动方面，江苏都走在了全国前列，这为该地区的发展提供了极大的推动力。在改革开放初期，技术水平处于较低阶段，而且受制于技术的发展规律，在短时间内很难获得有效提升。在这样的形势下，江苏省等地区通过经济制度、管理制度等方面的改革与创新，在生产要素的流动方面获得了极大推动力。制度的改革让原先被束缚的生产力得到了有效释放，进而为工业发展提供了大量的廉价劳动力，从而促进了工业的迅速发展。但是在工业发展过程中，由于发展理念的限制造成了环境污染与资源紧张的情况，而在未来的发展中，不仅要找到正确的发展道路，同时要对存在的问题进行有效处理。除此之外，随着劳动力成本的逐渐提升，经济发展中的人力资源优势不断削弱，从而导致长三角地区的经济增长速度出现下滑的现象，而江苏省也在受影响之列。最为恶劣的情况出现在 2008 年全球金融危机之后，国际市场发展极度萎靡，使制造业集中的江苏省受到了极大影响，不但产能过剩，而且也暴露出了工业发展中技术创新与人才培养双重匮乏的"病症"。这样的形式对于江苏省来说既是灾难也是机遇，尤其是在开放型经济的发展中，会更加明确发展的重点，而不是沦为国外跨国公司的"生产制造中心"。

2. 社会公平诉求、民生权利保障的倒逼

从江苏省的整体发展状况来看，其处于国内的较高层次，但是具体到内部来说，却存在着很多问题，而这些问题也具有一定的普遍性，比如区域经济协调一体化机制建设不到位、城乡贫富差距较大、收入分配不合理等，尤其是城市中的流动人口，存在着收入低、生活缺乏保障等窘境。这些问题对于社会的稳定有着极大的影响，如果社会稳定出现了问题，那么会对开放型经济的建设产生极大的负面影响。从上文论述中可以知道，很多外商到中国进行投资除了看重劳动力方面的优势外，还对中国稳定的政治格局以及社会环境有着极高的满意度，如果社会出现不稳定现象，就会破坏中国在国际上打造的美好形象。据调查，在江苏省的一些大城市中，外来农民工的数量越来越多，已经逐渐成为城市建设的主体，因此改善他们的劳动环境、提升他们的薪酬标准以及为他们提供发展空间等必须切实实行，尤其是在面对新一代农民工对民生权利更强的诉求时，更应该通过加快社会转型来解决存在的民生矛盾。

3. 资源与环境的倒逼

江苏省在全国来说属于面积较小的省份，无论从环境承载能力还是资源提供上都处于较低层次，而这些问题也在江苏省的经济发展中凸显出来。为了解决这些问题，江苏省需要转变传统的发展模式，不仅要将对环境污染大、资源消耗大的工业企业进行淘汰或者革新，而且还需要对已经造成污染的河流、空气等进行全方位整理。在开放型经济的发展中，传统的以提供劳动力、土地等生产要素吸引外资的发展模式已经与时代脱轨，现在的外商在进行投资时更加看重投资目的地的经济发展模式，尤其是对政策持续性较强、技术与环境关系更好的区域有着更高的关注度。在这样的要求下，江苏省需要进一步加大节约资源以及保护环境的力度，并且在发展方式上要以"可持续发展观"为指导，打造出一条资源节约、环境友好、技术创新的全面协调的发展模式。资源与环境的倒逼是现实存在的，如果处理不当，不但会使生态环境得不到有效维护，而且也会对未来的经济发展之路产生极大的负面影响。因此，江苏省应该从多方面入手来进行治理与发展，比如在法律层面要尽快出台行之有效的环境保护法律法规，健全资源环境产权制度，让保护环境得到法律的保障；在资源利用层面要加快技术创新的步伐，使资源利用效率得到有效提升，进而达到国际平均水平。

（三）国家层面

江苏省的经济发展水平与产业竞争力在全国排在前列，并且在开放型经济的发展建设上也处于较高水平，因此在国家大力发展开放型经济的形势下，江苏省会成为重点发展区域之一。但从全局来看，仅仅依靠长三角地区还不足以带动全国开放型经济的发展，并且长三角地区的很多区域也正处于经济转型区，其带头作用不仅不能得到充分发挥，还会因为"精力"分散而影响发展成果。构建区域经济协调一体化机制是发展开放型经济的有效措施，那些发展水平较低的区域可以在与其他区域的协同发展中获得提升，而对于处于长三角地区的江苏省来说，与其他地区的区域联动也有利于资源的合理调配，能有效解决江苏省因资源匮乏而导致的经济放缓的问题。国家能够通过出台相关政策、制定专项法律法规等方式来促进区域经济一体化的建设。比如在 2008 年时，国务院出台了《进一步推进长三角地区改革开放和经济社会发展的指导意见》，着重提出要将长三角地区建设成亚太地区的国际型世界级城市群，这标志着长三角地区已经成为国家开放型经济建设中的主体。江苏省作为长三角地区的一分子，能够得到来自国家层面的大力支持，这对于江苏省的经济发展具有重要影响和作用。2010 年国务院批准实施的《长江三角洲地区区域规划》，对长三角地区的发展方向、发展措施等进行了更加明确的说明，对形成长三角区域经济一体化提出了更高的要求。对于江苏省来说，应该尽快对内部存在的区域不协调问题进行解决，进而能够在更高层面上的区域协调建设中发挥重要作用。

（四）国际层面

从国际市场的发展态势来看，在经过 2008 年的金融危机后，其现在正处于不断复苏的过程中，但是它的复苏并不是"风平浪静"的，而是伴随着很多形势、政策等方面的变革。世界各国尤其是发达国家为了保证本国利益而出台了一些对于国际市场有重要影响的政策，比如美国、日本等国家的宽松货币政策就有可能带来新一轮的金融动荡，进而对发展中国家的经济发展产生重大影响。全球经济调整的局面已经形成，而我国作为最大的发展中国家，更加需要通过经济调整来找到新的发展之路，但是发展开放型经济这一战略是不会改变的，因为在全球经济一体化时代，任何脱离全球经济的发展模式都会失败。长三角地区是我国经济实力最为强大的区域，必然会成为经济调整中的重点。从上一轮的国际分工中可以了解到，如果仍然处于价值链低端会导致经济水平的停滞不前，因此改变分工模式、争取对外开放中的主动性会成为经济调整中的重点，而这将为长三角地区的开放型经济发展提供有利的发展机遇。

另外，第三次工业革命已经到来，此次工业革命是以科技创新、环境保护等为核心内容，目的是实现人类社会绿色化、科技化、持续化发展。在这一时代，经济的发展与科技之间的联系更加紧密，因此，谋求经济的良好发展要建立在科技创新的基础上，同时也会让人们的生活方式、生产方式以及社会发展方式发生改变，进而使人类文明的发展进程得到重新规划。有学者认为，第三次工业革命已经改变了人类社会的发展方式，比如互联网的高速发展在推进着区域经济一体化的实现，而新型能源的开发则在逐渐取代那些对环境污染严重的传统资源。同时，第三次工业革命所带来的思想观念改变也更加具有重要意义，世界各国人民会更加了解他国文化，并且会懂得只有

"和平发展"才能营造良好的生存环境以及获得更好的发展空间。这样对于我国开放型经济的发展会具有极大的促进作用，有利于构建合理平等的对外发展体系，进而实现真正的互利共赢。但是从目前情况看，第三次工业革命的影响仍旧需要很长的时间才能收到效果，而在当下影响最为明显的是发展模式。我国长期以来的发展模式具有粗放型特征，如果想要快速改变当前的发展模式是不现实的，这样就对我国的经济发展提出严峻挑战，同时也为我国改变发展模式提供了机遇，尤其对于长三角地区来说，能够借助较高的开放型经济发展水平来进行有针对性的技术创新，进而逐渐改变经济发展模式，为我国实现发展模式的全面革新提供经验与基础。江苏省的制造业与服务业在长三角地区有着较好的发展，但是由于缺乏具有自主创新能力的企业，国际市场竞争力极为薄弱，而在第三次工业革命的促进下，应该通过积极的技术创新来获得发展的主动权，进而为建设更加良好的开放型经济打下坚实的基础。

第六章

江苏、浙江、广东开放型经济发展
模式比较

第一节　浙江、广东对外开放经济的发展

一、对外开放的背景

对外开放是我国 1978 年十一届三中全会以来的一项经济措施，也是中国特色社会主义的重要组成部分。截至 1978 年，我国的国民生产总值虽然较之前有了很大的提升，但是对于一个幅员辽阔、人口众多的国家来说，经历过一系列社会变革的中国，仍然面临着贫困、落后的局面，再加上"文化大革命"的破坏，我国的社会生产力变得愈加缓慢。

为了加快我国经济建设的步伐，解决当时人民对中央政府的信任危机，当时以邓小平为首的领导集团积极探索，试图摘掉中国贫困的帽子。邓小平积极改革，试图将中国的计划经济体制转变为建立在社会主义制度上的市场经济体制，而发展市场经济，要求我国必须深入世界，由此，对外开放的战略逐渐得到实施。

对外开放是我国的一项基本国策。对外开放的重要举措，对于我国与世界各国之间的交流意义重大，不仅可以吸引外来产业，还可以利用对外开放

的经济政策引进发达国家的先进技术，并以此来促进我国经济的发展。当今的世界是一个开放的世界，因此，对外开放必将是我国坚持、并且需要长期坚持的一项基本国策。

在当代，世界上发达国家的经济飞速发展，尤其是现代技术和交通工具的出现，使国与国之间的交流越来越频繁，越来越方便，地球逐渐发展成为一个地球村。时间和空间上的变化，使得世界各国之间的交流越来越方便，资源、信息、资金、技术的分享也成为国与国之间发展经济的主要方式。中国经济的发展离不开世界，世界经济的发展也离不开中国，因此，中国实行对外开放也是世界潮流的大势所趋。

二、浙江对外开放的成果

1984 年，党中央批准开放了我国大连、秦皇岛、天津、烟台、青岛、连云港、南通、上海、宁波、温州、福州、广州、湛江和北海 14 个沿海港口城市。浙江作为我国对外开放最早的省份之一，积极响应对外开放政策的实施。截至 2008 年，浙江省已经同世界上 200 多个国家和地区建立了外交贸易关系，并且不断进行实践，积极开拓丰富国际市场，仅 2008 年，浙江省对外贸易的进出口总额就高达 2111.5 亿美元，和 2007 年相比较增长了 19.4%；出口总额高达 1542.9 亿美元，和上一年相比增长 20.3%；进口总额高达 568.6 亿美元，和上一年相比较增长了 17%。仅 2008 年一年，浙江省的进出口增长速度在全部沿海城市中遥遥领先。

经过 10 年对外开放的深化改革，浙江省 2018 年全年进出口总值已经高达 2.85 万亿元，和 2017 年相比增长 11.4%，其中，出口总额达到 2.12 万亿元，增长 9.0%；进口总额达到 7337.2 亿元，同 2017 年相比增长 19.0%。据数据统计，在 2018 年，浙江省的进出口、出口、进口总额分别居全国第 4、第 3、第 6 位，排名均在全国前列；其中占全国比重也分别高达 9.3%、12.9%、5.2%。虽然经过了 10 年的时间，但是浙江省的对外开放依然落实得非常到位，并且处于不断增长的趋势。

"十二五"以来，世界经济形势愈加复杂多变，在这样的环境下，浙江省开放型经济依然实现了快速健康的发展，不仅巩固了自身开放经济大省的地位，还为当地对外经济的发展转型和国家整体经济的发展做出了贡献。以杭州和宁波等城市为主，推进周边城市的经济发展，是浙江省发展对外开放的整体思路，促进温州的民营企业和外资企业的合作，从而加快温州对外经济的发展步伐；推进嘉兴地区与上海的接轨，是帮助嘉兴走出去的重要策略；同时积极发展绍兴地区的外向型产业和金华地区的出口贸易，是浙江省以开放地区带动内部地区推进开放型经济发展的重要格局措施。

"十二五"期间，浙江省利用其优势不断扩大对外资的吸引，取得了很好的效果。在"十二五"期间，浙江省累计吸收外资高达 700 多亿美元，以自身经济产业为基础，积极鼓励外来产业的构建，包括自身产业在内，浙江省最终形成了一张富含全世界产业和贸易的国际网络。其中世界 500 强企业投资的项目多达 136 个，这也是对外开放政策的真实成果，对外开放政策的不断深化，使得其带动周边发展的作用也越来越明显。

就目前的世界经济格局来看，虽然经过多年的对外开放，浙江省已经取得了非常好的发展成果，我国的整体经济实力也大大加强，但是新的国际环境，为我国的对外开放带来了新的要求和挑战。尤其是在美国签订《跨太平洋伙伴关系协定》《跨大西洋贸易和投资伙伴关系协定》等多边协定之后，其试图重新主导国家经济秩序的野心昭然若揭，为此，我国必须尽快转变对外经济发展的重要策略和身份。党的十八届五中全会提出了创新、协调、绿色、开放、共享五大发展理念，是新时代和新国际经济环境下，指引我们对外经济发展的新方向。因此，浙江省也务必深入贯彻党的各项会议的精神，积极适应全球化趋势下的新经济环境，主动与国家的"一带一路"倡议、长江经济带、自由贸易园区等重要政策接轨。

"十三五"期间的浙江省，是机遇与挑战同在的浙江省，作为最早对外开放的省份之一，如何做到率先发展、全面发展和协调发展，是浙江省当下面临的重要问题。为此，浙江省必须充分发挥其优势，在目前的基础上急速扩大自身的国际市场，并不断开拓新的市场。重要的是，在加快推动对外贸易发展的基础上，要优化自身的体制，重视创新的重要性。浙江省要将外资进行合理化、全面化的利用，以此来扩大高端产业和新技术产业的发展，并不断扩大其规模。其次，浙江省政府要充分完善协调机制，以此来保障经济发展稳定性和企业与企业之间的协作性。

三、浙江省对外开放经济的发展举措

对外开放的根本目的在于加强我国与国外的经济交流和合作，参与到经济全球化的浪潮当中。以邓小平为核心的中央领导集体在 20 世纪实行对外开放的政策，积极引进外来资源建设我国经济，而这样的对外开放，并不仅仅局限于社会主义国家，还包括当时西方的资本主义国家。尤其是在十一届三中全会之后，我国对外开放 14 个沿海港口，然后又逐步由沿海发展到内地，真正实现了经济对外的全面开放。对外开放的伟大决策，是我国经济建设的一个重大转折，使我国的经济得到了迅速的发展。

（一）开展省际合作，开发国内市场

浙江省位于我国沿海地区，东临东海，向西是我国内陆地区，同时又是连接我国南北地区的要地，再加上上海和宁波等地的发展，使得浙江省富含了深厚的"兼容并包"的文化底蕴。比如，在 20 世纪 80 年代，当时的浙江正面临着煤炭和原材料短缺的困境，因此，当地省政府经过讨论决定成立特定小组，负责浙江省全省经济、物资协作的政策制定、计划安排、分配调度以及组织管理工作。在小组成立之后，浙江省先后同山西、河南等多个省市、自治区建立合作关系，同时还和这些地方的诸多煤炭工业和原材料工业建立联系，从而充分解决了原材料短缺的问题。同时，浙江省还将生产出来的产品通过多种渠道售往全国各地，打开了全国市场。

（二）参与区域建设，推动西部大开发和长三角一体化建设

2016 年以来，长三角一体化的区域逐渐得到扩展，其中涉及的发展领域也逐渐得到全方位的发展，由上海、苏州和浙江的两省一市拓展到上海、苏州、浙江和安徽的三省一市；交通、金融、信息、科技、医疗、文化教育等都得到了全面发展，逐渐上升为国家战略的长三角一体化，带动了整个长三角区域的经济发展。2017 年《长三角一体化发展三年行动计划》《长三角一

体化发展规划纲要》得到落实,长三角地区的《沪嘉杭 G60 科创走廊建设战略合作协议》也在杭州、金华、嘉兴等 9 个城市的协商之下进行了签订,这是长三角一体化的重要成果,也是长三角发展的重要一步。目前,长三角一体化的建设取得了极大的成果,是浙江对外开放的必然结果。

21 世纪初,浙江省在发展过程中就面临着资源短缺的约束和企业发展的需求,如何解决这些问题迎来新的发展机遇是当时浙江省面临的主要问题。当时,浙江省与上海等地为了谋求共同发展,主动进行合作,后来在西部大开发的过程当中,积极参与其中,不仅解决了资源短缺的问题,还为西部大开发做出了努力,更重要的是开拓了西部的市场。

(三)从全国到世界,积极发展外贸经济

浙江省在对外开放的过程中,大力发展对外贸易,上文已经分别列举了 2008 年和 2018 年浙江省对外贸易的进出口总额,我们可以发现浙江省在这方面取得了丰硕的成果。在 1978 年,浙江省初次实行对外开放,出口总额只有 0.7 亿美元,但是在 2018 年已经达到了 4 325 亿美元,出口在全国中的占比高达 12.9%,排名也从第 11 位攀升至第 3 位。在此基础上,浙江省的出口结构也得到了不断优化,截至 2018 年,浙江省跨境电商交易额已经位居全国第二。

吸引外来资金是浙江省发展经济的另一重要手段。中华人民共和国成立后,长期处于贫穷阶段,如果不吸引外资,单靠本身的经济实力很难提升整体实力。所以,浙江省在实行对外开放策略的基础上,积极引进外资,中外合资、外商独资、招商引资等手段就是浙江省利用外资的基本表现,之后浙江省对外资利用的质量和水平也得到了不断提升。1984 年,浙江省引进外资 252 万美元,2018 年,浙江省引进外资 186.4 亿美元,世界 500 强企业在浙江省境内投资的公司和项目也越来越多,真正实现了对外资的引进和利用。

为了深入贯彻对外开放的基本国策,浙江省积极拓展海外市场,并且在"引进来"的基础上,积极实施"走出去"战略。截至 2018 年,在浙江省备案的境外企业和机构已经高达 737 家,此外,浙江省还在境外先后设立了 6 个经贸合作区,在境外投资的额度已经高达 1 262 亿元。在海外的项目和公司遍布六大洲以及 140 多个国家和地区，内容包括海外设厂、承包工程以及项目、设置营销网络等；同时，参与海外项目达 22 589 人次，营业额达 5 189 亿元。"引进来、走出去"战略的实施，让浙江的经济得到了空前的发展。

（四）建设"一带一路"枢纽，构建对外开放的新格局

对外开放是一项需要长期坚持的战略任务，坚持对外开放的理念和战略，是浙江省长期以来发展经济的重要手段。"一带一路"是"丝绸之路经济带"和"21 世纪海上丝绸之路"的简称，是我国在新世纪与周边国家发展经济、实行区域合作的经济共同体。"一带一路"的目的在于促进沿线周边地区和国家的经济发展，实现共同繁荣。这条路不是简单的路，是建立在共商、共享、共建原则和和平共处五项原则基础上的和平之路和友谊之路。"一带一路"贯穿于亚欧非大陆，以东亚经济圈和欧洲经济圈为两端，丝绸之路经济带经中亚和西亚地区到达波斯湾和地中海地区，海上丝绸之路以中国为起点沿南海、印度洋到达欧洲地区。除了"一带一路"的两端经济圈，中间地区也有极大的发展潜力，是"一带一路"发展的重要部分。

浙江作为东亚经济圈的一部分，与"一带一路"沿线国家的贸易往来逐渐上升，贸易额也从 2014 年的 9.6 个百分点上升到 10.8 个百分点；此外，浙江省对沿线地区和国家的投资额也在逐渐上升，"一带一路"的沿线城市已经成为浙江省的一个重要市场。总之，"一带一路"倡议的提出，使浙江对外贸易得到了更好的发展；进出口的持续扩大，也加强了浙江和欧洲城市的交流，在新环境之下，浙江正在以一个积极的面貌迎接全球化的经济浪潮。

（五）建设自由贸易区，开拓对外开放的新平台

建设自由贸易区的重点在于中东欧"16 + 1"经贸合作示范区、宁波"一带一路"建设综合试验区以及义乌国际贸易综合配套改革试验区等平台的建设。

浙江自贸试验区有三个片区，全部位于舟山群岛，全部范围 119.95 平方公里，舟山离岛片区 78.98 平方公里，舟山岛北部片区 15.62 平方公里，舟

山岛南部片区 25.35 平方公里，由陆地和海洋共同构成，是一块得天独厚的区域。自由贸易区是长江连接外海的通道，同时又是南北海上运输的枢纽地带。在"一带一路"倡议提出之后，浙江自贸试验区又位于"一带一路"和长江经济带的交汇处，是我国南北海运，以及连接内地和海外的重要区域。

　　浙江经过长时间的发展，逐渐开始重视创业和创新，温州的产业虽然一度为中国的经济建设做出了很大贡献，但是随着时代的发展，浙江温州的传统产业已经无法适应新时代的要求，因此，温州必须尽快完成传统产业的转型。第三次产业革命的到来，为温州产业带来了改变的重大机遇。产业兼并与融合以及内外经济贸易融合使浙江的企业资源得到了良好的整合，阿里巴巴就是一个最好的例子。

　　《中国（浙江）自由贸易试验区总体方案》中对舟山群岛及自贸区建设重点进行了划分，舟山离岛片区鱼山岛重点建设国际一流的绿色石化基地，鼠浪湖岛、黄泽山岛、双子山岛、衢山岛、小衢山岛、马迹山岛重点发展油品等大宗商品储存、中转、贸易产业，海洋锚地重点发展保税燃料油供应服务；舟山岛北部片区重点发展油品等大宗商品贸易、保税燃料油供应、石油石化产业配套装备保税物流、仓储、制造等产业；舟山岛南部片区重点发展大宗商品交易、航空制造、零部件物流、研发设计及相关配套产业，建设舟山航空产业园，着力发展水产品贸易、海洋旅游、海水利用、现代商贸、金融服务、航运、信息咨询、高新技术等产业。按海关监管方式划分，自贸试验区内的海关特殊监管区域重点探索以贸易便利化为主要内容的制度创新，重点开展国际贸易和保税加工、保税物流、保税服务等业务；非海关特殊监管区域重点探索投资制度、金融制度等体制机制创新，积极发展以油品为核心的大宗商品中转、加工贸易、保税燃料油供应、装备制造、航空制造、国际海事服务等业务。这一方案的实施，保证了自贸区的有效建设，有利于我国和浙江深化对外开放的政策。

　　（六）建设现代化港口，发展现代化物流

　　之所以要做现代化物流，是因为浙江要把物流范围由国内扩展到国外。虽然浙江省自然资源和原材料极其匮乏，但工业制造却是领先的省份，为此，浙江也是实施了原材料和市场"两头在外"的经济策略。而随着浙江对外开放的逐步深入，再加上浙江港口城市的发展，国际市场和国际物流的业务量也得到了高速发展。因此，为了把握好这个国际市场，同时借助"一带一路"的发展潮流，必须抓紧现代化港口的建设，同时发展国际物流的业务。浙江省利用自身优势，建立由海港到内地的体系，准确利用好海港、港口和内地的资源优势，以浙江宁波国际枢纽港口为核心，建设沿海港口一体化集群，进行更大范围更多方面的资源整合；而浙江的内地和中心城市，要依托具有地理优势的港口城市，加强陆港与海港的联系和协同化发展，充分发挥宁波的口岸功能，然后带动义乌陆港的发展，最终实现浙江的现代化港口建设，同时发展浙江的现代化、国际化物流服务。

（七）利用现代技术，推进数字化建设

科技是第一生产力，要发展浙江的对外经济，科技和创新是必要的，再加上浙江的先天优势，对外开放的时间久，很容易吸引到外国先进技术。义乌是浙江的电商发展聚集地，利用现代化技术建设世界电子商务贸易平台，是推进中国电商向世界电子贸易平台发展的重要战略布局。同时，浙江要充分利用"一带一路"带来的新机遇充分发展服务行业建设新型的服务贸易发展基地。因为浙江产能过剩，所以可以借助"一带一路"的潮流，把一部分企业建立到境外去，这样一来，顺势将自己的资本和劳务进行了输出，还可以同时实现服务贸易的出口增长。"一带一路"的倡议增加了科技元素的投入，杭州可以借此机会对本地的服务产业结构进行调整，从而拉动新兴服务业的发展。

利用"一带一路"将浙江本地过剩的产能发展到境外，是一项一举多得的措施。首先，将这些产业和产能发展到沿线一些不发达的地区，可以帮助他们提高经济水平，显示了我国的大国风范；同时，又可以实现产能释放，帮助浙江实现进一步发展。产业的发展，往往是一体化的，某一行业进行转型，其他行业也顺势而发展。比如，服务行业的发展，与互联网、交通运输、旅游等都是相互推进的，新兴服务行业的转型和发展，是新科技技术的具体表现，也是现代化技术和数字技术的实际运用。

（八）建设服务站点，打造"一带一路"枢纽

迪拜站和捷克站等服务站点建设，是浙江省对外开放的重点工作，也是浙江省在新时代推进"一带一路"建设的重要实践。作为海上丝绸之路和陆上丝绸之路的重要出发地，浙江有一定的先天条件来推进"一带一路"的实施，建立与沿线国家的合作，实现互惠互利，合作共赢。以捷克站为例，捷克站的建设，不仅是"一带一路"的一个重要节点，还是促进浙江和中东欧国家合作的新实践，尤其是"16＋1"合作平台的创建，为中国以及中东欧国家的企业发展和市场运作提供了一个更好的发展环境，还可以促进双方关系的发展。"义新欧"班列的同行，更是为双方的合作和发展提供了便利，是促使双方资本交流、信息交流、技术交流和人才交流的重要通道。浙江与捷克当地的贸易合作越来越密切，《中华人民共和国浙江省人民政府与捷克州长协会关于建立合作伙伴关系的备忘录》以及《中华人民共和国浙江省人民政府与捷克共和国工业和贸易部关于加强经贸合作的谅解备忘录》就是浙江和中东欧国家合作日益密切的最好见证。2014年到2016年间，浙江省与"一带一路"沿线国家的贸易总额已经达到了3195亿美元，占全国总额的比重由2014年的9.6%上升到11.1%；同时对沿线国家的投资也达到了128亿美元，占全省对外投资比例由2014年的15.8%上升到44.4%；同时，浙江省对"一带一路"沿线国家的文化输出也占全省文化输出的34%。

中捷（宁波）国际产业合作园和中捷（浦江）水晶产业合作园的在建是中国和捷克企业合作逐渐深化的重要表现。阿里巴巴、网易考拉等企业逐渐与捷克达成合作；杭州新坐标科技股份有限公司在捷克建设新的销售基地；这些都是捷克站建设带来的一系列发展，总之，"一带一路"沿线站点的建设，不仅对于中国，而且对于沿线各国都是一件非常有益的事。

（九）建设合作园区，促进国际人文交流

在新时代，浙江省积极鼓励企业成为新技术的创新主体，浙江省中荷产业合作园区的建设就是最好的表现，同时也是为了响应省政府建设创新型城市的表现。园区以高起点定位、高标准建设、高收益融资和高效能服务为标准，为各种科技企业的发展创造了良好的氛围，同时也取得了非常好的成

果。另外，科技园区的建设，有利于进一步推动浙江和国际之间的交流与合作，尤其是技术上的交流，可以促进园区中每一个企业的升级和转型。通过实现国际人文交流，还能拉动相互之间的合作办学，从而为合作园区建设甚至是国家建设提供更多优质的人才。

四、广东省对外开放成果

1980 年 5 月，党中央在深圳、珠海、汕头、厦门四个城市创办经济特区，迈出了我国对外开放战略的第一步。1981 年，国务院在北京召开广东省和福建省经济特区的工作会议，指出要将深圳和珠海建成工、商、农、牧、住宅、旅游多种行业的综合性特区，另外还要将厦门和汕头建成以加工业为主，同时发展旅游业的特区。经济特区的设立，是我国根据自身的特殊环境采取的特殊政策，是符合我国国情和国家发展的对外开放政策。经济特区的特别之处就在于经济特区内的特殊经济政策和特殊经济管理体制，比如减免关税等优惠措施，经济特区通过为外来的企业提供理想的投资环境，吸引外来企业，从而促进我国的经济发展。

广东省作为我国对外开放的先头部队，在第一批经济特区中就有三座城市，1978 年到 2018 年，广东省对外贸易发展取得了极大的成果。1978 年广东省对外贸易进出口总额 15.9 亿元，到 2017 年，进出口总额增长至 1.01 万亿元，总共增长了 632.1 倍，40 年间平均每年增长 18 个百分点。而且从 1986 年开始，广东省的出口总值位居全国第一位，截至 2017 年，广东省仍然持续保持着第一的位置。广东省的对外贸易是推动广东省经济发展的重要原因，尤其是"一带一路"倡议被提出之后，2017 年广东省对沿线国家的外贸进出口总值达到 2 220 亿美元，同比增长了 12.1%。

广东省作为我国的沿海省份，又是我国对外开放的先锋省，对于我国进出口贸易发展做出了重要贡献。尤其是近年来，广东省的进出口贸易持续扩大，2018 年广东省货物出口总额 71 618.35 亿元，其中进口总额 28 900.01 亿元，出口贸易总规模达到了 42 718.34 亿元；同比分别增长了 5.1%、11.3% 和 1.2%。另外，2018 年广东省使用外资投资金额达到了 1 450.88 亿元，同比增长了4.9个百分点，而其中制造业使用的金额就达到了520.45亿元，远超其他领域的使用额度。同年，广东省对外投资额达到138亿美元，同比增长了57.71%，其中占比最大的是租赁和服务行业，共66.5亿美元。

"十二五"结束之际，广东省的进出口总额达到了1.02万亿美元，已占全国的四分之一，在"十二五"的五年期间，广东省利用外商投资达到了1248亿美元，与世界多个国家和地区的合作也不断得到深化。在"十二五"期间，广东自贸试验区的建立是广东省对外开放的一个重点，该自贸试验区主要包括深圳前海口片区。广州南沙新区片区和珠海横琴新区片区，截至2018年4月21日，该自贸区挂牌三周年，在三年内共完成了385项制度创新成果，广东自由贸易试验区的设立，进一步扩展了广东省的对外开放。截至"十二五"结束，广东省累计在外投资企业约5 600家，实际投资额高达350亿美元，和"十一五"期间相比分别增长了311%和531%。

现在正处于"十三五"期间的广东省，依然走在对外开放的最前列，2018年广东省货物贸易总额7.16万亿元，和2017年相比增长了5.1%；另外在进出口额方面，进出口总额超过了7万亿元，商品出口4.27万亿元，进口2.89万亿元，和上一年相比分别增长了1.2%和11.3%。就目前来说，广东总体的进出口仍然保持着增长态势，尤其是"一带一路"沿线国家，在和广东省的外贸方面有一个较快的增长速度，尤其是俄罗斯和墨西哥，分别增长了22.1%和15.4%。

五、广东省对外开放的重要举措

（一）充分利用自身优势，发展加工业和转口贸易

在广东省对外开放初期，广东省面临着发展的极大困境，由于缺乏技术和资金，广东省只能用自身的地理和人员优势，来补足其他方面的困难。"三来一补"就是当时广东省使用的一种贸易形式，"三来一补"中的"三来"分别指的是来料加工、来样加工和来件装配，而"一补"指的是补偿贸易。这在当时解决了广东省原材料资源短缺的问题，并且可以利用广东当地的廉价土地和劳动力，从而形成生产能力，最后生产出来的产品可以运往其

他地方进行销售，所以在当时来说，这种形式促进了当地劳动密集型产业的发展，同时也是广东发展对外经济的开始。

（二）改革外贸体制，形成全方位对外开放局面

以"三来一补"为主要方式的劳动密集型企业无法持续适应经济的发展，更无法成为广东省发展外向型经济的主要部分，所以广东省积极利用国家政策，改革对外贸易制度，发展外向型经济。在发展外向型经济的过程中，首先要建立面对国际市场的外贸公司，其次是要将国内的各种企业进行整合，然后建立外贸基地。在此过程中，要注重对先进科学技术的利用，同时要对老企业和旧企业进行改造和转型。在广东省对外开放之后，广东省陆续对外资进行引进，并且积极吸收外来先进技术，后来还用 44 亿美元对多家老企业进行改造，使得当时的广东省很快就迎来了焕然一新的面貌。广东省具有得天独厚的地理优势，是进行对外贸易的优势地区，对于全国对外开放政策的深入具有很重要的意义。在 1988 年之后，中央又分别开放广州和湛江两个城市作为沿海港口，并建立了经济技术开发区，随后珠江三角洲和广东省的大部分地区都得到了开发。后来，广东省成为一个拥有三个经济特区、两个沿海城市的对外开放大省，除此之外，广东省还对外建立了 4 个经济技术开发区、6 个高新技术区和 40 多个经济试验开发区，逐渐形成了全方位对外开放的新局面。

（三）面向全世界，发展开放型经济

1992 年之后，广东省对外贸易事业得到了较大的发展，广东省作为面向国内和国外的重要地带，是带领全国发展开放型经济的领头羊。因此，广东省整体充分发挥其经济开发区和经济特区的作用，积极与世界各国进行经济合作。除此之外，广东省还对本地的公司及企业进行体制改革，推动大量国有企业和合资公司向股份制发展；并且积极构建多元化市场，发展国际化市场，最终打开了亚、欧、美、非等大洲的大门。除了市场以外，积极发展先进技术也是一个重中之重，为此，广东省积极对传统产业进行技术改造，并大力发展高新技术产业，从而使当地的外向型经济有了明显的发展，尤其是电子技术和新能源等新技术产业的发展，大大带动了广东省和珠三角地区的

技术产业发展。

（四）实施"走出去"战略，促进经济结构的全面发展

要发展贯彻对外开放的战略，不仅要实行"引进来"战略，还要将"走出去"落到实处，只有将我国自身的产业发展好，才能让我国经济得到更加稳定的发展。现如今，我国每年的出口总额都在逐渐扩大，走出去的品牌也在逐渐变多，广东省华为、格力等品牌在外地的发展，就是广东省"走出去"战略的最初探索。

进入21世纪之后，尤其是我国在加入世界贸易组织之后，我国所面临的国际经济环境更加多变，积极参加与世界各国的经济合作，并且主动抓住一切发展机遇，才是当时面对大环境的必然措施。在此基础上，广东省大力引进外资，并积极鼓励本省与世界各国之间进行跨国公司的建立和合作。在此之后，世界大国、世界强国纷纷在广东省投资创办跨国企业，世界500强在广东创办的企业也越来越多。为了进一步扩大对外开放的区域，并且进一步提高对外开放的领域，广东积极加强和珠三角地区的合作与建设，并且充分发挥了先锋作用。不仅仅是珠三角地区，在2004年6月，广东省还和广西壮族自治区、福建省、云南省、海南省以及江西省、湖南省、四川省和贵州省等九个省份以及香港和澳门签订"9+2"的协议，建立了更全面、更深层次的泛珠三角区域合作，签约合同金额高达7461亿元，而广东省参与到其中的有2493亿元，这也是广东省发展区域合作、对外开放的有力见证。

（五）以自贸区为依托，发展服务行业贸易

广东省自由贸易试验区和"一带一路"建设的实施，是广东省发展服务行业的新契机，在原有产业的基础之上，大力发展信息技术、电子商务技术、文娱产业、生物技术、医疗产业等高端领域，使广东省的服务行业得到不断的扩展和深化。将自贸区的重点转化为现代服务业，不仅可以更快地促进我国服务行业和广东省服务行业的发展，还可以促进广东省和世界服务业整体水平接轨。同时要对自贸区进行管理措施建设，将自贸区的管理系统化、数字化，从而推动各种服务业的高端企业发展，加速自贸区甚至是整个广东省服务业的快速发展。此外，还要积极引进高科技人才和高新技术，帮

助当地高端产业链和高端产业网络的构建，早日帮助广东省实现服务行业的现代化和技术化。

（六）对重点企业进行帮扶，做到主次清晰

广东省首先要做到对广东省企业心知肚明，对重点领域、高新领域、服务领域进行一定的帮助和扶持，然后在产业链和企业网络的基础上带动其相关产业的发展。比如对电子商务的支持，电子商务是广东省众多地区的核心产业，通过对电子商务的发展进行促进，就可以带动当地的外贸发展，最终在实现电商发展的基础上促进广东省整体的对外开放。尤其是在互联网络飞速发展的情况下，将互联网深入实施到电商的发展当中，并且加快"互联网＋电商"在广东省全范围内（尤其是农村）以及全世界范围内的推进，将跨境电子商务的发展进行完善，并且建立完善的快递体系和售后服务体系。除此之外，对于旅游业也应该提高重视程度，尤其是在当今社会，人们的经济水平逐渐得到了提升，因此人们将过多的精力和注意力转移到了精神文化层面上来。随着科学技术的发展，交通方式不断得到更新，国与国之间的距离也大大缩短，所以在这时候大力发展对外旅游行业，不仅符合广东省的对外开放，还是当下促进经济发展的重要手段。在丝绸之路经济带和海上丝绸之路的概念提出之后，广东省可以大力发展与沿线国家之间的合作，尤其可以借助"一带一路"的趋势打造沿线著名品牌和旅游路线，促进沿线各国之间"市与市""省与省""国与国"之间的旅游路线开发。

（七）提升外贸发展水平，开发特色项目

提升广东省对外贸易的发展水平，开发具有特色的对外发展项目，是新形势下发展广东省对外贸易的重要举措。第三产业是现代经济结构中的重要组成部分，也是现代化社会中人们的主要需求，比如文化产业的发展。我国是一个拥有960万平方公里陆地面积和56个民族的大国，在这样的环境之下，我国形成了丰富多样的传统文化，如何对我国的文化进行挖掘，如何对广州当地的文化进行发掘，并且发展成为文化产业，然后在对外贸易之中进行合理有效化的利用是一个重要问题；此外，影视行业、动漫游戏行业、艺术设计行业等文化行业，也是利用广东文化、发展广东文化的重要举措。以广东的潮汕文化和客家文化为例，如何利用各种各样的企业形式将它们发展成为企业元素，再然后进行文化出口，是发展文化贸易的严峻考验，当然，这已经成为广东自贸区开展文化业务的重要目标之一，是广东省针对文化出口的一种探索。

对于特色项目的发展，必然离不开服务行业，随着人们生活水平的逐渐提高，人们的温饱问题已经不是关键问题，健康问题才是当下社会的一个重要问题。因此，发展医疗和医药产业是当下人们追求的重要问题。而中药是中国最具特色的传统文化之一，发展中医药文化，并且将其产业化是我国对外贸易的一个特色项目。广东省积极鼓励中医药服务行业企业的构建，扩大中医药的国际化合作和国际化生产，并且不断推进中医药相关技术和医疗器械的出口，从而扩大中医药行业与世界各国之间的国际交流与合作。

（八）提升出口贸易比例，优化对外投资结构

从我国实施对外开放政策以来，在进出口贸易的额度上面，对外来资金的引进一直都占有比较大的比重，但是当时由于我国经济发展比较落后，再加上我国人口基数较大，因此这在当时也是符合我国国情发展的重要举措。但是，随着经济社会的不断发展以及对外开放政策的不断深化，我国的经济水平逐渐得到了提升。因此，对于进出口贸易也有了不一样的要求，在经济结构上也要不断进行改变。比如，对于现代服务行业，有必要加强对服务业的对外投资，争取建设广东省连接外部的跨境服务体系，从而加快广东省服务行业的发展以及服务平台的建设。和最开始的进出口贸易结构相比，对于产业比重要进行适当的变化，第一产业到第二产业的变化，第二产业到现代服务行业的变化，都是经济发展趋势下的必然要求。因此，广东省也必须加快对服务平台的建设，促进服务行业的发展，在现有的基础之上，充分利用已有资源实现最大化发展。

（九）积极引进人才，优化相关发展环境

鼓励当地高校对于人才的培养，尤其是服务类行业、高端技术行业以及文化行业的相关人才，政府还可以在一定程度上给予鼓励和支持，尤其是要加强对于人才的实践能力培养，因此，政府可以利用其职权推动高校和企业

之间的联系与合作，帮助其形成人才共同培养的章程和协议，通过高校的理论化知识培养和企业内的实践过程，帮助人才进行全面发展，除此之外，国家还应对毕业学生进行一定的政策帮扶，从而提升他们参与到当地产业中的积极性。对于环境的建设，不仅包括对于高校学生的环境建设，还应该包括对于任何形势下人才的环境建设，鼓励他们积极创新，加强对于知识产权的保护，为人才进行创新和发展提供一个稳定且和谐的环境。

（十）推行"多证合一"，使投资贸易便利化

推行"多证合一"是广东省在新形势下，进一步扩大对外开放的积极措施。将多样、复杂化的证书进行合并，在一定程度上简化了贸易投资的过程和手段，尤其是在审批流程上，这样的方式和原有的审批流程相比较，足足可以节省四分之一的时间。不仅仅是贸易投资，在外商投资方面，企业开办通过的时间也得到了很大的压缩。但是这样的过程并不代表在流程之中会省略什么步骤，只是通过优化将各种流程和事项进行了整合，这也就是"银证通"。随着"一带一路"的不断扩展和深化，"银证通"也将得到持续和进一步的发展，在相关条件逐步成熟和完善之后，这一举措也将积极拓展到"一带一路"的沿线地区和国家，不断得到流程优化和时间优化的"银证通"，相信会在不久之后得到一个更加广泛的利用。

第二节　江苏、广东、浙江主要经济指标比较

一、经济指标

（一）经济指标的概念

经济指标是一项数值，其反映的是一定的经济现象和经济状态，因此，经济指标是大家研究经济、分析经济的一个重要方式和依据。尤其是随着经济的不断发展和国际经济形势的不断变化，各种各样的经济指标也不断涌现，这样一来，研究经济发展情况的经济指标也会变得越来越系统化。但是，对于现有的各种经济指标，国际上应该对于计算方式、研究范围以及使

用单位等进行统一，以此来实现国际之间的通用化。

指标分为领先指标和落后指标，领先指标并不是说一项指标在逐渐进步，而落后指标也不是说一项指标在落后，它们之间最大的区别在于，领先指标会在某些经济发展或者变化之前出现，它会起到影响经济指标或者引领经济变化的作用；而落后经济指标会在经济发生变化之后出现，也就是说，落后指标会随着经济的变化而变化，而不是让经济随着它而进行变化。不管是市场还是政府部门，都要在一定的时间内对各项经济进行分析和整理，然后将经济指标的数据进行公布。因为生活中的每一个人都需要这些数据，尤其是那些投资者和企业家，会根据这些数据进行投资或者信息利用。但是，经济指标并没有固定的规律，因为市场是瞬息万变的，虽然在某种程度上，这些经济指标有规可循，但是仍然没有百分之百的确定性。

（二）经济指标主要分类方式

经济指标的分类方式是多种多样的，由于不同国家的经济模式并不一样，所以在经济指标上可能也存在一定的差异。但经济指标所起到的作用却有一定的相同之处，不论是国家还是企业，都可以根据这些指标数据对自身的生产进行分析、进行转型以及扩大生产等。

划分经济指标的方式方法是很多的，根据不同的性质和作用来进行划分，经济指标主要包括对全部财务、价值进行统计的综合性价值指标、对不同阶段的物质水平进行综合比较的不变价格指标、反映事物及财富实际水平的绝对指标、通过对比来反映事物发展的相对数指标、对事物进行效益考核的指标等。在这些经济指标中还可以按照时间和空间等性质来进行分类。

（三）主要经济指标

（1）国内生产总值。国内生产总值也就是大家常说的 GDP，这项数据所表示的是某一个国家在某一个时间段内国家内部所有生产产品的总值。这项数据可以直接地反映出一个国家的总体经济实力，也是衡量一个国家经济实力和经济形势最直观的手段。这项数据是一项比较综合性的数据，主要包括总体消费水平、个人投资、政府支出和净出口额度四部分，如果这项数据处于一个稳定增长的局面，就说明这个国家的国民经济还处于一个发展的局面。

（2）消费者物价指数。消费者物价指数英文缩写是 CPI，这项数据和人们的生活水平以及消费水平有关，这项数据是通过居民生活中常购买的产品和其劳务价格统计出来的一个指标，这项指标是一个变动指标，也是判断通货膨胀的一项重要指标。

（3）生产者物价指数。生产者物价指数的英文缩写是 PPI，这项指标可以反映某一阶段内生产商品价格的变动，通过它可以判断出产业以及工厂所生产商品的出厂价格的变动，然后国家可以根据这项指标来决定是否可以制定相关经济政策，并且这项指标也是进行国民经济合算的一项依据。

（4）工业生产。工业生产所代表的是某一个国家在一定的时间范围内，其内部产业所生产的所有商品的总价值，这项数据在国内生产总值中是很重要的一部分，这项数据通常以生产行业和制造业为主。

（5）失业率。失业率是一个比例，它指的是一个国家失业人口占其所有劳动人口的一个比例，通过这项数据，可以真实地反映出一个国家或地区的失业状况。在资本市场中，这项数据是非常重要的一个指标，如果失业率不断增加，就会造成经济疲软，而失业率下降，又会导致通货膨胀，失业率如果可以保持在 4% 左右，就代表着这个地区或国家的失业率处于正常情况。

（6）第一产业、第二产业、第三产业占国内生产总值的比例。我们知道，第一产业通常代表农业和牧业，也就是传统产业；第二产业主要包括工厂制造、采掘等制造业；而第三产业是现代化产业，种类丰富且繁多，主要包括信息行业、计算机行业、软件行业以及服务业等。这些行业的产值占生产总值的比例，就是一项分析产业发展情况的重要指标。

（7）社会消费品零售总额。这项指标主要指的是批发零售行业、餐饮业等在一定时间段内销售额度的综合，它客观上反映了一定时期内人民的物质水平，而国家也可以通过这项数据来分析人们的购买能力，总之，这项数据是研究人们购买能力、货币流通、物价变化以及社会生产情况的一个重要指标。

其实除此之外，还有很多的经济指标，它们都在不同的范围内反映着不同的情况，最终都为一个国家和地区的经济做出了很大贡献。

二、江苏省经济发展及主要经济指标

（一）江苏省经济发展概况

截至 2018 年年底，江苏省全年生产总值达到 92 595 亿元，和 2017 年全年相比增加了 6.7%。在 2018 年全年中苏州市单独实现了生产总值 1.85 万亿元，GDP 占全省的第一位。2018 年，全国生产总值超过 9 万亿的只有江苏省和广东省。中华人民共和国成立以来，江苏省坚持发展生产力，经济总值也在逐渐提升，从 1952 年的 48.4 亿元到 2018 年的 92 595 万亿元，实现了经济的跨越性发展。

同时，江苏省在不断推进经济发展的同时，还积极进行经济结构的转型和发展，从 1952 年到 2015 年，实现了第一产业到第二产业，再由第二产业到第三产业的转变，实现了江苏省经济产业结构的转型发展。在 1952 年，占 GDP 比重高达 52.7% 的第一产业，在 1972 年实现了向第二产业的发展，而第二产业向第三产业的转型与发展，也在 2015 年得到了实现。2015 年，江苏省第三产业的 GDP 总值占比高达 48.1%，实现了江苏省的现代化发展。

在实现了第二产业向第三产业的转型之后，江苏省仍然砥砺前行，不断提升创新型产业的发展和开放型经济的发展。江苏省作为沿海城市，在对外开放的战略中也深受其影响。对外开放的战略，是实现其现代化发展的重要原因之一，在此期间，江苏省与国外进行积极交流，并不断吸引外资企业和外来技术。目前为止，江苏省已经成为我国现代技术发展最多的省份之一，另外，江苏自贸区的设立，也为江苏省的现代化发展提供了新鲜血液，促进了江苏省开放型经济的发展和突破。

南京市是江苏省的省会，虽然在 2018 年的 GDP 总值没有超过苏州市，但是仍然位于江苏省的第二位，充分体现出了南京市作为省会城市的带头作用。南京市是江苏省的经济大市，它的经济发展状况和产业转型，严重影响着周围城市以及省内其他城市的发展，因此，南京市在发展过程当中稳步前进，通过对改革开放政策的深入贯彻，逐步实现产业的优化和升级，在经济

转型之后，又努力推动经济往高质量发展，并且努力做到创新，在实现南京市经济体制高质量现代化的基础上还要争取做到不断创新。"稳中有进，进中有变，变中有新"就是南京市改革开放以来的整体发展策略。

（二）江苏省经济指标

表 6-1 2018 年江苏省各市 GDP 数据

排名	城市名称	2018 年生产总值（单位：亿元）	2017 年生产总值（单位：亿元）	增长数量（单位：亿元）	增速
1	苏州	18 564.78	17 319.51	1 245.27	7.19%
2	南京	12 730.8	11 715.1	1 015.7	8.67%
3	无锡	11 426.33	10 511.8	914.53	8.70%
4	南通	8 168.55	7 734.64	433.91	5.61%
5	常州	7 000.84	6 622.68	378.16	5.71%
6	徐州	6 882.74	6 605.95	276.79	4.19%
7	扬州	5 294.36	5 064.92	229.44	4.53%
8	盐城	5 222.97	5 082.69	140.28	276%
9	泰州	5 000.75	4 744.54	256.21	5.40%
10	镇江	3 947.3	4 105.36	-158.06	-3.85%
11	淮安	3 460.26	3 387.43	72.83	2.15%
12	宿迁	2 771.51	2 610.94	160.57	6.15%
13	连云港	2 714.24	2 640.31	73.93	2.80%
总计		93 185.42	85 900.94	6 081.787	7.08%

表 6-1 为江苏省整体经济指标，从表中可以看出，江苏省在 2018 年的生产总值为 91 982.73 亿元，和 2017 年的 85 900.94 亿元相比，增长了 7.08%。除此之外，表 6-1 中还将 2018 年江苏省各城市的生产总值进行了汇总，排名由先到后分别是苏州、南京、无锡、南通、常州、徐州、扬州、盐城、泰州、镇江、淮安、宿迁、连云港，在 13 个城市之中，苏州以全年生产总值 18 564.78 亿元位列第一（苏州市已经连续多年在江苏省全市生产总值中位居第一），和上一年相比增长 7.19%，高于全省增长值。就表 6-1 来

看，我们可以发现，只有镇江在 2018 年出现了生产总值下降。而在江苏省的 13 个城市当中，苏州市、南京市和无锡市全部实现了 GDP 超过 10 000 亿元的目标。

（三）江苏省经济状况分析

在 2018 年，江苏省的生产总值在全国位于第二，仅次于排名第一的广东省，而支柱产业主要包括石油化工、机械、汽车、纺织业等。但是我们从江苏省整体来看，综合表现出的一种情况就是各市发展不均衡，两极分化严重。除此之外，江苏省的债务余额排名较高，在全国排名第一，政府的债务率也比较高。

总体来看，江苏省的经济状况发展平稳，在全年中非公有制经济生产值也在增加，同时民营企业的生产值占总 GDP 比例也在 50% 以上。而且，江苏省的农业生产也有一个比较好的发展形势，全年生产粮食总量超过 3600 多万吨，和上一年相比较增长了 1.4%；平均亩产量可以达到 440 千克，和上一年相比增加了 10 千克左右。另外，蔬菜的总产量也高达 5600 多万吨，增长值达到了 1.5%。在猪肉和家禽方面，猪肉的产量有所下降，全年的家禽量也有所下降，另外家禽蛋类的产量也下降了 100 多万吨。但是江苏省的农业结构整体来看还是得到了优化，现代化、科技化的农田也有一个上升的比例和趋势。

在工业方面，整体呈现出中级行业和高端行业增长的趋势，并且发展速度相对较快。全年来工业增加值增长了 5 个百分点。而从现有的经济类型来看，国企、股份制企业以及民营企业和私企的生产值全部处于上升状态。而在江苏省全部的工业类型当中，约有 30 个行业的增加值处于上升状态，而其中增值最高的均属于第三产业以及现代化高新技术产业，比如医药产业、汽车行业等。在 2018 年全年中新兴技术产业和高新技术产业的增长值大都在 10% 左右。而其中的新能源汽车比上一年增长了 139.9%，3D 打印技术和上一年相比增长 51.4%，智能电视增长 36.4%。总之，江苏省经济发展情况，在 2018 年整体呈现一个第三产业和高新技术产业飞速发展的情况。

服务业也是江苏省增长较快的一个产业，就 2018 年来说，和上一年相比较共增长了 7.9%，交通及物流在其中所占的比例最高，共增长了 7.4%，总增加值约 3350 亿元，另外，金融行业和房地产行业也分别增加了 7% 和 1.8%。现代服务行业的利用和发展，尤其是信息技术和软件技术的利用，让江苏省的服务行业迎来了一个快速的发展，在调查的行业中，共有 27 个服务类行业处于收入持续增长的情况。服务业的生产总值已经占到了地区生产总值的 51%，和上一年相比共提高了 0.7 个百分点。生活性服务业在这些服务业中也处于一个增长的势头，和上一年相比较增长了 14%。全年公路客运、铁路客运以及飞机客运量都得到了增长。

除此之外，江苏省的进出口规模也在 2018 年不断扩大，江苏省 2018 年全年完成了进出口总额 43000 多亿元，整体来看，和上一年相比较也增长了 9.5%，其中，出口 26000 多亿元，进口 17000 多亿元，分别比上一年增长了 8.4% 和 11.3%。具体而言，一般贸易出口总额占到了全部出口总额的 48.7%，和加工贸易相比较高了 9 个百分点。从出口主体来看，国有企业出口额约 2900 多亿元、外资企业约 14000 多亿元、私营企业约 8400 多亿元，而出口的主要目的地分别是美国、欧盟和日本；从出口产品结构来看，产品类型以机器、电子以及高新技术为主。尤其是在"一带一路"建设实施之后，江苏省对沿线国家的出口也处于一个较快的增长状态。

失业率是衡量一个地区的重要经济指标，江苏省新城镇的建设，为江苏省新增了 100 多万的就业机会，完成了当初 110 万人的预期目标。除此之外，江苏省鼓励人们进行创业，先后帮助 30 余万人成功创业，创业的成功还增加了就业机会，前前后后总共解决了 121 万人的就业问题。据统计数据，江苏省全年的失业率在 2.9% 左右，和上一年相比下降了 0.01 个百分点。再加上农村劳动力转移和城镇失业人口重新就业等方式，江苏省整体就业问题处于一个良好的发展状态。

从全省整体状况来看，江苏省的综合实力处于一个不断提升的状态，尤其是创新的不断推进，让更多的产业和企业有了新的生命力。再加上"一带一路"、长江三角洲地区一体化等为江苏省带来的契机，让江苏省在经济发展方面有了一个更大的发展机遇。因此，江苏省也必须在这样的环境和形势下，紧紧抓住机遇，根据现实情况对现有的经济结构不断进行调整，从而保证经济状况的稳定运转，尤其是作为当下龙头产业的第三产业和服务业，江苏省也要抓住这一"稻草"，并且进行深入化的发展。

三、广东省经济发展及主要经济指标

（一）广东省经济发展概况

中华人民共和国成立之初，拉动广东地区经济增长的主要是普通消费，后来随着改革开放的不断深入，人们的物质生活水平不断得到提高，广东省的经济结构和产业结构也得到了不断的变化和发展。尤其是党的十八大以来，人们的基本需求目标已经从解决温饱问题转移到迈向小康社会。2018年后，广东的恩格尔系数降到新低，商品经济不断发展，网络买卖成为推动经济发展的一股新军。据广东省统计局发表的报告，随着经济的不断发展，广东省的产业体系已经逐步发展成了现代化产业体系。

在第一产业方面，广东省的农牧业也实现了现代化的转变，从中华人民共和国成立初期到现在，总产值达到了百倍的变化，现代化农产业的集群更是广东省现代化发展的重要表现。再加上工业的不断转型，广东省的制造业和工业已经逐渐开始向高端工业化迈进，可以这么说，广东已经成为全国的制造业基地，甚至是全世界的制造业基地。服务业逐渐成为广东省经济增长的主要力量，在广东省发展的过程当中，服务业的增加值总量多年来遥遥领先，为广东省的经济发展做出了重要贡献。

广东省作为我国对外开放的先头部队，又是我国沿海的重要省份，在第一批的经济特区中就有三座城市。改革开放40年以来，广东省的对外贸易发展取得了极大的成果。1978年，广东省对外贸易进出口额达到15.9亿元，到2017年，进出口总额增长至1.01万亿元，总共增长了600多倍。而且广东省本省的出口总值在32年间始终保持着第一的位置。广东省的对外贸易是推动广东省经济发展的重要原因，尤其是"一带一路"的倡议被提出之后，2017年，广东省对沿线国家的外贸进出口总值达到2220亿美元，同比增长了12.1%。近年来，广东省的进出口贸易持续扩大，2018年广东省货物

出口总额 71 000 多亿元，其中进口总额 28 000 多亿元，出口贸易总规模达到了 42 000 多亿元，同比分别增长了 5.1%、11.3% 和 1.2%。另外，2018 年广东省使用外资投资金额达到了 1 450.88 亿元，同比增长了 4.9 个百分点，而其中制造业使用的金额就达到了 520.45 亿元，远超其他领域的使用额度。同年，广东省对外投资额达到 138 亿美元，同比增长了 57.71%，其中占比最大的是租赁和服务行业，共 66.5 亿美元。

（二）广东省经济指标

表 6-2　2018 年广东省各市 GDP 数据

排名	城市名称	2018 年生产总值（单位：亿元）	2017 年生产总值（单位：亿元）	名义增量（单位：亿元）	增速
1	深圳	24 221.9	22 490.1	1731.9	7.7%
2	广州	22 859.3	21 503.2	1 356.2	6.3%
3	佛山	9 934.8	9 385.2	537.413	5.7%
4	东莞	8 278.5	7 582.1	696.5	9.2%
5	惠州	4 103.0	3 803.6	272.5	7.1%
6	中山	3 632.7	3 430.3	202.4	5.9%
7	茂名	3 092.1	2 904.1	188.1	6.5%
8	湛江	3 072.1	2 806.9	201.5	7.2%
9	珠海	3 008.3	2 675.2	239.6	8.9%
10	江门	2 914.7	2 690.3	210.2	7.8%
11	汕头	2 900.4	2 350.9	161.1	6.8%
12	肇庆	2 512.0	2 110.0	91.8	4.3%
13	揭阳	2 201.8	1 987.9	164.6	8.3%
14	清远	2 151.5	1 500.9	64.3	4.3%
15	阳江	1 365.2	1 311.5	38.9	2.9%
16	韶关	1 343.9	1 245.3	98.6	7.9%
17	梅州	1 110.1	1 075.4	34.8	3.2%
18	潮州	1 067.2	1 021.8	45.5	4.5%

续表

排名	城市名称	2018 年生产总值（单位：亿元）	2017 年生产总值（单位：亿元）	名义增量（单位：亿元）	增速
19	河源	1 006. 0	946. 2	59. 8	6. 3%
20	汕尾	910. 2	850. 9	69. 4	8. 2%
21	云浮	859. 1	803. 6	45. 6	5. 7%

　　表 6 - 2 是广东省 2018 年各地级市的 GDP 数据，我们可以从表中发现，广东省各市之间的经济状况也存在着两极分化严重的局面。位于第一的深圳，全年 GDP 高达 24 000 亿元，位于第二名的广州也有大约 23 000 亿元的生产总值，第一名和第二名相差不大。但是从整体状况来看，前两名和之后城市就已经拉开了一个比较大的差距。第三名的佛山在 2018 年的 GDP 仅仅有 9 900 多亿元，在佛山和东莞之后，排名第五的惠州和排名第四的东莞之间又拉开了较大的差距。但就整体情况来看，东莞的增长速度最快，和 2017 年相比较增速达到了 9%。而排名前两位的深圳和广州，虽然名义增量较高，分别是 1 700 多亿元和 1 300 多亿元，但是增速分别仅达到了 7% 和 6%。

　　从表 6 - 2 来看，整个广州地区的 GDP 指数可以分为三部分，第一部分就是深圳和广州，这两座城市对外开放较久，又是广州的大城市，所以经济实力也比较雄厚。第二部分是佛山和东莞，虽然较第一部分的两座城市有一定差距，但是在经济发展方面仍然处于相对领先的状态。而且佛山和东莞处于珠三角城市群，在一定的政策带动下，也有了一个良好的发展。剩下的是第三部分，包括惠州、中山、珠海、江门四座城市在内，但是和其他城市相比较，这几座城市也位于珠江三角洲城市群，因此，同样也是珠三角地区的受益者，另外，由于这几座城市和广州、深圳相比起步较低，所以在一定程度上这些城市的发展反而可以受益较大。

　　（三）广东省经济状况分析

　　就目前广东省的整体经济形势和综合情况来看，广东省的第一产业、第二产业和第三产业都处于稳步上升的阶段，与此同时，第三产业中的餐饮行业、金融行业以及服务行业也都有比较高的增长值。而且从 2018 年来看，广东省的人均消费水平也有所上涨，消费方面主要包括食品、服装、生活用品、交通、医疗等方面，并且均有上涨趋势。

在农业方面，经统计，广东省全年的粮食种植面积达到 3 000 多万亩，和上一年相比略有增加，在种植种类上，蔬菜种植面积最高，为 1 900 多万亩，其次是油料种植、甘蔗种植以及中草药种植。在农业种植方面，运用机械化动力和上一年相比较也增长了 0.8%，但是粮食总产量较 2017 年有所下降。在家禽肉类方面，猪肉的产量约 280 万吨，家禽类肉产量达到了 150 万吨左右，由于广东省临海的特点，所以在水产品方面也是高达 800 多万吨。

从 2014 年到 2018 年的 5 年之间，广东省工业增加值的增加速度整体趋于下降。在所有的工业当中，国有企业增长 7%，民营企业增长 9%，外资增长 2%。但是高新技术产业的增长值所占比例较高，达到了 31% 左右。在高新技术产业中，医疗、航天航空和医疗设备都增长 10% 以上。

不得不说的是，除了固定资产企业以外，广东省的全年社会消费达到了将近 4 万亿元，其中，城镇消费比例更高，达到了 34 000 亿元，农村消费水平相对较低，只有 5 000 亿元左右。从消费额度增长率来看，最高的是日用品类、通信设备和医药类，其次是烟酒副食和文娱用品。除了境内的一些情况以外，广东省的对外进出口贸易在全年也达到了 7 万多亿元，和上一年相比较增长 5% 左右，同时对于"一带一路"沿线的国家，进出口额达到了 16 000 多亿元。

截至 2018 年年底，全省统计科技研究成果 2 461 项，而且在专利申请方面也处于全国首位，全省有效的发明专利也位于全国首位。在 2018 年年末，全广东省县级以上的科研机构、开发机构、文献研究机构等，已经达到将近 300 个，拥有的研发机构高达 2 万多个，总之，近年来，广东省积极重视高新技术和专利保护，在这一方面也取得了不错的成绩。

四、浙江省经济发展及主要经济指标

（一）浙江省经济发展概况

浙江省的发展是以传统产业开始的，而传统的制造业也是浙江省发展的基础。虽然现在浙江省的经济不断发展，经济结构也在不断转型，但制造业在浙江省的经济发展中依然是中流砥柱，在中国目前的 500 强制造企业当中，浙江省就占了约七分之一。浙江省的制造业历史深厚，在长时间的发展过程中已经形成了全面的、系统化的企业结构。以浙江温州为例，传统的温州是以农业为基础的，但是在后来经济改革的情况下，温州地区的农民开始进军工业领域，正是由于这一探索，才使浙江温州成为现在浙江省的经济重镇。温州的鞋业就是中国最有名的产业。但是单单依靠传统的制造业，浙江省根本无法在新时代引领世界潮流，更无法在这样的局面下保持经济的发展，于是，浙江文化产业的发展，成为新形势下支持浙江经济发展的另一重要领域。文化产业也是第三产业，是时代发展的潮流和趋势，截至目前，浙江省文化产业的增长速率已经达到了 20% 左右。各种各样的集团和影视行业层出不穷，杭州一步步实现了制造业到文化强省的重要转变。

"十二五"期间，浙江省累计吸收外资高达 700 多亿美元，以自身经济产业为基础，积极鼓励外来产业的构建，包括自身产业在内，浙江省最终形成了一张富含全世界产业和贸易的国际网络。其中世界 500 强企业投资的项目多达 136 个，这也是对外开放政策的真实成果。对外开放政策的不断深化，使得其带动周边发展的作用也越来越明显。"十三五"期间的浙江省，是机遇与挑战同在的浙江省，作为最早对外开放的省份之一，如何做到率先发展、全面发展和协调发展，是浙江省当下面临的重要问题。为此，浙江省必须充分发挥其优势，在目前的基础上急速扩大自身的国际市场，并不断开拓新的市场。重要的是，在加快推动对外贸易发展的基础上，要优化自身的体制，重视创新的重要性。浙江省要将外资进行合理化、全面化的利用，以此来扩大高端产业和新技术产业的发展，并不断扩大其规模。另外，浙江省政府要充分完善协调机制，以此来保障经济发展稳定性和企业与企业之间的协作性。

（二）浙江省经济指标

表6-3 2018年浙江省各城市GDP数据

排名	城市名称	生产总值 （单位：亿元）	增值数量 （单位：亿元）	增长率
1	杭州市	13 509	906	7.2%
2	宁波市	10 745	903	9.2%
3	温州市	6 006	594	11.0%
4	绍兴市	5 416	338	6.7%
5	台州市	4 874	467	10.6%
6	嘉兴市	4 872	491	11.2%
7	金华市	4 100	251	6.5%
8	湖州市	2 719	243	9.8%
9	衢州市	1 470	139	10.5%
10	丽水市	1 394	143	11.5%
11	舟山市	1 316	96	7.9%

表6-3是2018年浙江省地区11座城市的年生产总值，从表中我们可以发现，浙江的省会城市杭州以及宁波生产总值已经突破了万亿元大关，和同省的其他市比起来处于相对领先的状态，单这两个城市相比较而言，宁波市的增长率更高，而且增量也相差不多。排名后四位的湖州市、衢州市、丽水市以及舟山市的生产值分别是2 719万亿元、1 470万亿元、1 394万亿元和1 316万亿元，和全省的平均水平仍然有较大的差距。

2018年，浙江的11座城市中已经有5座城市的增速上升到了两位数，和全国的增速相比较也处于一个领先地位。同时，虽然有两座城市的生产总值排名较低，但是仍然有一个比较高的增速，甚至超过了排名前二的两座城市。总体来看，浙江的经济总体形势与变化还算平稳，虽然较广东省和江苏省仍然存在着一定的差距，但是在发展上面仍然处于一个进步的阶段。

（三）浙江省经济状况分析

首先，从浙江省的常住人口来看，从2011年的5 400多万，到2018年的5 700多万，始终处于一个上升状态。而且近几年来，浙江省的死亡率一直保持在5.5%左右，上下浮动情况不超过0.1%，但是在出生率方面，虽然和2017年的11.9%相比有所下降，但是出生率仍然保持在11%以上。

2018年，浙江省不论是GDP总量还是人均GDP都处于一个增长的趋势。从三种产业结构来看，第一产业、第二产业、第三产业都处于增长期，第一产业的增长率为1.9%，第二产业的增长率为6.7%，第三产业的增长率为7.8%，所以相比较而言，第三产业的增值率仍然较高。此外，城乡居民收入的稳定增长，以及可支配收入的增长，是经济水平提高的最直观表现。

传统产业的改造和更新换代、新技术和数字产品的利用使得传统工业仍然具备强大的生命力，虽然随着时代的变化和发展，传统制造业和工业面临着极大的被淘汰的局面和危机，但是将数字技术和现代科技应用到传统工业当中，很大程度上推动了传统制造业的升级和更新。在2018年，经过改造的传统工业增加值已经超过了金属以及矿物的6%的增加值，维持在10%左右。

"一带一路"在浙江省的纵深发展，能够推动浙江省整体经济水平持续向好发展，尤其是对于浙江省的进出口贸易，全省进出口贸易额得到了持续增加，"一带一路"沿线的国家和地区，与浙江省达成的协议也在逐渐增加。同时，浙江自由贸易试验区的设立，使得在新的阶段里，浙江省的经济体系又不断向更加全面的方向发展，尤其是创新型企业的发展，加之高新技术的建立和开发，为创新型企业和人才的发展提供了更加优质的环境，浙江省也在新的一年里实现了诸多科技领域的突破，尤其是诸多科技企业的建立，使浙江省通过新科技得到的经济总量得到了更大的提高。

随着浙江省经济的不断发展，浙江省居民的生活水平也得到了不断提升，尤其是近几年来，浙江省居民的消费结构也得到了不断优化，人们的温饱问题已经逐渐解决。根据恩格尔系数的降低，我们可以发现，人们在消费上面的选择变得越来越多，也越来越合理，穿着、居住条件、文娱产品、交通，还有医疗方面的支出不断增加，已经逐渐达到了基本的富裕水平。从人们的消费结构和消费水平来看，现阶段人们在外就餐的次数和时间越来越多，饮食方面也更加注重多样化和营养化，再加上居住条件的不断改善，充分说明了产业结构变化和经济的发展为人们生活带来了变化。

第三节 江苏、浙江、广东对外开放经济发展模式比较

2018年，江苏省、浙江省和广东省三省的GDP均名列前四。广东省以总量97 300亿元位于第一位，江苏省以总量92 590亿元位于第二位，浙江省以总量56 190亿元位于第四位。我们可以很明显地发现，广东省的地位仍然是稳固且难以撼动的。而排名第二的江苏省虽然也在不断地进行转型和升级，希望有机会能够赶超广东，但是到目前为止，这一目标仍然没有实现。由于广东省2018年的GDP已经高达97 300亿元，所以在新的一年里，广东省很有可能突破自己的10万亿大关。

广东省对外开放时间久远，尤其是广州和深圳两座城市的发展，形成了面向世界的产业群，尤其是在电子信息方面，广东省发展势头迅猛，物联网、大数据以及新兴科技是当下广东省对外发展的主要方面。而浙江省和江苏省虽然近年来也积极将现代化科技和信息技术产业提上发展的最前列，但是仍然和广东存在一定的差距。而浙江省由于自身制造业发达，所以在借助网络的基础上积极发展了自身的电子商务，并使其成为自身的一大特色。

一、广东省、江苏省、浙江省对外开放经济的规模比较

改革开放以来，广东、江苏、浙江三省就是我国对外开放的先锋部队，这三个省虽然对外开放的方式、基础和形式都有不同，但是多年来，都在不断地探索和发展当中砥砺前行，最终成为推动我国对外开放战略的重要支撑。

1980年5月，党中央在深圳、珠海、汕头、厦门四个城市创办经济特区，迈出了我国对外开放战略的第一步。广东省作为我国对外开放的先头部队，在第一批的经济特区中就有3个城市，2018年，改革开放四十周年，广东省的对外贸易发展取得了极大的成果。1978年，广东省对外贸易进出口

15.9 亿元，到 2017 年，进出口总额增长至 1.01 万亿元，总共增长了 632.1 倍，40 年间平均每年增长 18 个百分点。而且从 1986 年开始，广东省本省的出口总值位居全国第一位，截至 2017 年，广东省仍然持续保持着第一的位置。广东省的对外贸易是推动广东省经济发展的重要原因，尤其是"一带一路"倡议被提出之后，2017 年广东省对沿线国家的外贸进出口总值达到 2220 亿美元，同比增长了 12.1%。2018 年，广东省货物出口总额 71618 亿元，其中进口总额 28900 亿元，出口贸易总规模达到了 42718 亿元，同比分别增长了 5.1%、11.3% 和 1.2%，这也是广东省连续第 33 年进出口贸易总额位居全国第一，当然，广东省之所以能取得这样的成绩，与它极高的起点也是分不开的。

1984 年，我国一次性开放了 14 个沿海港口城市，浙江就是我国沿海地区对外开放最早的省份之一。单 2008 年一年，浙江省对外贸易的进出口总额就高达 2100 亿美元，和 2007 年相比较增长 19.4%；出口总额高达 1500 亿美元，和上一年相比增长 20.3%；进口总额高达 560 多亿美元，和上一年相比较增长 17%。2008 年一年，浙江省的进出口增长速度在全部沿海城市中遥遥领先。经过 10 年对外开放的深化改革，浙江省 2018 年全年进出口总值已经高达 2.8 万亿元，和 2017 年相比增长 11.4%，其中，出口总额达到 2.1 万亿元，增长 9.0%；进口总额达到 7300 多亿元，同 2017 年相比增长 19.0%。据数据统计，在 2018 年，浙江省的进出口、出口、进口总额分别在全国排第 4、第 3、第 6 位，排名均在全国前列；占全国比重也分别高达 9.3%、12.9%、5.2%。经过 10 年的时间，浙江省的对外开放依然落实得非常到位，并且处于不断增长的趋势当中，在 2018 年，浙江省对外贸易的总额排名已经升至第四位。

2000 年，江苏省全省的进出口总额达到 456 亿美元左右，而当时的广东省已经高达 1700 多亿美元。但是后来随着我国加入世界贸易组织，江苏得到了更加全面和飞快的发展，不仅在经营主体上逐渐得到了扩大，而且还积极扩大自身所面临的国际市场，目前，江苏省在全国对外贸易进出口方面，名次已经从第十几位上升到了第二位，而且在出口产品的结构上也得到了优化。进入新世纪之后，江苏省积极发展具有高技术含量的产业，积极发展信息行业、电子行业，并且在一定时间内就取得了较大的优势。

但是归根结底，这三个省份的发展基础和历史情况都大不相同，再加上对外开放的程度和时间，使得这三个省份对外开放的规模也存在着很大的不同。在 2018 年我国对外贸易进出口总额的排名当中，广东省以 7 万亿的总额位居第一，截至 2018 年，广东省已经 33 年在这一数据上保持着第一的位置，另外，广东省在出口的产品上面，产品结构也得到了不断的优化，劳动密集型的产品出口率下降了 17.6%，而高新技术和高科技产品的出口率增长了约 6%，手机增长率较高，约占 18%。同时，江苏省以出口额 43800 多亿元位居全国第二，出口规模创造了历史以来最高，和上一年相比较，增长了大约 10 个百分点。在进出口总额中，进口增长 11.3%，大约有 17100 多亿元，出口增长 8.4%，大约有 26600 多亿元。在进出口接口上，江苏省整体处于平衡状态，其中汽车等高新技术的出口增长率遥遥领先，江苏省整体处于高科技产品出口逐渐增长的状态和局势。第三是上海，进出口总额大约 34000 亿元。而浙江省位于第四，在 2018 年进出口总额达到了 2.85 万亿元，其中出口和进口总额分别是 2.12 万亿元和 7337 亿元，这也是浙江省第一年在出口额上突破 3000 亿美元，在沿海的进出口大省中，浙江省的增速位居全国第一。同时，浙江省出口的整体产品接口也在不断进行优化，在 2018 年，浙江省的机电产品就占出口总值的 43%，而在这其中，电子产品占比大约 8%。与此同时，高新技术和高科技产品的出口总值达到了 1408 亿元，和上一年相比增加了大约 11%，占出口总值的 6% 左右。各种劳动密集型产业的出口额约 7543 亿元，增长了 7% 左右。总体来说，浙江省的出口产品结构逐渐变得全面化，也日趋优化。

总之，由于这三个省份在发展过程当中所面临的问题和环境各不相同，再加上起步的程度也有所差异，所以到目前为止，它们对外开放的规模也是不同的。

二、广东省、江苏省、浙江省对外开放的经济主体比较

前面说到，广东、江苏、浙江三省由于自身的历史问题和实际问题，导致它们在对外开放的经济上存在诸多问题，而这些问题，也使得它们在发展自身企业的情况下，形成了不同的经济主体。广东省由于对外开放程度比较高，所以外资企业在广东省所占的比重较大，同时，私有企业在广东整体经济中占有较大的比例，所以广东省对外发展经济贸易的主要力量是外资与私企；而江苏省自 1979 年中外合资企业诞生之后，对外资企业就积极敞开了大门，后来江苏省外资企业的数量也急剧增长，逐渐发展成为江苏省对外经济贸易的主要力量；和广东省、江苏省的情况有所不同，在浙江省，国有企业的比例是相对较大的，并且占据了浙江省对外经贸的一半力量，因此，可以说浙江省的对外经济主体是由国有企业、民营企业和外资企业共同组成的。

广东省的对外开放起步比较早，是我国对外开放政策最早的受益者，尤其是经济特区的设立。广东省很早就凭借自身的独特优势进行了经济发展，在对外开放政策实施之后，广东省由于自身缺乏资源、缺乏资金，因此利用双向市场，引进外资和资源，同时又将市场面向外部，很快就实现了经济的发展。在最开始阶段，大力发展劳动密集型企业是广东省的主要方式，后来随着经济的发展，广东省又面临着经济转型的问题。在新世纪最开始，广东的对外经济主体仍然是国企和外资各占据半壁天下，但是到后来，随着经济结构的变化，国企的比例也在逐渐缩小，截至 2007 年左右，私企在广东省的比例已经超过了国企的地位，成为继外资企业之后的第二大主体。

而江苏省由于自身的重工业基础相对较好，再加上人口众多，所以在对外开放的过程当中积极引进外资，利用本地劳动力资源丰富的优势，逐渐发展成为以吸引外资为主要手段，以发展加工制造业为主要方式的对外经济体制。后来江苏省对外经济的主力军逐渐发展成为外资企业，但是与此同时，民营企业也不断崛起，只不过由于民营企业的实力确实有限，所以仍然存在一定的局限性，江苏省外资企业为主力军的局面也一直延续到现在。

和广东省以及江苏省最大的不同之处在于，浙江省的对外经济贸易主体是一个多元化的形式，随着改革开放的不断深入，国家逐渐开始放松了对于民营企业和中小企业的经营权，这时候私营企业得到了飞速发展。与此同时，由于对外开放政策的实施，外资也一时成了当时主要的对外经济主体，到目前为止，国家的这只手依然没有放松，再加上改革开放的进一步深化，国企、民营企业和外企成为浙江省对外贸易的三个主体。

三、广东省、江苏省、浙江省对外贸易方式的比较

截至 2018 年年底，广东省、江苏省和浙江省对外贸易方式大都以一般贸易为主，但在具体的其他贸易方式上面，存在着一定的差异。浙江省以一般贸易为主体，其他贸易方式都发展缓慢，且所占比例较低；而广东省是一般贸易、加工贸易和来料加工装配贸易共同发展；江苏省则是一般贸易和加工贸易占较大的比例。

目前，三省的贸易方式已经逐渐区域一致化，那就是都以一般贸易为主要贸易方式。但是在 2010 年之前，三省的对外贸易方式并不相同。一直以来，广东省的对外贸易结构中，加工贸易的总比例一直在 60% 左右，在 2010 年之后，一般贸易才得到了较大的发展，但是由于广东省整体加工贸易实力雄厚，所以在新时期加工贸易依然占有比较大的比例。另外，由于广东省的原材料和资源极其短缺，因此广东省积极鼓励外部资源的引进，这也注定了广东省来料加工贸易的兴盛，广东省最终形成了一般贸易、加工贸易和来料加工贸易共同发展的对外贸易结构。

而江苏由于劳动力丰富，在加工贸易方面发展比较迅速，尤其是在外资等企业注入之后，江苏省的加工企业得到了更好的发展。在 1997 年之后，江苏省的主要贸易方式就变成了加工贸易，但是后来随着民营企业的比例不断扩大，甚至逐渐发展成为江苏省对外发展经济的一个主体，它的对外贸易方式也逐渐发生了变化，一般贸易的比重越来越大。在 2019 年前四个月，一般贸易的进出口总量就达到了 6635 亿元，占江苏省同期进出口总值的一半左右，加工贸易在同一时期的出口总额达到了 5000 多亿元。所以现在的江苏整体上是以一般贸易和加工贸易为主导的对外贸易方式。

2018 年，浙江省在新时期坚定不移地深化改革和对外开放，尤其是"一带一路"建设和长江经济地区的开发，为浙江省的对外发展带来了更大的契机，在 2018 年，浙江省的进出口总值迎来新高。在 2008 年，浙江省的出口

值突破了 1 万亿元的大关，经过十年的奋斗，浙江省突破了 2 万亿元大关。而浙江省在 2018 年的对外贸易中，一般贸易的进出口总值达到了 2.25 万亿元，占全部进出口总额的 79%，成为浙江省对外贸易的主要方式。这也是由浙江省的贸易主体决定的，浙江省在发展过程当中，国有企业的大手渐渐松开，充分吸引外资和鼓励民营企业的发展，家庭式企业在浙江发展迅速，成为浙江最主要的对外贸易主体之一，而浙江民营企业的发展，导致浙江省在出口贸易上，从 20 世纪末期开始一般贸易就占据了主要地位。在 2001 年，浙江省的一般贸易出口额就已经超过了广东省，成为全国一般贸易方面出口额最高的省份。

四、广东省、江苏省、浙江省对外主要商品的比较

在 2018 年广东省进出口的所有商品中，初级形状塑料进出口金额达到 1100 多亿元，是广东省进口金额最高的商品，其次是铜材料和钢材料，额度分别是 327 亿元和 252 亿元。整体来看，广东省的进口商品主要以塑料和金属为主。而在出口方面，无线电话的出口金额为 3 600 多亿元，自动数据设备出口金额为 2 400 多亿元，其次是服装产品和家具，出口金额分别是 2 100 多亿元和 1 200 多亿元。由此可见，广东省在出口商品中，是以机器电子产品（比如无线电话及手持电话、自动数据设备及其零件等）为主。除此之外，广东省的服装产品和家具产品出口也有较高的比例。而广东省对外出口商品类型也和当地的产业结构有关，这些进出口的主要商品也是劳动密集型产品，和广东省长期以来的政策和产业结构有关。

江苏省在整体贸易结构方面，进口增速高于出口增速，贸易结构在 2018 年也更趋于平衡化。就江苏省的进出口产品结构来说，2018 年汽车、机床和相机等产品的增长速率更高，但是在进出口产品的总体结构上，机电产品还是居于主要地位，江苏省在 2018 年进口的主要商品是机电产品，出口的主要商品也是机电产品。在出口方面，机电产品占全部出口产品的 66% 左右，同比增长 9 个百分点。在进口方面，机电产品占总商品的 60% 左右，同比增长了 11 个百分点。在江苏省所有的进出口商品中，新能源产品的进口不断增

长，增长最高的是海产品，增长了95%左右。在2018年，江苏省出口中额度最大的四位编码产品是自动数据处理设备和电话机相关设备，出口最大的八位编码产品是便携式处理数据设备，比如笔记本，其次是存储器集成电路，主要包括内存卡、硬盘、芯片等。

2018年是浙江省进出口总额首次突破2万亿元大关的一年。在这一年，浙江省的进出口总额达到了28 000多亿元，和上一年相比较增长了11%左右，其中进口和出口分别增长了19个百分点和9个百分点。就浙江省进出口贸易的总体情况来看，浙江省进出口贸易正朝着多元化和平衡化发展，但一般贸易仍然是浙江的主要贸易方式。在进出口贸易的商品结构方面，机电产品中以劳动力为主的劳动密集型产品依然是浙江省进出口的主要商品。单2018年一年，浙江省的机电产品在出口方面就达到了9 200多亿元，同比增长9.6个百分，占到了出口商品总值的40%之多。同时，高新技术领域的高科技产品在出口方面也得到了增长，和2017年相比增长了11%，占总出口值的6.6%左右，出口总额达到了1400多亿元。另外，鞋业、服装业、家具行业的劳动密集型产品，是浙江省出口的另一大主体，在出口总额上达到了7 500多亿元，占同期总值的35%左右。在比较大的商品方面，粮食进口量有所下降，但是在铁矿、初级塑料、成品油等方面有所增加。

就目前广东省、江苏省和浙江省的进出口商品结构来看，整体上它们有极其相似的情况，那就是在出口方面，机器电子产品所占比例相对较大。除此之外，各省的劳动密集型产业也有比较大的比例，各省的对外贸易商品情况依然存在着较大的区别。广东省的新科技产品，江苏省的便携式科技产品以及浙江省的鞋业、服装业都是各省发展的特色。从整体情况来看，不论是哪个省，都已经逐渐开始在商品和产业结构方面进行转变，由最开始的初级产品制造和产品的粗加工开始变成了产品制造和产品创造，甚至正在向科技创新和新技术产业迈进，传统的劳动密集型产业也正在向技术性产业迈进，但不可否认的是，传统的工业和产品仍然在市场上占据着很大的分量。

五、广东省、江苏省、浙江省对外发展历程的比较

1980年8月，广东省的深圳、珠海和汕头正式成为我国对外开放的第一

批经济特区，广东省也是我国经济特区最多的省份，这为广东省的对外经济发展奠定了良好的基础。后来，珠江三角洲的发展再一次为广东省的对外发展带来了机遇，珠三角既是一块地理区域，也是一块经济区域，这块区域位于广东省中部地区。珠江三角洲城市群覆盖了广东省的大部分城市，为广东省的发展带来了很大的影响。2013 年，习近平同志提出了"一带一路"的构想，不管是丝绸之路经济带还是 21 世纪海上丝绸之路，都可以带动沿线国家的经济发展。这条经济带的两端分别是欧洲经济圈和东亚经济圈，我国就是东亚经济圈的一个重要部分，广东省作为我国对外开放的先锋，也深受"一带一路"的影响。

在 1984 年我国对外开放的 14 个沿海港口中，有两个江苏省的港口，分别是连云港和南通，这也是江苏省对外开放的第一步。江苏省制造大省的称号成为江苏大力发展对外贸易的重要招牌。在 2000 年之后，江苏省的对外贸易排名就一直位居全国第二，更是在 2018 年突破了 4 万亿元的大关。现在的江苏一步一步进行转型，正在从制造大省走向创造大省。长江三角洲一体化发展的战略，更是为长三角城市群地区的城市发展带来了机遇。长三角城市群是世界级城市群之一，是我国打开大门面向世界的重要地区。长三角城市群西起江苏南京，东到上海，有着极大的范围。长三角一体化的战略深入推动了城市群内部所有城市的发展，而且长江三角洲地区也处于东亚经济圈当中，处于"一带一路"的重要位置，不仅对于"一带一路"建设的开展有着重要的推动作用，而且对于自身的发展也极为有利。

宁波和温州是浙江省最早对外开放的一批城市，是 1984 年对外港口中的两个。同时，浙江省和江苏省与上海相邻，同样处于长江入海口地区，深受长三角一体化的影响。浙江特有的家庭式企业发展模式对周边地区起到了很大的影响，同时促进了地区的经济发展。浙江省的对外经济贸易总额在全国的排名也一直在前列，虽然和广东省仍然存在较大的差距，但是基于自身的特殊发展模式，浙江省仍然取得了很大的发展成果。浙江省作为重要省份，对于长三角一体化和"一带一路"等总能及时响应并做出表率。2018 年，浙江省再一次制定了"1 + 1 + 5"的对外开放策略，并且在"一带一路"的基础上宣布了 10 项对外开放的新举措，旨在打造"一带一路"当中的特殊枢纽，将浙江省逐渐打造成一个具有国际化水准的现代化开放省份。目前，浙江省的经济开发区、工业园区和高科技园区数量已经有 100 多个，这是浙江省对外开放以来取得的重大成就，也是浙江省进一步扩大对外开放的中坚力量。

自从我国对外开放以来，广东省、江苏省和浙江省的对外发展十分活跃且十分迅速，到目前为止，都已经发展成为我国对外贸易的进出口大省。但是由于各自的发展机遇和发展基础不同，各省在发展的过程中出现问题的时候，所采取的应对方法也有所不同，这也造成了现在各省之间经济发展模式、经济主体等有所不同，但是各省之间有一定的相似之处和共同之处。但不论怎样，各省在对外开放的过程中，都应该根据自身的实际情况，发展适合自身发展的经济，从而不断推进自身的对外发展。

第七章

推动江苏开放型经济高质量发展的建议

第一节 拓宽对外开放领域与范围

一、完善相关制度，落实负面清单管理制度

要想推动江苏省开放型经济的发展，就需要以《外商投资准入特别管理措施（负面清单）》为基础，对外商的直接投资严格实施准入前国民待遇加负面清单管理制度，对外商直接投资进行有效的控制和利用。对于负面清单之外的部分，则需要严格按照内资和外资一致的原则来进行管理。同时还需要以《国务院关于积极有效利用外资推动经济高质量发展若干措施的通知》为基础，按照该通知的要求对外商投资准入的限制措施进行清理或者直接进行清理。

首先，江苏省需要进一步深化外贸体制改革。江苏省需要以质量效益为基础和战略发展目标，借鉴先进理念，对外贸体制进行改革，营造出良好的外贸发展环境。第一，江苏省需要推进贸外行政管理制度的改革，将政府和市场之间的关系厘清，将市场的资源配置作用充分发挥出来，要以市场为主导，不断简化外贸行政审批制度，建立起更加完善和科学的监督体系。同时，还需要对产品的价格变化、企业的核心竞争力以及就业等数据进行整理

和统计。另外，在进行科学分析的前提下，需要在财政、金融、投资以及税收等方面灵活运用政策杠杆调节对外贸易的发展，实现健康的可持续发展。第二，需要对外贸的代理制度进行规范，将外贸代理中介的作用充分发挥出来，对义务和权利进行明确，完善外贸代理制的运作。第三，要健全诚信体系，建立起相关的奖惩制度，构建出更加公平和有序的发展环境。第四，要对重点协会进行体制方面的改革，充分发挥协会在资源方面的优势，促进开放型经济的可持续发展。

其次，完善江苏省的服务业管理体制。江苏省虽然在全国范围内服务贸易的发展较早，但是相较于一些发达地区来说，起步较晚，甚至相较于我国的广东省来说，其服务贸易的管理体制较为落后。就目前来看，在服务贸易的管理体制之中，由于对服务产业没有进行具体清晰的行业划分，因此很多地区都存在着对服务产业的多头管理或者行业分割现象，其中管理缺位和过度的现象频出。在这些问题的影响下，江苏省对于服务业的管理难以发挥出其本身的优势，并且对于其中关于资源浪费以及资源不协调的问题逐渐凸显，严重限制了江苏省服务业的未来发展。因此，当前随着服务贸易在国际上规模的扩大以及发展速度的加快，江苏省必须要在相关政策的引导下，对自身的服务业进行深化改革，对服务业的管理体制进行完善。具体来说，第一，要对服务产品的性质以及种类进行科学的划分，将公共服务产品和非公共服务产品、资源型产品和非资源型产品、营利性产品和非营利性产品进行区分，根据市场的变化以及资源的分配管理来定位政府、市场以及政府和市场运行之间的关系，以此来充分发挥出服务业在江苏省开放型经济发展中的作用。第二，要在科学划分的基础上对资源进行整合，建立起专门服务于服务贸易的管理机制，并且要明确其中各个部分的权利和责任。第三，需要整合服务业的信息平台，建立起透明、公开的信息平台，以适应互联网时代的要求。

二、放宽市场准入门槛

江苏省政府需要认真执行国家出台的关于放宽采矿产业、服务产业、制造产业以及农业等领域的外资准入以及限制政策，对这些政策进行落实，放宽保险产业、证券产业、银行产业以及汽车制造产业等领域的外资股份限制规定。另外，江苏省可以充分借鉴上海开放型经济的发展经验，比如可以借鉴上海的增值电信开放措施，出台相关的开放政策，实现自身增值电信业务的开放，并且要逐渐放宽对呼叫中心业务、互联网接入业务以及在线数据处理业务和交易业务的外资股比限制。同时，江苏省也需要积极面对当前金融产业的发展状况，以昆山为基础，建设两岸金融创新合作试验区，大力支持昆山试验区实行境外有限合伙人试点工作。鼓励更多合格的海外投资者对江苏省进行投资，鼓励合格的外资金融机构在江苏省建立金融机构。

三、深入拓展对外合作

（一）深入推进双边、多边以及区域开放合作

实行自由贸易的多边、双边以及区域的开放合作，是拓展海外市场的重要内容。首先，多边开放合作主要是建立在世界贸易组织框架下的，长期以来一直是驱动全球贸易实现自由化的主要动力。但是近些年来，由于国际形势的影响使得区域和双边对外开放合作十分活跃，在这样的形势下，江苏省需要充分发挥自身的作用和优势，通过不断推进双边和区域开放合作来开拓更加广阔的国际市场，以此来缓解自身产能过剩方面的问题和促进自身开放型经济的发展。

（二）加快自由贸易区建设，充分发挥其辐射和带动作用

江苏省需要加快建设自由贸易区。首先，江苏省需要扩大对金融服务、商业贸易服务、运输服务以及专业服务等领域的市场开放程度，构建金融中心，对企业所得税进行优惠，加快自由贸易区的建设。其次，要以自由贸易区为基础，发挥自由贸易区的辐射和带动作用，产生示范效应，形成可以复制以及推广的体制和机制，最终形成可以促进开放改革的开放型经济新体制。

（三）推进对外贸易的转型和升级

从2006年开始，江苏省的对外贸易增速不断下降，导致对外贸易合作的

范围和数量有所下降，从而导致了江苏省外贸依存度的下降，出口比重下滑，因此，江苏省可以从以下两个方面来推动对外贸易的转型和升级。

1. 从出口为主逐渐转向进出口并重

江苏省的开放型经济长期以来都是以出口为主，以进口为辅，并且作为制造业大省，长期以来一直保持着贸易顺差，但是在国际经济不断下滑的时期，贸易之间的摩擦和冲突不断发生。因此，要想改变现状首先要从思想层面进行改变，制定出进口和出口方面的对外贸易发展战略。这样不仅能够从初级产品进口方面来解决江苏省在资源方面的匮乏问题，还能够引入更多国外先进技术以及装备，强化自身开放型经济的高质量发展。

2. 增加高新技术产品的出口

当前，对于任何国家和地区来说，以量取胜的方式已经不再适应国际经济的发展变化，因此对于江苏省来说需要对当前出口的商品类型进行转变，要将一般产品转变为高新技术产品，以此为基础逐渐实现由数量提升到质量转变的变化，提升出口产品的附加值。另外，还需要以高新技术产品为基础，拓展自身的合作范围，提升高新技术产品的出口比重，最终形成更加优秀的合作格局。

第二节　推进"一带一路"交汇点建设

一、围绕"一带一路"交汇点，优化江苏省基础设施配套布局

要想促进江苏省开放型经济的发展，就必须按照江苏"一带一路"交汇点的要求，对江苏省的基础配套设施布局，同时要加快江苏省互联互通基础设施"一带一路"交汇点的建设和布局。首先，除了要按照国际标准构建出以亚欧大陆为主轴的陆地物流通道、海运通道以及空中运输通道，还要在江苏省通关一体化等建设方面实现和国际的接轨。其次，江苏省还需要尽快细化自身各个地区相互连通"交汇点"的分工要求，按照分工之中的合理配

置，建设基础配套设施，避免出现一些不必要的重复性建设。另外，要在"一带一路"引导下谨慎布局，使江苏省在"一带一路"中占得先机。目前，江苏省很多地区都在积极实施"一带一路"的方案。从整体的经营状况来看，目前江苏省的一些地区还处于亏损状态，其中最重要的一个原因就是很多地区违背了市场的基本原则。因此各个地区在交汇点建设之中需要满足江苏省本身交汇点建设中的要求，尤其是苏北地区，当前苏北地区的产业发展难以支撑自身在"一带一路"之中所要发挥出的作用。最后，江苏省需要对产业结构进行调整或者布局，尤其是那些重大功能性的产业布局一定要放在自身服务于"一带一路"背景之下，放在交汇点建设背景下来进行。因此，江苏省需要尽快做好自身交汇点的规划，从而更好地完成与之相配套的城市功能的建设和布局。

二、精确定位、实现对接，细化交汇点建设在江苏省落地的要求

建设"一带一路"交汇点，先要找准建设的发力点，这样才能够精确找到交汇点在江苏省的落脚点。首先，在认识的对接上要进行落地。就目前来看，存在着一种观点，该观点认为当前江苏沿海地区的开发主要是沿海3个城市的事情，而长江经济带的建设则是沿江8个城市的事情，而"一带一路"则是连云港以及徐州的事情。但是从国家层面来看，江苏省本身就是"一带一路"上的点，同时也是一个交汇点。因此，需要通过交汇点的方式来看待江苏省的发展，在思想层面进行落地，这样交汇点的建设就能够落地。其次，要在规划的对接方面进行落地。从纵向上来看，需要做好国家、省以及市不同层面围绕交汇点建设的规划对接。从横向上来看，需要做好江苏相关发展战略区域规划对接。最后，在体制机制的对接上要进行落地。要想实现开放型经济的发展和进步，体制机制方面的保障是关键所在。就目前来看，江苏省所面临的工作风险性极高、开创性极强，对于相关人员的要求很高。因此，只有充分保障相关人员的主动性和积极性，使相关人员敢于作为，使体制和机制实现落地，这样才能够获得实质性的进展。

三、建设服务于江苏交汇点建设战略区域合作平台

从目前的实际情况来看，当前日韩地区和中亚地区是江苏省交汇点的重要合作区域。因此，做好中亚地区和日韩地区的合作有着重大意义。首先，江苏省要以物流合作为先导，打造"一带一路"中重要的物流合作平台。在现有物流合作的基础上，江苏省需要争取率先建成国际物流园，将中亚地区和江苏战略合作关系做大做强。同时，江苏省还要盯紧日韩地区，主动出击，建设和东南亚、日韩地区试点口岸，吸引日韩地区以及东南亚地区国家来江苏省建立物流园。其次，江苏省还要以产业合作为基础，打造出创新"一带一路"产业合作的新平台，具体来说，江苏省需要依托现在的各种活动，以交汇点为基础发展重点领域，精心打造出江苏省具有针对性、影响力的产业合作宣传推广平台。另外，还需要以当前的中西合作示范区域、西哈努克园区为基础，探索建设江苏省面向更加广阔区域的国际产业合作园区平台。再次，江苏省要以自身雄厚的科技为基础，将科技成果转化为优质的创新要素，打造出有利于江苏省产业合作的支撑平台。同时，要以民营企业为中坚力量，加大江苏省对龙头企业的培育力度，打造出江苏省产业合作主体综合服务平台。最后，要以城市合作为支撑，打造人文交流合作平台，就目前来看，江苏省在"一带一路"沿线国家缔结 47 对友好交流城市，并且数量在不断增加。因此，江苏省需要以这些城市和地区为基础健全人文交流机制，通过教育、医疗卫生、体育、文化等领域的交流合作，促进江苏省"一带一路"建设区域的全面合作。

四、创新对外协调沟通局面

"一带一路"有着十分明显的高层推动特征，2017 年 7 月 18 日，我国和蒙古、俄罗斯签署了《关于编制建设中蒙俄经济走廊规划纲要的谅解备忘录》，并且在 2015 年 7 月 8 日，国家发改委以及河北省政府建立了国际产能合作协同机制。这些地区新的动向需要引起江苏省的高度关注。因此江苏省需要主动去对接国家重点部门，包括外交部、商贸部、国家发改委以及财政

部等,理顺江苏省和中央协调沟通的渠道。另外,江苏省还需要高度关注国家发展动态,争取得到随国家领导人出访的机会,利用各种各样的机会积极参与到国际合作之中,签署合作协议。江苏省还需要和当前已经和我国进行合作或者有合作意向的国家以及地区进行积极主动的对接,签署经贸合作协议或者是合作意向。另外,江苏省还需要随着自身对外开放的不断扩大,成立江苏省对外协调公关机构,成立应对机制,并及时采取统一的行动进行应对。

五、提升江苏省交汇点建设配套政策效果

当前,国家相关部门陆续出台了相关的配套政策。比如,在国家"十三五"发展计划之中明确了支持长三角等地区形成若干具有竞争力的枢纽性口岸,配合国家"一带一路"建设之中的重点工作。由此可以预见,被选入国家枢纽性口岸的港口未来必将成为优惠开放政策布局之中的重点。另外,江苏省需要提前对自身枢纽性口岸的布局、建设进行申报工作。再如,当前亚投行已经开始正式运作,因此江苏省也需要建立起相对应的基金来支持"一带一路"的建设,成为"一带一路"未来发展的重点区域。总而言之,江苏省需要紧紧跟随国家的宏观政策方向,围绕着江苏省交汇点坚实的要求,深入进行研究,最大限度提升江苏省交汇点建设的配套政策效果。

六、增强江苏省交汇点建设的信心和决心

要加强对"一带一路"交汇点建设的宣传力度:要在江苏政府网站、江苏卫视、新华日报等主要媒体大力宣传江苏省"一带一路"交汇点建设的宣传力度;要充分利用国家媒体做好江苏交汇点建设的对外宣传;要积极参与重大的、和"一带一路"相关的互动活动,让社会各界听到江苏对"一带一路"交汇点建设的声音;要紧紧抓住当前江苏省已经对外发布的《江苏"交汇点"建设实施方案》。当前,广东省、宁夏回族自治区、重庆市、江西省、江苏省、云南省以及甘肃省等已经陆续上报了对"一带一路"建设的计划和方案。而江苏省需要围绕江苏交汇点建设五大功能定位,推进交汇核心去建

设，同时需要推动相关配套设施的建设。

第三节　培养打造开放竞争新功能、新优势

一、发展市场多样性，提升市场多元化发展水平

首先，江苏省需要以自身开放型经济发展的实际情况为基础，充分满足市场的多样化需求，提升新兴市场的发展力度。其次，江苏省需要以贸易为动力，以计划为支撑点，投入更多的资金和精力重点打造贸易促进平台，对市场的整体布局以及产品的结构进行优化。再次，政府需要出台相关的优惠政策支持本土企业利用线上和线下的交易平台去加固传统市场，促进传统市场的快速发展，同时还需要以交易平台为基础，积极寻找能够进行替代的新兴市场，从而对新兴市场的针对性以及精准度进行提升，大力推动新能源、新医药、电子通信以及互联网等企业通过交易平台去开拓国际市场，有步骤地、稳定地提高"一带一路"所覆盖地区中新兴产业的市场份额和发展潜力。最后，江苏省政府还需要完善自身境外销售网络建设，培育具有竞争优势的境外网络示范点，大力推动企业通过并购、自建等方式建立起贸易展示、贸易物流以及贸易售后服务中心。同时，江苏省还需要支持企业通过更多的对外投资以及对国际工程的承包，带动自身原材料、资源、能源、设备、各种标准以及服务的出口，提升出口量。另外，政府还需要加大支持力度，推动企业能够充分利用自由贸易协定之中的优惠政策以及便利条件来扩大出口，优化两证合一流程。

二、积极扩大进口

首先，政府需要大力支持先进装备的进口，全面落实关于支持和鼓励引进先进设备以及技术、减免关税等优惠政策。其次，要结合自身产业发展的实际情况，对《江苏省鼓励进口技术以及产品目录》进行适当的调整，以此

来为自身产业的转型升级提供有力的支撑。再次，要充分发挥大宗商品的进出口集散中心的优势和作用，进口更多江苏省紧缺的原材料、资源以及能源等，提升积聚效应。又次，要积极面对国际市场变化，逐步扩大优质消费品、民生用品等产品的进口量，大力支持各个地区建设自己的进口商品展销平台，在各个符合条件的口岸设立入境免税店。同时，支持和鼓励各种治病和防病的药品、医疗器械、康复手段、护理以及养老设备等的进口，其中，对于进口的大型医疗设备，在符合相关政策以及相关法律法规的范围内应该优先进行审批和通过审批。另外，要对进口的载体建设进行有针对性的强化，大力推动张家港保税港区汽车平行进口试点的发展，鼓励口岸汽车改装项目的进行和发展，实现产业链的拓展和延伸。最后，政府要支持各个地区根据自身口岸以及产业规划的实际情况，大力开展进口食品、农产品以及药品等方面指定口岸的建设和发展。

三、提升自主品牌产品在国际上的竞争力

首先，江苏省需要积极响应国家相关政策，支持建设省重点品牌以及大力发展国际知名品牌企业，并要以此为基础建立完善的境外营销网络，以及通过并购、收购等方式兼并海外的品牌以及相关渠道。其次，海关和税务相关部门需要在符合规定的基础上对货物的申报、货物查验、货物放行、快速通关以及出口退税等手续进行优先办理。在此基础上，企业需要对自身的自主品牌进行强化，并且需要重视自身品牌的知识产权保护。政府要大力支持企业进行国外专利的申请或者商标的注册。最后，要支持省级和国家级转型升级服务平台的建设，促进本土企业进行技术研发、专利申请以品牌教育等，以此进行吸收和创新，建设服务以及营销的国际网络，强化自身贸易以及对外贸易和产业发展的互动性。

四、推动服务贸易的创新发展

前文已经对服务贸易的重要性进行了分析，因此江苏省想要培养打造开放竞争新功能、新优势，就必须要对服务贸易的创新发展进行推动。具体来

说，江苏省需要不断推动苏州以及南京的服务贸易创新试点，在取得一定的成效之后，及时对其中的成功经验进行整理和分析，并且推广到其他各个地区。同时，江苏省需要重视文化贸易的发展，推动当前在无锡市建设的国家文化出口基地和升级文化出口基地的发展。同时，江苏省还需要大力发展中医药服务贸易，将中医药向全世界进行推广，建设南京地区的贸易试点。另外，在互联网时代，江苏省还需要借助当前的各种先进技术，建设服务贸易公共平台，并要以该平台为基础建设出能够支持服务功能的服务贸易创新平台、交易平台、技术服务平台以及文化贸易平台等。同时，江苏省还需要积极引导本土企业充分使用国家服务贸易创新发展过程中设立的基金或者信用保险，不断拓展市场的主体，健全服务贸易的相关指标体系，对服务贸易的统计方式进行完善。另外，江苏省还需要建立起关于服务外包的示范区域、示范城市等的考核评价体系，实行有效的奖惩制度，对发展不良的区域要进行惩处或者淘汰，以此来推动整体建设质量的提升。

五、推动对外贸易新模式的发展

首先，江苏省需要以自身各个地区的实际情况为基础，支持和鼓励各个地区对对外贸易的新模式进行大胆的创新和探索，发展各种贸易的新业态，以各种试点区域为基础推动电子商务、综合服务企业以及市场采购贸易方式的不断发展。同时还需要支持跨境电子商务试验区制定出能够适应本身进出口申报、产品划分、商品归类、物流监督、风险监督、风险预防以及管理服务等方面的便利性方案。其次，江苏省需要推进南京市、苏州市和无锡市等地区依靠综合试验区的政策来加快发展跨境电子商务的进出口零售业务。同时，江苏省还需要支持鼓励跨境电子商务相关企业去建设海外仓库，发展物流供应、物流通关以及金融创新等新服务，对那些业务发展加快，有着突出绩效的升级公共海外仓储予以大力支持，支持外贸综合服务企业为生产企业进行出口代办退税。另外，政府还需要支持一些有条件的地区强化外贸服务企业之间的合作，对那些有着明显业务增长以及能够进行培育孵化的本土中小企业主体给予大力支持；需要大力促进市场采购试点的发展，实现更加专业和精确，支持市场采购贸易试点的功能建设，促进传统内贸专业市场结构的转型升级，实施外贸的一体化发展和进步，最终提升国际化水平。

六、创新多种机制相结合的招商机制

首先，江苏省需要围绕现代化经济体系之中急需的、短缺的内容，积极探索技术、人才、产业、市场以及资本相互协同的集成式招商，实现国际创新资源以及相关高端要素的开放。其次，要支持外商投资通过并购等方式对自身企业进行改组和改造，或者进行兼并和重组，建立起并购的信息库，及时发布有关项目信息，促进企业进行兼并和重组。再次，江苏省需要支持一些高质量的境外并购项目进行回归发展，推动和引导各种外资更加深入地参与到江苏省制造业集群建设之中，将那些先进的制造业外资类项目，优先纳入重大的项目储备库，对那些已经纳入省重大项目投资计划的重点项目，给予的支持比例不能够低于50%，对其中高质量的项目更需要提升到60%以上。最后，政府需要支持各个城市建立招商组织架构，并且需要拓展其中的产业链和创新链，鼓励各个城市成立招商联盟以及招商引资智库，最终提升招商引资的专业水平和质量。对于出国招商公务小组或者团体实行一定政策倾斜，并且在经费上给予重点保障，支持优先办理出国手续。

七、支持外资参与全球产业科技创新中心的建设

江苏省需要瞄准产业发展过程中的瓶颈，大力支持本土龙头企业或者新型的科研机构进行牵头，组建产业技术发展创新联盟，产出质量高的创新成果。同时，政府还需要加大投入鼓励那些符合条件的外资参与到公共平台的建设之中，提供更加开放的共享服务，支持各个外商企业通过海外的联合运营、独立设置科研开发机构以及海外的并购等方式，充分利用国际上的高端技术以及高端创新资源，拓展国际科技服务市场，并以此为基础培育先进的制造业产业项目。对于那些能够提供技术转让、技术开发、技术咨询以及技术服务的外商投资企业，政府可以根据规定免去增值税。另外，政府和行业组织以及企业进行联合，健全科技成果区转移或者转化激励机制，将符合条

件的企业转化科技成果给予个人的股权激励，并且如果个人一次性缴纳税款有困难，可以给予优惠，实行五年内分期缴纳的制度。对于非上市公司来说，其所授予本公司员工的股权期权、股票期权以及股权激励，其中符合条件的可以实行优惠纳税政策。同时还可以鼓励外籍科学家以合作方式参与到基础研究的项目之中，允许符合条件的外资企业参与到科技计划中。

八、实施人才激励政策

首先，江苏省可以通过放宽人才的签证、岗位特聘、强化境外寻访力度等方式来深化苏南地区出入境的政策创新，加强海外人才引进的力度，支持和鼓励海外更多的人才来江苏省发展。其次，政府需要加大引入人才奖励力度，积极引导各个地区引进高层次的人才，在引入人才方面的投入、留学人员创业园、博士科研工作站、博士科研流动站、创新实践基地等的载体建设、技术成果转化以及租房补贴方面给予大力支持。再次，需要建立博士后人才职称评审的绿色通道，对于符合条件的人员可以直接授予副高以上的职称。再者，要进一步放宽或者取消外商投资人力资源服务机构、认证机构等投资方面的限制，鼓励各个地区建立起国际人才服务中心，对在江苏省工作的外国人享有基本的公共服务进行保障。然后，江苏省政府需要大力推行海外高层次人才服务的"一卡通"制度，建立起能够保障子女入学、医疗健康以及安居保障等的服务绿色通道。同时，加强国际社区、国际学校、国际文化以及医院等相关的配套设施建设。最后，江苏省需要结合自身实际，充分借鉴德国双元制的职教模式，大力发展自身的职业教育，以此来培养高新技术人才，发展高质量的职业教育。对外商投资经营性职业技能培训机构等的准入限制进行探索，鼓励招收留学生的高校要开设国际产能合作专业，强化对留学生的汉语教学，鼓励走出去的企业和高校开展合作，实行人才的定制培养。

九、加大本土跨国公司的培育力度

首先，江苏省需要建立起本土跨国公司的认定标准，加速培育出一批具有全球整合能力和全球视野的本土跨国公司。其次，江苏省要推动外国的先进技术、先进的管理理念和本土企业进行有机融合，相互促进。再次，江苏省要支持本土企业参与到国际标准制定之中，带动我国技术、设计以及标准等方面"走出去"。最后，江苏省支持企业主动参与到"一带一路"的建设之中来，提升自身的国际化水平，逐步完善"一带一路"倡议中中国大项目的推进机制，并且需要在推进金融支持以及要素保障等方面加大自身的协调服务力度。

十、推动开发区逐渐向现代化产业园转型

首先，江苏省需要充分发挥开发区自身的创新驱动引擎作用，加快建设能够进行自主可控的现代产业体系，提高开发区自身的自主开放能力，加快构建开发区的产教融合平台，推动重点领域和关键行业的技术研发以及产业化应用。其次，政府需要提升本土产业集群的带动能力，支持有条件的开发区创建具有自身特色的创新示范区，并且需要支持开发跨区合作共建，鼓励开发区进一步融入"一带一路"建设中，重点发展长江经济带建设、长三角地区一体化发展等国家战略，大力支持有条件的开发区在长江经济带沿线地区等共建产业园区，制定出和成本相关的利益分享制度、人才交流合作制度以及产业转移协作制度，实现重点领域产业合作的系统发展，深化苏南地区和苏北地区园区的共建工作，促进区域之间的优势互补，实现共同发展。

十一、打造各具特色的改革开放试验区域

首先，江苏省需要推动长三角地区的重大改革试点联动，打造长三角地区一体化发展的示范平台。其次，江苏省深入推广和复制自贸试点区域的经验，鼓励在自贸试点区域推进投资贸易的便利化、金融国际化以及管理体制的高效化，重点支持苏州地区工业园区、盐城产业园区、南京江北新区、连云港等重点区域，实施自贸试点区各项制度的改革措施。最后，支持地方打造出具有自身特色的开放载体平台，加快建设无锡科技金融服务合作区、太仓中小企业合作创新试验区、常州创新园、海安生态产业园、苏通生态产业

园、镇江生态产业园、淮安台资企业产业转移示范区、通州湾江联动开发示范区、泰州医药城等对外开放平台。

十二、优化海关特殊监管区域功能政策

首先，江苏省需要推进自贸试点区域海关监管创新制度的复制推广，在全省范围海关特殊监管区域全面推广保税货物流转、保税维修，仓储货物按照一定状态进行分类和监管，先出区后进行报关，建设"四自一简"的监管业务。其次，以海关特殊的监管区域为重点，推动加工贸易的转型升级，支持海关特殊的监管区域去发展检测维修、保税贸易、跨境电子商务、检测维修、融资租赁、期货保税等新兴业态。在保障有效监管以及风险的前提下，支持高技术含量以及高附加值的轨道交通、医疗器械、飞机部件等重点企业开展全球检测维修业务，打造出世界先进的保税维修检测业务的先导区和示范区，稳步推进海关特殊监管区域增值税纳税人的资格试点，争取拓展试点范围。

十三、推进会展业品牌化、市场化、国际化发展

首先，江苏省可以建立会展的相关评估机制，鼓励重点品牌展会通过国际展览联盟、国际大会及会议协会等机构的国际认证，同时结合江苏省本地的城市特色以及产业特点，重点支持品牌展会。其次，江苏省需要鼓励会展服务企业通过兼并、参股、联合、收购以及控股等形式组建出国际会展，并在本地设立分支机构。最后，江苏省可以争取联合国相关机构和其他一些国际机构入驻到本地区，设立办事处等机构，大力打造在世界上有一定影响力的国际会议、国际论坛等项目，举办能够集聚资本、技术、市场、资源以及人才等具有创新发展要素的大会论坛。除此之外，江苏省还需要优化和提升综合交通枢纽功能。就目前来看，要大力推动南京以下江海联运港区、长江区域性航运物流中心、太仓集装箱干线港等的建设，推动江苏省主要港口和"一带一路"所覆盖地区的深入合作，加强对省内资源等方面的优化和整合。

十四、发展以创新为核心的开放型经济

近些年来，江苏省提出了发展创新型经济，但需要注意的是，创新型经济并不是开放型经济的替代品，两者是完全不同的发展模式。创新是经济发展的推动力，是科学技术进步和突破的主要支撑，是开放型经济发展到更高层级的必经之路。因此，对于江苏省来说，要想实现开放型经济的高质量发展，就必须要重视自身创新能力的提升，以创新为基础来促进开放型经济的高质量发展。

（一）提升自身的自主创新能力

江苏省的开放型经济发展在 2006 年达到了顶峰，在随后的发展过程中，江苏省的开放型经济发展开始逐渐下降，这说明江苏省原来以数量来取胜、靠大规模引入外资以及靠出口来刺激自身开放型经济发展的模式已经不能够适应时代发展。因此，对于江苏省来说，其需要找到新的、质量型的以及友好型的经济增长的新动力，以此来促进自身开放型经济的可持续发展。而提升自身的自主创新能力是促进开放型经济发展重要途径之一。但需要注意的是，要想实现创新需要满足以下几个条件：一是需要有拥有自主知识产权的核心技术；二是需要相应的产品；三是需要拥有自己的品牌。如果仅仅依靠引进技术或者是模仿他国技术是永远无法拥有自己的核心技术的。如果拥有自身的核心技术、自身的产品以及品牌，并且不断提升自主创新能力，自身在国际市场的竞争力就会得到提升，因此，创新是开放型经济发展的坚实动力。对于企业来说，企业需要积极地成为技术创新的主体，通过创新提升自身的国际竞争力。对于政府来说，政府需要为企业提供资金以及制度上的支持，推动科技资源向企业积聚，然后通过产学结合的方式鼓励企业投入更多的资金进行研发，提升企业的自主创新能力。

（二）以开放为基础，促进创新能力的提升

开放型经济的发展会带来更多的技术效益，而技术效益是提升创新能力的一个重要途径。从相关大数据统计来看，江苏省从 2004 年开始至今依靠外资以及商品引入了大量的先进科学技术，但是这些引入的先进技术并不能够

代表自己的创新能力，因此，对引进来的先进技术进行消化，然后在此基础上进行创新，这样才能够有效提升自身的创新能力。当前，江苏省在引进外资的时候，也十分重视引智，通过引进国际人才强化自身的创新能力，鼓励本土企业通过外贸合作进行并购或者购买专利，引进国外的先进技术，加强内部人才和国际人才的合作，最终提升自身的创新能力。

第四节　构筑法治化、国际化、便利化的营商环境

一、保障所有投资者的合法权益

江苏省需要在当前发展的基础上，不断加快营商环境的立法工作，制定出相关的营商环境优化计划和办法。同时，还需要参照国际同行的营商环境评价指标，不断推进优化营商环境的专项行动。另外，江苏省还需要进行对投资环境满意度的实际调查，对地方政府的责任进行强化，优化本土企业的投资环境，实行全生命周期的服务，在此基础上，建立起能够推进外资进行工作的协同机制，实行对重大外资项目的优先审批和通过的制度，定期对外资利用的过程中的重大关键问题进行协调解决。另外，江苏省还需要健全外商投资企业的工作机制，完善投诉机构的相关设置，以此来及时解决外商投资企业出现的困难和遇到的问题。在监督方面，要加强对境外风险的监测，及时发布相关的预警消息，指导相关企业强化安全防范，提升跨国经营风险的防范能力。

二、深入创新改革，打造"放管服"模式

首先，在外商投资准入负面清单方面，对投资金额 10 亿美元以下的外商投资企业进行设立和变更，委托各个地方政府、江北新区以及国家级开发区进行审批和管理。其次，要推进外商投资审批制度的改革，深化集中行政许可权改革试点，比如可以在江宁经济开发区、南通经济技术开发区、连云

港经济技术开发区三个地区来开展外资项目。再次，要在全省全面开展证照分离的改革，不断推进负面清单中外商投资企业备案以及工商登记实行"一口办理"。要积极推广苏州地区工业园区境外投资企业备案和项目备案的单一窗口模式。最后，江苏省要积极推进对外承包工程的体制改革，争取尽快将对外承包工程项目下放到各个开发区，并且需要在各个开发区推行统一组织的，对特定区域内的土地勘测、地质灾害、文物保护、洪水、水土等实行区域性的评估。另外，还要培育国际化中介服务机构以及中介组织，逐步完善企业的涉外专业服务体系，构建"走出去"企业和留学生对接平台，推进"走出去"的工程建设。

三、提升贸易便利化水平

要想实现本土开放型经济的快速发展，就需要提升贸易的便利化水平。首先，要加快形成更加有活力、更具有效率、更加开放以及更加便利的口岸营商环境，促进对外贸易的便利化，推动通关环节的提效和降费，争取在2020年年底实现集装箱进出口环节的成本相较于2017年下降一半以上，到2020年年底通关时间相较于2017年压缩至原来的一半，并且还要稳步实施出口退税无纸化管理，不断加快出口退税的进度。其次，要支持江苏国际贸易单一窗口的建设，全面应用国家标准版，逐渐完善相关业务功能，拓展应用，实现全口径的并联处置，打造出高水平的综合信息管理平台和服务平台，到2020年年底将单一窗口主要业务量提升到百分之百，同时还要建立起具有江苏省特点的贸易便利化评估体系，培育出海关高级认证的企业。

四、加强知识产权的保护

首先，江苏省需要建立起完善的以司法保护为主导、以行政保护作为协同的知识产权保护机制，以侵犯知识产权惩罚性规定为基础，加大对知识产权中违法行为的惩罚力度，大力推进知识产权保护，实现快保护、同保护以及大保护。其次，外商投资过程中的技术合作需要由投资的各方议定，并且各地不能够利用行政手段强制技术转让。最后，完善知识产权保护服务体系，加强维权援助力度，深化知识产权领域和国际的合作以及交流。

五、提升外资的利用质量

从第六章内容能够看出，和其他省份相比较，江苏省开放型经济发展的可持续性相较于浙江和广东来说较低。造成这种现象的主要原因是当前江苏省外资企业的就业效益较低，虽然从目前的实际情况来看，江苏省的外资引进规模居于全国第一，但是外资的经济效益以及社会效益还差强人意，根据实际调查，江苏省对于外资的利用主要集中在第二产业之中的制造业和第三产业之中的房地产业，总体来说，服务业对外资利用还比较低，但是服务业本身又是吸纳就业最多的产业。因此，江苏省需要通过积极引导外资的流向，以此来促进产业结构的转型和升级，提升外资的利用率。具体来说，江苏省可以从两个方面入手：一是为外资的流入服务产业营造更好的环境；二是对于外资的利用可以选择对自身产业结构优化有利的跨国公司。

（一）为外资流入服务业营造良好的环境

江苏省在制定相关的外资政策时，可以适当向服务业倾斜，同时也可适当降低服务业外资的准入门槛，适当放松对服务业在外资方面的限制，完善服务产业的市场运行规则，重视服务产业产业结构的调整和升级，提升整个服务业的集聚水平，并通过推动教育领域的发展、消费方式的转变以及消费水平的提升来促进服务业的发展，创造更加优越的发展条件，以此来吸引更多的外资进入到服务业之中。另外，还需要鼓励服务业积极利用外资，进一步促进江苏省产业结构的优化和升级，提升外资的利用效率和质量，强化外资的社会效益，以此带动江苏省开放型经济的高质量发展，促进江苏省开放型经济的可持续发展。

（二）选择有利于江苏省产业结构优化和升级的外资

在江苏省对外开放过程中，江苏省引进的外资主要流向了制造业，因此江苏省制造业的整体发展已经处于较高水平，成了世界工厂，但是江苏省服务业的发展远远落后于制造业。同时，当前的外资普遍看重的是我国的制造业市场，并且随着江苏省劳动力整体素质的不断提升以及相关配套体系的不断完善，制造业对于外资的吸引力将会越来越大。因此，针对这一情况，江苏省在引进外资的时候要注意选择那些可以帮助江苏省产业优化升级的外资，以此来提供更多的岗位，特别是服务业，能够提供大量的岗位。

六、加快"走出去"发展的步伐

相关统计数据表明，江苏省对外资的依存度依然会对江苏省开放型经济的发展造成极大的影响，同时也是影响江苏省各个地区开放型经济高质量发展的重要因素之一。江苏省实行"走出去"战略的时间较晚，规模也比较小，特别是在对外直接投资方面。在 2001 年，江苏省的对外直接投资只有1600 万美元，到 2010 年，虽然对外直接投资的规模达到了 14 亿美元，但是和其他省份相比依然处于较低的位置。另外，当前金融危机的影响虽然还没有完全消除，但是并不影响江苏省的"走出去"发展脚步。事实上，对于江苏省来说，金融危机所带来的影响不仅仅是挑战，同时也是发展机遇。因此，江苏省可以通过"走出去"的发展战略，充分利用国际市场的资源，将过剩产能进行转移，缓解对外贸易中的摩擦，为江苏省企业的发展提供更大的空间。同时，江苏省还应该积极把握机会，提升自身在国际市场的竞争力，不断加快"走出去"战略发展步伐，完善相关制度，为本土企业走出去提供更多的保障和便利。

七、提升环境的可持续发展能力

就江苏省开放型经济发展的实际情况来看，当前江苏省的开放效益和环境效益之间存在冲突，难以做到同时兼顾。从各个城市的情况来看，苏州市、盐城市、无锡市和宿迁市表现得最为明显，其中苏州开放型经济持续发展指数排名第一，但是其环境的持续发展仅仅排在第十一位。和其相反的是，宿迁市虽然开放型经济发展排在倒数，但是其环境持续发展排在第一位。因此，江苏省需要促进社会效益和环境保护的协调发展，提升环境的承载力，提升环境的可持续发展能力，最终营造更加优秀的营商环境。

（一）促进社会效益和环境保护的协调发展

无论是经济效益、社会效益还是技术效益都会影响到开放型经济的高质量发展，其中，技术效益能够帮助开放型经济保持良好的增长趋势，经济效益能够帮助开放型经济对国际形势和环境有更加灵敏的反应，比如在金融危机的影响下降的时候，社会效益就会受到影响，但是反应速度较为缓慢，而经济效益则是能够快速作出反应。在环境的可持续发展之中，经济效益对其影响最大。因此，江苏省要想实现开放型经济的高质量发展，就必须要重视提升社会效益和环境保护的协调发展，吸引更多的企业在江苏省落户发展。

（二）提升环境的承载能力

环境本身的承载力对于江苏省开放型经济的高质量发展来说是十分重要的。近些年来，由于江苏省大力发展开放型经济，其环境承载力逐年下降，而环境承载力的下降又限制了江苏省开放型经济的高质量发展。因此，对于江苏省来说，改善环境势在必行，具体来说，江苏省应该对污染物进行严格的控制，强化对环境的治理，提升环境承载能力，为自身开放型经济的高质量发展提供良好的环境支持。

八、完善国家宏观环境

要想构筑法治化、国际化、便利化的营商环境，除了上述的实现途径之外，还必须要完善国家层面的宏观环境。在新时期，要想实现开放型经济的高质量发展，必须要完善国家宏观环境，这是因为国家宏观环境能够为江苏省开放型经济发展提供强有力的保障。具体来说可以从以下几个方面入手：首先，调整内需和外需的关系。内需和外需是相互影响和相互依存的，具体来说，要进一步扩大内需，在此基础上对外需进行扩充。其次，要对对外贸易领域中的业务进行更好的统筹规划，实现各种业务的相互支持和共同发展。同时，还要对多种所有制主体进行协调，促进它们的发展。最后，要对对外贸易市场进行完善，始终坚持多元化的发展道路，对传统的市场进行充分的发掘，同时还要积极开辟新的市场，发挥沿海地区的带动作用，为自身开放型经济的发展提供更多的支持和帮助。

第五节 加大财税和金融支持力度

一、加大财税政策支持力度

对于境外投资者从我国境内居民企业分配的利润，用于境内直接投资来说，可以不征收预提所得税，将外商投资鼓励类的项目扩大到所有非禁止外商投资的项目和领域中去。同时，还要鼓励国外投资者在江苏省设立企业所得的人民币利润再投资，或者以外商投资企业中没有分配的利润、利息以及资本等转增注册资本，其中符合产业发展方向并且实际到账外资投资超过1亿元人民币的，可以由地方政府作为基础支持，省级商务资金给予适当的支持。具体来说：首先，江苏省需要统筹利用工业转型升级专项资金，推进存量外资企业进行技术改造，对那些实施技术改造有一定规模以上的外商投资企业来说，省财政可以根据企业技术改造投入以及新增税收情况，给予这些企业一定比例的奖金资助，而对于那些信用良好或者暂时遇到困难的外商投资企业，可以在法律规定之内、在一定期限内采取税收减缓的政策。其次，要加大对"走出去"企业的支持力度，对企业的对外投资前期项目费用、贷款贴息、园区建设、人员培训等方面进行扶持奖励，支持产能合作示范区的建设。

二、建立起省市联动机制

江苏省可以加大省对市县总机构企业的财力补助力度，支持市县积极地去创造条件，强化相关政策引导，大力发展总部经济。另外，江苏省还需要支持和鼓励跨国公司在本土设立地区总部机构以及功能性机构。同时，各个地方要认真贯彻落实中央、国务院关于稳定外资的决策部署，在法律法规的范围之内制定专项政策，重点鼓励外资投向高新技术产业、新兴产业等实体项目，对在经济社会发展中有突出贡献的外商投资给予奖励。

三、创新金融支持方式

首先，搭建银信企融资信息共享平台，建立资金池，通过信用保证保险、增信、风险补偿等手段，推动银行提升对于风险的容忍度，帮助中小企业拓宽融资渠道，降低融资成本。其次，要建立完善风险补偿机制，充分发挥出口信用的保险作用，支持政策性出口信用保险机构，加大对江苏外贸企业的承保力度，拓展承保的覆盖面。再次，要积极引导企业拓展新兴市场，提升新兴市场出口业务的满足率。最后，支持政策性的银行加大对江苏省开放型经济发展的支持力度，降低企业的财务成本，同时为各类出国外派人员提供更加健全和完善的风险管理体系。

总而言之，江苏省各个地区以及各个部门要充分认识推动开放型经济高质量对于促进产业结构转型升级，建设现代化经济体系的重大意义，同时需要高度重视、注重时效，保障各项政策的全面落实。

结 语

从当前全球的经济发展状况来看，经济转型升级与产业结构优化调整已经成为谋求更好经济发展的焦点举措，不仅如此，它们还会关系开放型经济的发展程度，而想要获得良好的发展成果，首先需要对存在的影响因素进行深入分析，然后结合实际情况规划合理的发展路径。江苏省作为我国开放型经济发展排在前列的地区，其产业转型升级不仅关系本省的经济发展效果，也会影响其他地区进行产业升级时的信心。江苏省想要谋求更好的发展，需要对当前开放型经济发展状况进行全面的梳理与了解，目的是要明确优势所在和存在的问题，并且对面对的机遇与挑战进行深入分析。从目前江苏省开放型经济的发展情况来看，主要问题是外贸产业结构不够合理，无论在进出口方面还是外资引用方面都存在问题，而造成这些问题的原因主要与发展方式有关。要想解决这些问题，首先要明确江苏省开放型经济转型升级中的关键性影响因素有哪些，而通过合理的实证分析发现主要包括四个方面的因素，分别是区域总体经济指标、区域结构经济指标、贸易竞争力指数指标、显示性比较优势指标。通过这几个指标能够反映出江苏省的一些情况，比如区域总体经济指标能够反映江苏省的生产总值，区域产业结构指标能够反映江苏省内部的产业结构情况，贸易竞争力指数指标与显示性比较优势指标都能够反映进出口情况。江苏省在进行产业升级时可以根据这几个指标制定具体的发展路径，同时也要紧密结合"一带一路"建设进行交汇点建设。具体到对外关系中，江苏省内部要注重产业环境、政策环境、法律环境等方面的建设，从而为引进更多外资奠定坚实的基础，但需要注意的是，进行技术自主创新必须被"提上日程"，传统的以组装为主的生产模式应该得到彻底的改变。虽然想要切实改变这样的状况并不容易，但是仍然需要从各个方面来为自主技术创新提供空间，而且这样的自主创新格局需要建立在良好的区域联动上，而按照当前情况看，江苏省应该为长三角地区的区域联动贡献自己的力量，这样能够为开放型经济的协同性发展奠定坚实的基础。

参考文献

［1］本报评论员．发展更高层次开放型经济的必然之举［N］．宁波日报，2019－09－28（001）．

［2］左鹏．《新型开放大国——共建开放型世界经济的中国选择》：继往开来开放共赢［N］．中国新闻出版广电报，2019－09－26（018）．

［3］祝雯隽．拥抱世界，开放型经济跃升新台阶［N］．无锡日报，2019－09－25（001）．

［4］彭森．我国主动扩大开放的战略选择［N］．经济参考报，2019－09－25（006）．

［5］李暖．塔斯社关于习近平治国理政新思想报道分析［J］．对外传播，2019（9）：39－42．

［6］杜军玲．共建开放型世界经济的中国选择［N］．人民政协报，2019－09－20（005）．

［7］一行．交行布局自贸区，"首单"效应为开放型经济注入金融活水［N］．第一财经日报，2019－09－20（A04）．

［8］吴跃强．敞开大门，塑造开放型经济新优势［N］．南昌日报，2019－09－18（001）．

［9］韩剑．新一轮自贸区扩容加快全面开放［N］．中国社会科学报，2019－09－18（004）．

［10］黄汉民，孔令乾，鲁彦秋．新中国成立70年来的外贸体制变迁：

回顾与展望 [J] . 中南财经政法大学学报, 2019 (5): 19 – 30.

[11] 何燕子, 黄飞 . 我国开放型经济发展水平的组合评价与特征分析 [J] . 湘潭大学学报 (哲学社会科学版), 2019, 43 (5): 69 – 76.

[12] 邵生余 . 深化改革动力澎湃扩大开放底色耀眼 [N] . 新华日报, 2019 – 09 – 13 (003) .

[13] 张卓元 . 在高水平开放中形成全面深化改革新动力 [N] . 经济日报, 2019 – 09 – 10 (13) .

[14] 任保平, 赵通 . 新时代我国发展高质量开放型经济的挑战与路径 [J] . 山东财经大学学报, 2019, 31 (5): 5 – 13.

[15] 郝洁 . 开放视角下"一带一路"建设与国家重大区域发展战略对接研究 [J] . 中国物价, 2019 (9): 21 – 24.

[16] 周昊天 . "一带一路"背景下构建内陆开放新高地的思路与对策研究——基于重庆市的视角 [J] . 中国物价, 2019 (9): 25 – 28.

[17] 梁毅 . 全力服务广西开放型经济发展 [N] . 中国城乡金融报, 2019 – 09 – 06 (A06) .

[18] 高燕 . "一带一路"背景下四川内陆开放型经济发展路径研究 [J] . 经济师, 2019 (9): 149 – 150.

[19] 李梅, 汪五一 . 安徽省开放型经济发展影响因素研究 [J] . 绥化学院学报, 2019, 39 (9): 29 – 32.

[20] 唐赟峰 . 为开放型经济发展创造良好环境 [N] . 中国国门时报, 2019 – 09 – 04 (003) .

[21] 孙敏 . 开辟制度创新"新高地" [N] . 新华日报, 2019 – 09 – 02 (001) .

[22] 韩余静, 张坚 . 全面开放战略下地区开放型经济研究综述 [J] . 知识经济, 2019 (27): 5 – 6.

[23] 本报记者 . 建立维护开放型经济"朋友圈" [N] . 吉林日报, 2019 – 08 – 29 (009) .

[24] 本报评论员 . 建设开放型区域经济 [N] . 吉林日报, 2019 – 08 –

26（001）.

［25］陈尧. 坚持开放发展，再创福建对外开放新优势［J］. 特区经济，2019（8）：9 – 14.

［26］汪萌萌. 河南着力发展开放型经济的思考［J］. 中共郑州市委党校学报，2019（4）：88 – 92.

［27］《中国发展观察》杂志社，《每日经济新闻》报社联合调研组，张倪. 从西部内陆城市到国际新兴城市：成都"千年之变"的世界雄心［J］. 中国发展观察，2019（16）：9 – 17.

［28］蔡奇. 奋力谱写新时代首都发展新篇章［N］. 人民日报，2019 – 08 – 20（009）.

［29］张杨. 构建双向开放型世界经济［N］. 辽宁日报，2019 – 08 – 20（007）.

［30］李俊. 成都推进高水平开放的路径与重点［J］. 先锋，2019（8）：36 – 39.

［31］张岩. 结构性减税与扩张政府支出的宏观经济效应［J］. 经济与管理研究，2019，40（9）：20 – 38.

［32］刘亚丽. 长株潭保税区域协同发展对载体城市开放型经济发展的影响及对策研究［J］. 商场现代化，2019（15）：83 – 86.

［33］董厚德，董晓南，张绵. 生态科学原理在大学校园绿地工程设计与建设中的应用［J］. 辽宁大学学报（自然科学版），2019，46（3）：208 – 218.

［34］傅晋华. 新时代海南自贸区（港）区域创新发展的SWOT分析及战略判断［J］. 科技中国，2019（8）：60 – 63.

［35］周国兰，刘飞仁，吴颖，等. 江西"稳外贸"的形势、风险点及对策分析［J］. 价格月刊，2019（8）：77 – 82.

［36］张岩. 财政结构性调控、工具选择与宏观经济波动［J］. 现代经济探讨，2019（8）：63 – 74.

［37］魏桥. 临港新片区开放"新"意足［N］. 国际商报，2019 – 08 – 15（002）.

[38] 黄繁华. 苏州开放型经济该怎样发力？[N]. 苏州日报, 2019-08-13（B01）.

[39] 本报评论员. 构建全方位对外开放大格局[N]. 驻马店日报, 2019-08-12（001）.

[40] 麦婉华. 广州开发区全国率先创建——"中小企业能办大事"先行先试区[J]. 小康, 2019（23）：54-58.

[41] 刘汉梅. 发挥农产品资源禀赋厚植开放型现代农业[J]. 江苏农村经济, 2019（8）：25-26.

[42] 龚晓莺, 王海飞. 当代数字经济的发展及其效应研究[J]. 电子政务, 2019（8）：51-62.

[43] 卢泽回, 郭丽丽. 柳州推动经济高质量发展思路探讨[J]. 当代经济, 2019（8）：74-76.

[44] 郭斌. 祁县培育开放型经济新优势的思考[N]. 晋中日报, 2019-08-10（004）.

[45] 于海峰, 王方方. 构建新时代开放型经济网络体系[J]. 财贸经济, 2019, 40（8）：5-17.

[46] 钱学锋. 夯实开放型世界经济内生动力[N]. 经济参考报, 2019-08-07（007）.

[47] 安孟, 张诚. 外资进入能改善中国的工资扭曲吗？——基于中国省级动态面板数据的实证研究[J]. 经济与管理研究, 2019, 40（8）：63-75.

[48] 程明德. 奋力开创商务工作和开放型经济发展新局面[N]. 益阳日报, 2019-08-06（005）.

[49] 周锋, 金雯, 王婷, 等. "链接"世界：从开放大省走向开放强省[J]. 群众, 2019（15）：27-30.

[50] 吴昀潇. 解读"一带一路"建设与中国开放型经济的转型发展[J]. 中国外资, 2019（15）：90-92.

[51] 张开. 做好"四个统筹"构建开放型经济体系[N]. 河南日报,

2019 – 08 – 04 （004）．

［52］黄向庆．为开放型经济提供优质金融服务［J］．中国金融，2019
（15）：40 – 41．

［53］有色行业"国际贸易惯例的最新发展与运用"专题学习培训班
［J］．中国有色金属，2019（15）：58 – 59．

［54］冯晓阳．成都建设内陆开放型经济高地必要性研究［J］．合作经
济与科技，2019（15）：4 – 7．

［55］王大磊．西部中心城市开放型经济发展水平测度［J］．青海社会
科学，2019（4）：112 – 117．

［56］戴琼．履职尽责推动南昌开放型经济高质量发展［N］．南昌日
报，2019 – 07 – 28（002）．

［57］张二震，戴翔．构建开放型世界经济：理论内涵、引领理念与实
现路径［J］．经济研究参考，2019（14）：89 – 102．

［58］本报评论员．敢闯敢试往前走［N］．河南日报，2019 – 07 – 26
（002）．

［59］吴妍．我国进一步推进国家级经济技术开发区创新［J］．福建轻
纺，2019（7）：1．

［60］程云杰．浅谈中国经济治理对外传播的话语创新［J］．对外传播，
2019（7）：26 – 27．

［61］袁鹏艳．我国劳动收入份额变动机制［J］．劳动保障世界，2019
（21）：69．

［62］姚聪聪．习近平关于对外开放重要论述的三重审视［J］．甘肃理
论学刊，2019（4）：14 – 20．

［63］李宜达．以三大平台推动新时代开放经济向纵深发展［J］．社会
科学动态，2019（7）：28 – 32．

［64］马鸿雁．构建辽宁深层次对外开放新格局——基于SWOT分析法
［J］．党政干部学刊，2019（7）：64 – 69．

［65］本报评论员．走开放型数字经济发展之路［N］．衢州日报，

2019－07－15（001）．

[66] 石宏伟，朱征宇．分层次开放型学生科技创新实践平台建设探究[J]．湖北农机化，2019（13）：100－103．

[67] 李连友，魏宇方舟．全面开放新格局下提升服务业开放及竞争力的路径研究[J]．理论探讨，2019（4）：91－96．

[68] 岳兴程，汪五一．安徽省开放型经济发展中的优势产业选择研究[J]．长春理工大学学报（社会科学版），2019，32（4）：122－127．

[69] 程克群，蒋贤倩，刘婉，等．安徽省开放型经济发展现状研究[J]．重庆科技学院学报（社会科学版），2019（4）：41－44．

[70] 孔群喜，彭丹，王晓颖．开放型经济下中国ODI逆向技术溢出效应的区域差异研究——基于人力资本吸收能力的解释[J]．世界经济与政治论坛，2019（4）：113－132．

[71] 郑国姣，杨来科，常冉．上海自贸区新片区金融创新推进人民币国际化的路径探析[J]．金融理论与实践，2019（7）：16－23．

[72] 姚怡彧，胡小文．开放经济下宏观审慎与货币政策搭配效应研究[J]．金融理论与实践，2019（7）：7－15．

[73] 胡洪．把握开放发展规律坚定高质量发展信心[N]．南京日报，2019－07－10（A02）．

[74] 郑秉文，张笑丽．中国社会保障70年：助推封闭型经济转向开放型经济[J]．China Economist，2019，14（4）：96－121．

[75] 马红梅，李金鹏．开放打基础发展增后劲[J]．当代贵州，2019（26）：32－33．

[76] 本报特约评论员．推动全方位对外开放发展更高水平开放型经济[N]．中国城乡金融报，2019－07－05（A01）．

[77] 加速推进金融服务业开放，发展更高水平开放型经济[N]．21世纪经济报道，2019－07－03（001）．

[78] 有色行业"国际贸易惯例的最新发展与运用"专题学习培训班[J]．中国有色金属，2019（13）：54－55．

[79] 应雄. 华永投资的新机遇 [J]. 英才, 2019 (Z2): 100 - 101.

[80] 师瑞. 山西开放型经济的法治环境建设思考 [J]. 时代金融, 2019 (18): 25 - 27.

[81] 徐孝新, 刘戚骄. 试论建设现代化经济体系的着力点——学习习近平总书记关于建设现代化经济体系的重要论述 [J]. 毛泽东邓小平理论研究, 2019 (6): 9 - 16.

[82] 李瑶. 新发展理念视域下西安建设内陆开放型经济对策研究 [D]. 西安: 西安理工大学, 2019.

[83] 魏建国. 共建开放型世界经济是当务之急 [N]. 环球时报, 2019 - 06 - 29 (007).

[84] 郭建科, 王雯雯. 基于交通可达性的中心—门户体系比较分析——以山东半岛和辽东半岛为例 [C] //中国地理学会经济地理专业委员会. 2019 年中国地理学会经济地理专业委员会学术年会摘要集. 中国地理学会经济地理专业委员会: 中国地理学会, 2019: 1.

[85] 范士陈, 张英璐, 孟凯. 海南开放型全域旅游公共服务体系建设初探 [J]. 新东方, 2019 (3): 43 - 47.

[86] 张鑫宇. 国际金融格局调整及中国对策研究 [J]. 商讯, 2019 (18): 27, 30.

[87] 丁蕾. "湖外" 与 "湘外": 基于资源整合的职教品牌错位构建研究 [J]. 福建茶叶, 2019, 41 (6): 167 - 168.

[88] 王璐. 论五四精神与新时代青年价值观的内在耦合 [J]. 思想教育研究, 2019 (6): 38 - 42.

[89] 郭冠男. 全面深化改革乘势而上市场主体获得感明显增强——2019 年上半年改革形势及进展 [J]. 中国经贸导刊, 2019 (12): 11 - 14.

[90] 邱慧. 提升苏北地区开放型经济发展质量探讨 [J]. 经济研究导刊, 2019 (18): 53 - 54, 67.

[91] 张浩良. 开放型经济新体制下广东自贸试验区改革困境与突围 [J]. 中国发展, 2019, 19 (3): 66 - 70.

[92] 杜玉英，李涛. 我国流通企业开放式服务创新模式——资源流动方向与创新组织形式整合视角［J］. 商业经济研究，2019（12）：100－104.

[93] 南方日报评论员. 积极用好自贸试验区改革试点经验［N］. 南方日报，2019－06－21（A04）.

[94] 刘晓哲. 提升开放型经济发展水平［N］. 山西日报，2019－06－17（004）.

[95] 刘家国，韩宇. 大连自由贸易港建设：意义、路径和模式［J］. 大连海事大学学报（社会科学版），2019，18（3）：50－59.

[96] 马静霞，李靖. 内陆开放背景下贵州基础设施融资存在的问题与对策研究［J］. 贵州商学院学报，2019，32（2）：27－34.

[97] 许德友，王梦菲. 新中国成立以来的开放体制及其演变：从反封锁到制度型开放［J］. 中共南京市委党校学报，2019（3）：8－13.

[98] 朱九芳，张凤致. 新旧动能转换背景下潍坊市加快构建开放型经济新体制的思考与建议［J］. 环渤海经济瞭望，2019（6）：10.

[99] 李天碧. 构建开放型世界港口经济谱写海上丝绸之路新篇章［J］. 中国水运，2019（6）：6.

[100] 本报评论员. 提升优质生产要素集中集聚能力［N］. 福建日报，2019－06－13（001）.

[101] 程欣. "一带一路"背景下提升江苏开放型经济水平的策略［J］. 江苏经贸职业技术学院学报，2019（3）：4－6.

[102] 叶学平. 更加注重规则等制度型开放［N］. 湖北日报，2019－06－12（013）.

[103] 王文甫，王德新，罗显康. 世界利率与国际贸易不确定性的经济波动效应分析［J］. 当代经济科学，2019，41（4）：14－27.

[104] 刘文斌. 初中开放型数学题浅析［N］. 发展导报，2019－06－11（019）.

[105] 刘庆和. 农村产业革命：有为政府与有效市场［J］. 当代贵州，2019（22）：80.

[106] 骆玲. 围绕战略定位推动四川自贸试验区高质量发展 [N]. 四川日报, 2019 - 06 - 06 (006).

[107] 刘军伟, 靳鹏宝. 打造新时代对外开放新高地: 成都对外开放综合评价分析及新格局构建 [J]. 西部经济管理论坛, 2019, 30 (3): 1 - 11.

[108] 赵颖君. 务实担当兴实业推动发展高质量 [N]. 益阳日报, 2019 - 06 - 04 (002).

[109] 粟实. 内陆地区对外开放新高地, "新" 在何处? [N]. 山西日报, 2019 - 06 - 03 (009).

[110] 有色行业 "国际贸易惯例的最新发展与运用" 专题学习培训班 [J]. 中国有色金属, 2019 (11): 58 - 59.

[111] 杨承刚. 基于合肥市开放型经济的应用型本科外贸人才培养研究 [J]. 中国多媒体与网络教学学报 (上旬刊), 2019 (6): 107 - 108.

[112] 李玉梅. 开放经济下金融结构对产业结构升级的影响研究 [D]. 石河子: 石河子大学, 2019.

[113] 蔡冰冰. 中原城市群开放型经济发展水平时空演变及影响因素研究 [D]. 开封: 河南大学, 2019.

[114] 吴琦. 我国内陆开放型经济研究综述 [J]. 新西部, 2019 (15): 73 - 74.

[115] 本报评论员. 做好自己的事才能行稳致远 [N]. 成都日报, 2019 - 05 - 29 (003).

[116] 赵云, 周源, 符式婵, 等. 开放经济视角下国家创新效率演化及影响因素分析 [J]. 工业技术经济, 2019, 38 (6): 44 - 54.

[117] 贺金茹. 天津展览业国际化发展探析 [J]. 太原城市职业技术学院学报, 2019 (5): 37 - 39.

[118] 饶思锐. 小企业凭什么揽得外贸大订单 [N]. 重庆日报, 2019 - 05 - 27 (003).

[119] 张雯雯, 王艳晓. 食品化工类专业实验室信息化管理体系研究 [J]. 河南农业, 2019 (15): 19 - 20.

[120] 共建"一带一路"（一）[J]．浙江经济，2019（10）：14．

[121] 孙杰．开放经济下宏观审慎与货币政策搭配效应探析 [J]．商讯，2019（15）：147－149．

[122] 康彦．宁夏内陆开放型经济发展水平评价 [D]．银川：北方民族大学，2019．

[123] 邓奇遥．A 股市场开放型基金羊群效应的负面影响研究 [D]．上海：上海师范大学，2019．

[124] 徐秀军．全球经济新形势下开放理念的对外传播 [J]．对外传播，2019（5）：45－47．

[125] 单春兰．守住方寸地花开会有时 [N]．永州日报，2019－05－21（005）．

[126] 天津构建开放型经济新体制 [J]．政策瞭望，2019（5）：55．

[127]《国际贸易》改版说明 [J]．国际贸易，2019（5）：2．

[128] 刘国龙．深入学习贯彻习近平总书记对外开放重要思想不断开创益阳开放型经济发展新局面 [N]．益阳日报，2019－05－18（001）．

[129] 有色行业"国际贸易惯例的最新发展与运用"专题学习培训班 [J]．中国有色金属，2019（10）：52－53．

[130] 戴桂林，郭越，王畅，等．新时代开放型海洋渔业体系构建与创新路径探讨 [J]．中国国土资源经济，2019，32（8）：15－22．

[131] 钟娟，魏彦杰．产业集聚与开放经济影响污染减排的空间效应分析 [J]．中国人口·资源与环境，2019，29（5）：98－107．

[132] 第五届全国高校国际贸易学科协作组青年论坛暨 2019 年国际经贸博士生论坛 [J]．中央财经大学学报，2019（5）：2．

[133] 本刊综合报道．奏响构建开放型世界经济主旋律国务委员兼外交部长王毅谈第二届"一带一路"国际合作高峰论坛的意义 [J]．中国科技产业，2019（5）：11．

[134] 刘陶．湖北现代化经济体系建设水平测度与提升路径研究 [J]．长江大学学报（社会科学版），2019，42（3）：42－46．

［135］蔡晙．网络环境下对外开放型图书馆联盟体系构建研究［J］．河南图书馆学刊，2019，39（5）：84-85．

［136］卢江，张晨．论中国特色社会主义开放型经济体制改革的理论来源［J］．经济社会体制比较，2019（3）：9-15．

［137］朱满德．扩大开放广度和深度提升开放型经济质量和效益［N］．贵州日报，2019-05-15（010）．

［138］何沅晶，邓宏兵，文超．中国开放发展绩效测度研究——基于285个城市的动态因子分析［J］．当代经济，2019（5）：8-14．

［139］本刊综合．融入"一带一路"建设打造对内对外开放"新热土"来自民族八省区的报告［J］．中国民族，2019（5）：30-36．

［140］唐红涛．以"丝路电商"助推湖南开放型经济高质量发展［N］．湖南日报，2019-05-07（005）．

［141］斯丽娟．"一带一路"倡议与区域对外开放度时空演化［J］．西北师大学报（社会科学版），2019，56（3）：118-126．

［142］竟辉，张婷婷．习近平关于对外开放重要论述的价值意蕴［J］．经济学家，2019（5）：5-13．

［143］戴翔．要素分工新发展与中国新一轮高水平开放战略调整［J］．经济学家，2019（5）：85-93．

［144］刘烨．犬子宫积脓的临床病理学研究［D］．咸阳：西北农林科技大学，2019．

［145］郑丽君．促进贵州开放型经济发展的比较研究［D］．长春：吉林外国语大学，2019．

［146］田海燕．开放经济下中国税收政策优化研究［D］．长春：东北师范大学，2019．

［147］张二震，戴翔．江苏开发区高质量发展的思路与对策［J］．经济研究参考，2019（8）：44-52，72．

［148］陈文玲．构建开放型经济发展新平台［N］．经济日报，2019-04-25（005）．

[149] 吴园园. 习近平新时代开放发展理念的多维论析 [J]. 兵团党校学报, 2019 (2): 15 - 19.

[150] 李丽菲. 区域协调发展战略背景下我国中部地区打造全方位开放型经济的对策研究 [J]. 中共郑州市委党校学报, 2019 (2): 32 - 36.

[151] 曾文峰. 宁夏内陆型经济模式下地方高校转型与区域经济融合发展研究——以中国矿业大学银川学院为例 [J]. 现代商业, 2019 (11): 60 - 62.

[152] 张全兴. 外汇管理与浙江省开放型经济同发展共成长——纪念国家外汇管理局成立40周年 [J]. 浙江金融, 2019 (4): 3 - 8.

[153] 李娟. 开放发展理念的新时代意蕴 [J]. 沈阳大学学报 (社会科学版), 2019, 21 (2): 161 - 164.

[154] 张金波, 赵攀. 多功能开放型企业供需网的管理绩效评价——基于管理熵及耗散结构理论 [J]. 韶关学院学报, 2019, 40 (4): 51 - 55.

[155] 王泽海, 黄保霖, 曹祯, 等. 海上丝绸之路背景下福州经济发展路径探究 [J]. 度假旅游, 2019 (4): 43 - 44.

[156] 刘庆和. 内陆开放型经济的发展路径 [J]. 当代贵州, 2019 (14): 80.

[157] 范瑶. 开放经济下的增长趋势与中国经济波动 [J]. 经济师, 2019 (4): 68 - 71.

[158] 赵瑾. 习近平关于构建开放型世界经济的重要论述——理念、主张、行动与贡献 [J]. 经济学家, 2019 (4): 5 - 12.

[159] 制定外商投资法, 是贯彻落实党中央扩大对外开放、促进外商投资决策部署的重要举措 [J]. 人民法治, 2019 (7): 2.

[160] 王漪, 方敏. 携手构建开放型世界经济 [J]. 投资北京, 2019 (4): 68 - 71.

[161] 姜伟. 发挥多区叠加优势建设开放型经济新体制 [N]. 辽宁日报, 2019 - 04 - 04 (007).

[162] 卢佩言, 许小军. 泰州市开放型经济与区域自主创新能力发展现

状及对策分析 [J] . 知识经济, 2019 (12): 30 - 32.

[163] 谷江林. 连云港市经济发展质量提升的路径研究 [J] . 淮海工学院学报 (人文社会科学版), 2019, 17 (3): 93 - 96.

[164] 简文湘, 陆璋媛. 加快提升开放型经济水平 [J] . 广西经济, 2019 (3): 8 - 9.

[165] 华坚, 胡金昕. 中国区域科技创新与经济高质量发展耦合关系评价 [J] . 科技进步与对策, 2019, 36 (8): 19 - 27.

[166] 古丽皮娅·玉苏甫. "一带一路" 建设与中国开放型经济的转型发展 [J] . 营销界, 2019 (13): 87.

[167] 刘惟蓝. 如何推动江苏高质量开放走在前列？ [N] . 新华日报, 2019 - 03 - 26 (011) .

[168] 王克群, 史书铄. 新时代对外开放是中国的基本国策——学习党的十九大报告 [J] . 江南社会学院学报, 2019, 21 (1): 1 - 6.

[169] 舒兵. 实施创新驱动战略, 构筑南通开放型经济新优势 [J] . 江苏工程职业技术学院学报, 2019, 19 (1): 30 - 33.

[170] 廖桂莲, 张体伟. 改革开放以来云南开放型农业发展研究 [J] . 云南社会科学, 2019 (2): 81 - 87.

[171] 石睿鹏, 张莉. 构建全方位开放发展新格局大力提升开放型经济发展水平专访广西壮族自治区党委书记鹿心社 [J] . 广西经济, 2019 (2): 26 - 27.

[172] 戴翔. 制度型开放：中国新一轮高水平开放的理论逻辑与实现路径 [J] . 国际贸易, 2019 (3): 4 - 12.

[173] 黄福蓉. 新形势下提升开放型经济水平的 "三外联动" 策略研究——以浙江省绍兴市为例 [J] . 中国商论, 2019 (5): 186 - 187.

[174] 阮菲, 殷梦娇, 陈文娟. 开放型经济视角下无锡文化旅游资源的深度开发研究 [J] . 全国流通经济, 2019 (8): 107 - 109.

[175] 陈晓东. 攻坚克难砥砺奋进奋力推进吉安县工业和开放型经济高质量跨越式发展 [J] . 老区建设, 2019 (5): 35 - 40.

[176] 朱军，姚新平."一带一路"开放新格局中二三线城市发展开放型经济路径探析——以江苏泰州市为例 [J]．中国经贸导刊（中），2019（3）：46－50．

[177] 张雅冰．漳州市开放型经济发展研究 [D]．厦门：集美大学，2019．

[178] 南方日报评论员．营造更加良好的发展环境 [N]．南方日报，2019－03－12（A04）．

[179] 金红丹．国内自贸试验区建设中金融开放经验分析及对云南金融服务中心建设的启示 [J]．时代金融，2019（7）：55－56，58．

[180] 程欣."一带一路"背景下江苏开放型经济发展中的苏州经验 [J]．当代经济，2019（3）：66－68．

[181] 冯晓阳，金泽虎．以内陆开放新高地对接一带一路：基于合肥的分析 [J]．绥化学院学报，2019，39（3）：14－18．

[182] 胡星宇．内陆开放型经济发展战略分析 [J]．经济师，2019（3）：47，49．

[183] 预期目标有升有降 [J]．宁波经济（财经视点），2019（3）：21－22．

[184] 赵玉华．中国社会主义对外开放思想发展研究 [D]．兰州：兰州大学，2019．

[185] 聂红隆．国家大开放战略与宁波市开创对内对外开放新局面的思路研究 [J]．农村经济与科技，2019，30（4）：144－146．

[186] 张朋，王佳，孙良宇．习近平开放发展理念及其时代价值 [J]．忻州师范学院学报，2019，35（1）：79－83．

[187] 刘明辉．贯彻五大发展理念 实现十堰高质量发展 [J]．湖北工业职业技术学院学报，2019，32（1）：23－26．

[188] 张绍乐．中国探索建设自由贸易港的任务、障碍与对策研究 [J]．郑州轻工业学院学报（社会科学版），2019，20（1）：69－74．

[189] 谢松．以机构改革为契机助推开放型经济发展 [N]．南方日报，

2019 - 02 - 25（A12）.

[190] 黄溪. 以营商环境优化推动中国开放型经济新发展 [J]. 国家治理, 2019（7）：8 - 17.

[191] 郭爱君, 范巧. 南北经济协调视角下国家级新区的北——南协同发展研究 [J]. 贵州社会科学, 2019（2）：117 - 127.

[192] 申尚."一带一路"背景下湖北开放型经济发展研究 [J]. 中国经贸导刊（中）, 2019（2）：47 - 48.

[193] 李越. 开放型经济体制下自贸区改革的特征逻辑 [J]. 中国经贸导刊（中）, 2019（2）：14 - 16.

[194] 中国社会科学院——上海市人民政府上海研究院课题组. 增设新片区, 构建开放型经济新高地 [N]. 解放日报, 2019 - 02 - 19（009）.

[195] 戴翔. 以开放创新深度融合 实现高水平开放 [N]. 新华日报, 2019 - 02 - 19（013）.

[196] 李光辉, 高丹. 自贸试验区：新时代中国改革开放的新高地 [J]. 东北亚经济研究, 2019, 3（1）：62 - 68.

[197] 马莉莉. 开放型经济新体制的建构原理与方式 [J]. 人文杂志, 2019（2）：26 - 34.

[198] 张建平, 刘桓. 改革开放40年："引进来"与"走出去" [J]. 先锋, 2019（2）：37 - 40.

[199] 杜静."一带一路"背景下酒泉市经济的发展方向分析 [J]. 生产力研究, 2019（2）：75 - 78.

[200] 创新实干促发展 开放崛起奏强音 [J]. 湘潮, 2019（2）：2.

[201] 颜节. 大力发展更高层次的开放型经济 [N]. 贵阳日报, 2019 - 02 - 11（006）.

[202] 封毅. 新时代发展贵州更高层次的开放型经济 [J]. 理论与当代, 2019（2）：16 - 19.

[203] 夏梁. 抢抓"内涵式"开放的新机遇 促进湖北开放型经济高质量发展 [N]. 湖北日报, 2019 - 02 - 07（003）.

[204] 马明龙．以四个"着力"推动江苏全方位高水平对外开放［J］．群众，2019（3）：11-12.

[205] 杨作义，徐丽峰．数学创新题求解策略——以概念型、定义型、开放型、建模型为例［J］．中学教研（数学），2019（2）：36-39.

[206] 王松．扩大境外投资者利润直接投资暂不征税范围对我国的影响［J］．纳税，2019，13（4）：243.

[207] 中国（四川）自贸试验区定位图谱［J］．中国外资，2019（3）：18-19.

[208] 王钊．深度融入"一带一路"打造对外开放新高地［N］．民主协商报，2019-02-03（002）.

[209] 刘佳霖．保定融入"一带一路"对策研究［J］．合作经济与科技，2019（3）：7-9.

[210] 田峰印．空港物流园区开放型经济功能拓展与布局的建议［N］．鄂尔多斯日报，2019-01-31（005）.

[211] 杜心亮．"一带一路"沿线西部省份开放型经济运行效率探讨［J］．商场现代化，2019（2）：184-185.

[212] 朱兴龙，毕崇志．金融支持对俄沿边乡村振兴对策研究［J］．黑龙江金融，2019（1）：15-17.

[213] 郭浩淼，郑博文．辽宁老工业基地经济转型研究［J］．对外经贸，2019（1）：76-78.

[214] "加快我省开放型经济高质量发展"专题协商议政会（发言摘登）［N］．民主协商报，2019-01-30（010）.

[215] 李现总．加快形成甘肃开放型经济发展新优势［N］．甘肃日报，2019-01-29（011）.

[216] 改革备忘［J］．领导决策信息，2019（4）：20.

[217] 洪俊杰，商辉．中国开放型经济的"共轭环流论"：理论与证据［J］．中国社会科学，2019（1）：42-64.

[218] 张二震，戴翔．构建开放型世界经济：理论内涵、引领理念与实

现路径 [J]. 江苏师范大学学报（哲学社会科学版），2019，45（2）：83－94.

[219] 李宇杰. 湖北省开放型经济问题分析 [J]. 商讯，2019（3）：14－15.

[220] 戴翔. 高质量开放型经济：特征、要素及路径 [J]. 天津社会科学，2019（1）：95－100.

[221] 邓双基. 我国开放型经济的研究进展及展望初探 [J]. 现代营销（下旬刊），2019（1）：14.

[222] 杨昕婧，李磊. 我国开放型经济园区发展历程分析 [J]. 山西建筑，2019，45（3）：14－15.

[223] 戴翔. 看清大势坚定迈向开放强省 [J]. 群众，2019（2）：21－22.

[224] 魏巍. 中国国际进口博览会：推动发展更高水平的开放型经济 [J]. 国际贸易，2019（1）：24－27.

[225]《国际贸易》改版说明 [J]. 国际贸易，2019（1）：2.

[226] 张丽. 论开放型世界经济建设中主场外交的作用 [J]. 中国市场，2019（3）：5，41.

[227] 郭周明，张晓磊. 高质量开放型经济发展的内涵与关键任务 [J]. 改革，2019（1）：43－53.

[228] 任晓莉. 我国自贸区发展的外部环境与管理体制的支撑作用 [J]. 行政科学论坛，2019（1）：4－7.

[229] 郭先登. 新时代绘就时空布局新版图研究——笃定改革开放40年周期再出发的新命题 [J]. 环渤海经济瞭望，2019（1）：5－10.

[230] 王俊. 内陆开放型经济的金融支持评价与改革路径——基于灰色关联模型的实证分析 [J]. 武汉金融，2019（1）：80－83.

[231] 门洪华. 推动中国对外开放进入新时代——党的十八大以来中国对外开放战略的总结与前瞻 [J]. 社会科学，2019（1）：3－13.

[232] 许嘉林. 习近平总书记关于对外开放重要论述初探 [J]. 宁夏党

校学报, 2019, 21 (1): 58 - 64.

[233] 谢华. 服务湖南开放型经济发展, 政校企订单培养外贸人才——以湖南外贸职业学院商务英语专业为例 [J]. 当代教育实践与教学研究, 2019 (2): 157 - 158.

[234] 洪俊杰. 推动形成全面开放新格局 [N]. 中国社会科学报, 2019 - 01 - 09 (004).

[235] 本报评论员. 全域开放 推动经济大发展 [N]. 乐山日报, 2019 - 01 - 09 (001).

[236] 王法, 江婷婷. 贵阳高水平对外开放蓝图 [J]. 当代贵州, 2019 (2): 10 - 11.

[237] 谢谦, 刘洪愧. "一带一路" 与自贸试验区融合发展的理论辨析和实践探索 [J]. 学习与探索, 2019 (1): 84 - 91.

[238] 安礼伟, 马野青. 国际经济秩序: 中国的新需求与政策思路 [J]. 经济学家, 2019 (1): 62 - 68.

[239] 邹薇. 深刻把握重要战略机遇期的新内涵 [N]. 湖北日报, 2019 - 01 - 05 (007).

[240] 林洁. 新战略机遇期漳州开放型经济发展思考 [J]. 合作经济与科技, 2019 (2): 39 - 41.

[241] 范霄文. 中国自由贸易试验区发展报告 [R] //中国经济特区发展报告 (2018). 深圳大学中国经济特区研究中心, 2019: 19.

[242] 李董林, 张应武. 游离之外还是融入其中? ——"一带一路" 背景下香港的 FTA 路径选择研究 [J]. 当代港澳研究, 2018 (2): 99 - 118.

[243] 顾晓滨, 刘晓棠. 进一步推进哈尔滨市开放型经济建设的路径研究 [J]. 对外经贸, 2018 (12): 6 - 9.

[244] 赵翊. "一带一路" 背景下宁夏经济发展的现状及其加快发展调整的方向 [J]. 对外经贸, 2018 (12): 63 - 71.

[245] 王嘉铫, 熊云军. 创新投入对湖南省开放型经济发展的影响研究 [J]. 怀化学院学报, 2018, 37 (12): 35 - 39.

[246] 兰健. 浙江开放型经济的 2018 和 2019 [J]. 浙江经济, 2018 (24): 25 - 26.

[247] 曾凡银. 必须坚持扩大开放 [N]. 安徽日报, 2018 - 12 - 25 (006).

[248] 张幼文, 黄建忠, 田素华, 等. 40 年中国开放型发展道路的理论内涵 [J]. 世界经济研究, 2018 (12): 3 - 24.

[249] 积极为唐山"放大沿海优势, 加快发展开放型经济"建言献策 [N]. 唐山劳动日报, 2018 - 12 - 21 (004).

[250] 朱坚真, 陈海开. 围绕向海经济铸造北部湾海洋产业湾区 [J]. 广东开放大学学报, 2018, 27 (6): 96 - 99.

[251] 朝阳凌源经济开发区 [J]. 辽宁经济, 2018 (12): 2.

[252] 杨臣华, 刘军. 内蒙古改革开放 40 年: 探索与实践 [J]. 北方经济, 2018 (12): 16 - 19.